大軍の斥候

韓国経済発展の起源

【著】朱益鍾
【監訳】堀和生
【訳】金承美

日本経済評論社

日本語版への序文

「商業の和信,工業の京城紡織の拡張・発展は決して小さな出来事ではなく,後に来る大軍の斥候であるに違いない」(李光洙「実業と精神修養」『朝鮮日報』,1935年4月14日)

　李光洙(1892～1950年)のこの言葉にあなたは同意するだろうか。韓国新文学の開拓者であり啓蒙知識人である李光洙は,1930年代中葉に代表的な韓国人企業和信百貨店と京城紡織の発展から,後日満開する韓国資本主義を感知した。彼の予言は的中した。たとえ,彼が日本帝国主義の末期に大東亜共栄圏の成功に民族や韓国の将来をかける致命的な過ちを犯したとしても,彼の予言は驚くほど正確に的中した。大軍が押しかけてきたのである。
　1997年のアジア通貨危機によって大きくダメージを受けたにもかかわらず,1960～2000年の間に韓国経済が記録した成績は世界最高であった。韓国人の所得と生活水準は世界でもっとも短期間に高くなった。この間生まれた三星電子,現代自動車,ポスコなどの企業は世界有数の企業として成長した。1950年代の韓国は数多い新生独立貧困国の一つであったが,半世紀の間に豊かさと民主主義を同時に手に入れた。
　このような業績は世界史的偉業と言っても過言ではない。20世紀初に無気力に植民地に転落した遅れた伝統社会が,20世紀末には世界で最も躍動的な経済圏に新しく生まれ変わったのである。それは天地開闢,桑田碧海といえる,最も成功した劇的な変身であった。
　韓国がどのようにして成功したかを明らかにする作業の一つは,韓国で近代的企業と企業家がどのように成長し発展したかを明らかにすることである。韓国は資本主義体制のなか,国家主導で成功的に経済発展を成し遂げたが,舞台上の主演俳優,競技場の選手はやはり企業と企業家であるからである。したが

って，韓国で最初の近代企業がどのように生まれて成長したかをみるのは，良いアプローチになるだろう。これはすなわち，植民地期の代表的企業であった京城紡織株式会社とその企業家金性洙・金秊洙兄弟に関する研究になる。今日韓国に三星電子があるなら，植民地期には京城紡織があった。京城紡織とその企業家である金性洙・金秊洙は，当代最高の韓国人企業であり，企業家であった。中小企業から出発した京城紡織が日本の大企業と肩を並べる企業に成長したプロセスは，すぐさま韓国企業の成長と鍛錬のプロセスであった。この研究を通じて，我々は韓国資本主義がどのように鍛錬されたかを知ることができる。

　この本は韓国の大企業が19世紀末朝鮮王朝社会の世界資本主義への開放以降，至難な学習過程を経ながら鍛錬されていった，日本帝国主義下の京城紡織株式会社とその企業家の出現と成長を取り上げる。韓国の第1世代の近代的企業が不屈の意志と挑戦，様々な試行錯誤と失敗を経験しながら鍛錬されていったこと，その企業および企業家は単に隷属資本や親日派として貶められる存在ではなかったこと，日本帝国主義下の企業的訓練があったために今日の世界的大企業が作られたことが，筆者の主張するところである。

　この小品一つが生まれるまでには，実に長い時間と大きな努力が必要であった。これは基本的に筆者の浅学非才によるものであるが，それにもかかわらずこのように出版に至ったのは，本当に周りの方たちのお陰である。家族と恩師，先輩・後輩研究者，㈱三養社と㈱京紡の関係者に深く感謝する。
　また，今は想像もできないほど貧しい時代を，体を張って乗り越えてきた韓国近代史の巨人たちにも限りない尊敬と感謝を表しながら，この本をささげたい。

　　2011年1月11日　　　　　　　　　　　　　　　　　　　　朱　益　鍾

目　次

序　　章 …………………………………………………………… 1

　1．なぜ近代企業史なのか？　1

第1章　巨大な新しい波 …………………………………………… 9

　1．再分配経済から市場経済へ　9
　2．脱工業化から工業化へ　14
　3．韓国人の手で　21
　　（1）日本人資本の刺激　24
　　（2）企業経営力量の成長　28

第2章　孕　　胎 …………………………………………………… 35

　1．高敞の金氏家　35
　　（1）地主家の創立　35
　　（2）高速成長　39
　　（3）価値志向　50
　2．近代化プロジェクト　52
　　（1）時代の話頭，実力養成　52
　　（2）「教育」から「産業」へ　60
　　（3）新しい酒は新しい革袋に　68

第3章　不安な出発 ………………………………………………… 75

　1．呱呱の聲　75
　2．座礁の危機　81

3．収拾　87
　　(1)　事態の収拾　87
　　(2)　財務の安定化　92
4．準備完了　98

第4章　周辺部において：1920年代　107

1．デビュー　107
2．ニッチ市場を求めて　116
　　(1)　戦略　116
　　(2)　学習と生産性の向上　120
3．生き残る　122
　　(1)　収益性　122
　　(2)　総督府の補助金　129
　　(3)　移入税の保護効果　132

第5章　中心部へ：1930〜1937年　137

1．工業化ラッシュ　137
2．内実の伴わない拡張　145
　　(1)　設備拡張　145
　　(2)　貧弱な中身　150
3．画竜点睛　154
　　(1)　紡績工場の建設　154
　　(2)　資金調達　158

第6章　絶頂期へ：1938〜1945年　165

1．温室で：統制と報償　165
　　(1)　戦時統制　165
　　(2)　高収益　169

2．大陸へ　174
　　　(1)　複製増殖：南満紡績㈱の設立　174
　　　(2)　財務的後押し　180
　3．絶頂，そして崩壊　186
　　　(1)　事業の一大帝国　186
　　　(2)　崩壊，その後日談　194

終　　章…………………………………………………………203
　1．隷属資本・帝国の申し子を超えて　203
　2．優れた学習者：大軍の斥候　211

付　　表　219
解　　説　245
訳　　注　251

凡　例

歴史的な経緯により，朝鮮と韓国という呼称には複雑な問題がある。本書では，1945年以前の地名，国名，王朝名は朝鮮（ただし，1897-1910は大韓帝国），民族名は韓国人とする。1945年以後の国名は韓国と北朝鮮とする。

地名は当時の地名をそのまま使用する。
例えば，京城府（現ソウル市），満洲（中国東北部）

併合は，韓国の慣例により韓日併合とよぶ。

外国語引用文献の表記原則
韓国語文献は日本語に訳し，初出の場合のみ末尾に（韓国語）を付す。

序　章

> 韓国はどのようにしてこれほど多くの企業家を排出することができたのか。……実は韓国には才能の宝庫があったのである。なかったのは「機会」だけである。（ウォロノフ）

1．なぜ近代企業史なのか？

　1960年代以降韓国は高度経済成長を持続し，世界の貧困国の一つから高所得国へと成長した。世界各国の国民所得データを集めたペン・ワールド・テーブルによると，1960年から2000年までの40年間の韓国の一人当り年間平均GDP成長率は6.1％と，比較可能な世界100カ国のうちもっとも高かった。その次は香港5.5％，タイ4.7％，中国4.4％，日本4.3％の順であった[1]。1960年の一人当りGDPが韓国より高かったニジェール，モザンビーク共和国がその後40年間それぞれ－50％，－40％台の後退を見せた反面，韓国は10倍以上の成長を記録した。近代以降，欧米先進国を除いて持続的な経済成長を成し遂げた国は少ないことを勘案すると，韓国の経済成長は世界史上における偉業ともいえる。

　したがって，経済成長の秘密を究明しようとする経済学者たちが韓国に注目するのは当然ともいえるだろう。これまで，数多くの研究者は韓国がどのように高度成長を成し遂げたかへの答えを探してきたが，そのほとんどの研究は成長戦略と経済政策に焦点を当てたもので，たとえば輸入代替工業化戦略に対する輸出主導工業化戦略の優位性および要素賦存に伴う開放戦略の適切性と効率性，政府の役割およびその効率性などが主な研究テーマであった[2]。

しかし、これらの政策が企画、選択、執行され、その効果を発揮できる社会的土壌、すなわち人的資本、価値志向、政治的力学関係と社会統合、国家の政策企画力と執行力なども政策に勝るとも劣らない大切な要素である。これらはある社会が経済成長を推進する主体的力量、いわゆる「社会的能力（social capability）」ともいえる。たとえば経済史学者大川一司とロソフスキーは、日本が他の国より後発工業化に優れていたのは伝統社会から蓄積されていた社会的能力があったためだとしている[3]。

韓国の高度成長も韓国の蓄積してきた人的資源、価値志向、政治社会的統合力などの社会的能力によるものとすると、韓国の経済成長を説明するためにはその社会的能力がどのように開発されてきたのかを明らかにする必要がある。

しかし、韓国は日本と異なり植民地期の経験がある。したがって、それが社会的能力の蓄積にどのような影響を及ぼしたのかが議論されなければならない。植民地期に関する収奪論は「日本は韓国が本来持っていた優れた社会的能力を破壊したが、再び韓国人がそれを甦らせた」、または、「韓国社会はうまく機能していたが、あるいは遅ればせながらうまく機能し始めたところを日本によって壊されたので、日本の侵略がなかったら韓国はうまく機能したはずだ」と主張している。

しかし、植民地近代化論は「韓国の植民地化が不幸な出来事であったが、寿命を終えた閉鎖的体制が近代文明に接することによって、新しい変化の契機をつかむことになった」と主張している。古い再分配体制は開港とともに市場経済体制にその座を譲り、植民地支配のためではあるものの、市場経済に符合する各種の制度改革が進められた。それとともに貿易が拡大され、企業が進出し設立され、商業的農業が拡大され、工業化が始められた。帝国主義資本が主導したこのプロセスに、韓国人も積極的に参加しながら、新しい環境に適応し、自らを近代的経済人として改組、開発させたとみなしている。このような観点からみると、植民地化とは韓国人の社会的能力が開発される決定的な契機になる。

朝鮮王朝時代の伝統的経済体制と現在の資本主義市場経済体制は質的に全く

異なるが，開港そして植民地化以降現在まで経済体制の同一性が維持されている。また，朝鮮王朝末期の19世紀の経済は長期的な衰退の局面であったが，開港以降は上昇に反転して近代経済成長の局面に突入し，植民地期と同様に，解放後の経済成長は急速に進められた。20世紀以降，工業化と都市化，物的・人的資本の蓄積，生産性が向上されてきたことを考慮すると，現代韓国の高度成長の説明には収奪論より植民地近代化論がもっとも相応しいと思われる。

　したがって，次は開港以降古い伝統的経済体制がどのように新しい資本主義市場経済体制へ転換したのか，この新しい市場経済体制が韓国経済と社会にどのような変化をもたらしたのか，韓国人が新しい社会体制，市場経済体制にどのように適応しながら近代的経営と技術を習得し，自らを近代的経済人として改造，開発させたかを問うのが順序であるだろう。とくに，植民地期の韓国人はどのように企業を組織し，近代商工業を築いたのかはもっとも重要な問いの一つになろう。なぜなら，韓国人企業そのものは当時の韓国人の経済生活における代表的な開発と成就の事例であり，市場経済に対する韓国人の適応度を表す指標でもあるからである。

　旧韓末，植民地初期の韓国人商工業と企業は微々たるものにすぎなかったが，植民地期末には飛躍ともいえるほどに成長した。京城紡織株式会社（以下，京城紡織と略す）は韓国人会社の中で目を見張るほどの成長を遂げた会社であった。1919年に25万円の自己資本をもって操業を開始した京城紡織は，1943年末には自己資本1,150万円の韓国人会社に成長した。設立初期は，わずか100台の織機しか持たない小規模織布会社であった京城紡織は，植民地末期には織機1,120台と紡機3万200錘の設備を備え，「満洲」（以下，括弧省略）にも同規模の子会社をもつ「朝鮮四大紡」の堂々たる一員になっていた。

　京城紡織は全羅北道高敞郡の金氏家三代，すなわち第一代金堯莢（1832～1909），第二代祺中（1859～1933），暻中（1863～1945），第三代性洙（1891～1955），秊洙（1896～1979）の企業活動の結晶であった。彼らは旧韓末から全羅南道長城郡と霊光郡，全羅北道高敞郡と扶安郡に基盤を持つ大地主に成長し，1919年京城紡織の設立を契機に工業企業家へと変身した。金氏家はそのほかに

日刊紙『東亜日報』を発刊し，中央学校と普成専門学校を引受け，当時の韓国人が展開していた近代化事業の最高峰であった製造業，言論事業，教育事業などへ幅広く進出していた。これらの事業は80余年が過ぎた今日までも㈱京紡，㈱三養社，東亜日報社，中央中高学校，高麗大学として存続し続けている。

　もちろん，現代韓国の代表企業として成長したのは，植民地期の韓国人企業家やその企業ではない。李秉喆，鄭周永，具仁會のような現代韓国の代表的な企業家たちは，植民地期には中小地主あるいは零細企業の経営者にすぎなかった。彼らが設立した三星，現代，LGなどの韓国を代表する企業はすべて解放後創業された。朴興植，韓相龍，閔大植など植民地期の大企業家は財界から消え，その代表的な企業の多くも韓国財界の周辺部に追い出されたかあるいは消滅した。すなわち，韓国の企業家と企業においては，人的連続性よりは断絶性が強いのである。

　ここでは人的連続性の如何が論点の核心ではない。植民地期に多数の企業が成長し，多くの企業家が大きく活躍したという事実そのものが重要である。なぜなら彼らは，当時の韓国人の近代市場経済，資本主義経済に対する適応度を表し，またのちの本格的な工業化のための準備という意義を有していたからである。いいかえれば，解放と南北分断，朝鮮戦争などの政治的激変を経ながら個別企業や企業家は舞台から消え去ったが，彼らの後を継ぐ新しい企業や企業家が出現し，1960年代初めに本格的な工業化に着手した韓国では，野心に満ち溢れた企業家たちが「チャンス（機会）」を待ち望んでいたが，そのような彼らを生み出したのは韓国社会の活力であった。

　韓国はどのようにしてこれほど多くの企業家を排出することができたのか。……実は韓国には才能の宝庫があったのである。なかったのは「機会」だけである。一旦，新しい事業に青信号がつき，基本的な支援が行われると，状況は一変し，経済が急速に成長したので，さらに多くの人々が吸収され，企業も増えてきた[4]。

しかし京城紡織と金氏家をはじめとする植民地期の企業，企業家は，独立運動史のみを重視する韓国歴史学者には無視されてきた[5]。韓国人資本を「民族資本」と「隷属資本」の二つの範疇に分けて前者のみに注目し，後者は無視する「民族資本論」が優位を占めたこともあった。その代表的な論者である梶村秀樹は，政治的立場からは少なくとも反帝闘争，抗日運動の側に立つ資本のみを民族資本と規定し，その他の資本は隷属資本あるいは買弁資本と規定した[6]。この区分に従うと，完全な植民地であった朝鮮の韓国人資本はほとんど隷属資本で，仮に民族資本として出発した資本だとしても成長するにつれてすべて隷属資本になってしまう。しかしそもそも，民族資本という用語は，民族と資本という，概念上結合できない二つの範疇を無理に結合したため，一つの概念としては成り立たないものである。

「民族資本という用語そのものも成立しないと思います。民族と資本という単語を繋ぐと，何となく一つの概念のように聞こえますが，実は一匹の豚と一匹の牛を並べたようなものにすぎません」[7]。

外国資本と区別するためには，「韓国資本」と呼ぶのがもっと妥当だろう。民族資本とは虚構にすぎず，民族資本論はこのような民族資本を設定し，それに基づいて現実の韓国人資本を裁断したために破たんを迎えた。

次に，京城紡織のような韓国人企業が市場経済のなかでどのように生まれ，それに適応しながら成長したのかを究明する必要がある。近代的企業家とは，起業家精神をもって市場機会をとらえ，生産を組織する存在である[8]。このような近代的企業家が植民地期の韓国においてどのように出現し，成長したのかを明らかにすることが，現段階の重要な研究課題である。本書は京城紡織およびその経営者の事例から，韓国人企業家たちがどのように事業チャンスをつかみ，資本を調達し，製造工程を構築し，製品を販売するなどの近代企業経営の諸課題を遂行しながら，企業経営能力を培養していったのかを究明する。

植民地期の京城紡織に関して，当事者である㈱京紡によって『五〇年史』

『六〇年史』『七〇年史』『八〇年史』の四冊の社史が発刊されており，その設立者で経営者でもある金性洙・秊洙の伝記がいくつか発刊されている。また，彼らが経営したもう一つの企業である㈱三養社に関しても『五〇年史』『七〇年史』『八〇年史』が発刊されている。そして，個別研究書としては，趙璣濬，金容燮，エッカートの研究がある[9]。

社史類の著作物は広範囲な内部資料に基づいた基本的な統計数値を収録し事実関係を明らかにしているが，広報物としての性格が強く，企業およびその経営者に対する肯定的な視角で貫かれているうえに，それらをまとめた大衆用の著作物[10]には基本的な事実さえも紹介されていないことが多い。

趙璣濬は，京城紡織を韓国人経営による近代企業の代表として評価しているが，断片的で表面的な言及に留まっている。金容燮は，京城紡織の初期市場進出の戦略を分析したが，地主経営の事例研究の付随作業に留まり，その否定的な側面のみを強調するという限界がある。

エッカートの研究は，最初の本格的および包括的な研究で，新しい資料を発掘して鮮明な主張を展開しているところは評価すべきである。彼は「民族企業」，「慈悲深い企業家」のような，社史あるいは伝記類から見られる美化あるいは正当化の主観的評価を批判し，京城紡織が日本帝国主義（朝鮮総督府，日本人企業）から刺激を受けながら，緊密な交流を深め，それと依存・協力しながら成長し，運命を共にしたことを明らかにした。それを今日の韓国資本主義の起源と主張し，「帝国の申し子（offspring of empire）」と名付けた。

しかし，京城紡織のように韓国人が近代化において収めた一大成果に「帝国の申し子」という烙印を押すのは，一面的である。現代韓国の資本主義が日本あるいはアメリカの資本，技術，市場に依存して成長したとして，それらを「世界資本主義の申し子」，または「パクス・アメリカーナの最大受恵国の一つ」と呼ぶと，それが包括する内容は限られる。つまり，韓国の目覚ましい経済成長を単純に「世界資本主義運動の産物」と規定してしまうと，それが示唆するものは少なくなる。

韓国の経済成長の原動力を韓国人，韓国社会がもつ独特なパワーとする韓国

資本主義の起源に関する研究は，その実態と特質を明らかにしなければならない。

1) http://pwt.econ.upenn.edu.
2) 新古典派経済学者と産業政策論者の論争はその一つである。
3) 大川とロソフスキーは日本の社会的能力のたとえとして終身雇用制，行政的指導という形態の緊密な政府—企業関係，下請制，改善工学など日本独特の制度と慣行を指摘している。また，南は社会的能力の概念を①各種の人的資源；優秀な企業家と労働者の存在，②海外における情報収集能力；「総合商社」に代表される情報網の活用，③社会的間接資本の蓄積；全国的市場の形成による大量生産の可能性，④能率的な政府の存在；明治政府の各種の殖産興業政策などと定義した。アブラモヴィッツとオルソンもまた，後進国が先進国に追い付くか否かは，その社会的能力に左右されるとみた。大川一司，ヘンリー・ロソフスキー『日本の経済成長：20世紀における趨勢加速』東洋経済新報社，1973年，第1章，第9章，南亮進『日本の経済発展』東洋経済新報社，1981年，122〜124頁，Abramovitz, "Catching Up, Forging Ahead, and Falling Behind", *Journal of Economic History* 46 (2), 1986, Olson, "Distinguished Lecture on Economics in Government-Big Bills Left on the Sidewalk", *Journal of Economics Perspectives* 10 (2), 1996.
4) Jon Woronoff, *Korea's economy: man-made miracle*, Seoul, Korea: Si-sa-yong-o-sa, 1983, pp. 55-56.
5) 韓国史研究者が興味をもつ場合は，韓国人企業家や資本家の親日的性格，妥協的民族運動の物的基盤を明らかにするためである。朴賛勝『韓国近代政治思想史研究』歴史批評社，1992年（韓国語），呉美一『韓国近代資本家研究』ハンウル，2002年（韓国語）。
6) 梶村秀樹『朝鮮における資本主義の形成と展開』龍溪書舎，1977年，第3章。
7) 安秉直「我が学問，我が人生」『歴史批評』2002年夏号，216頁（韓国語）。
8) これはマントゥの概念である。金宗炫『工業化と企業家活動——批判史的研究』比峰出版社，1992年，21頁（韓国語），ポール・マントゥ著，徳増栄太郎［ほか共］訳『産業革命』東洋経済新報社，1964年，527〜532頁を参考。
9) 趙璣濬『韓国企業家史』博英社，1973年（韓国語）；金容燮「韓末・日帝下地主制研究事例4：高阜金氏家の農場経営と資本転換」『韓国史研究』Vol.19，1977年（韓国語），Eckert, Carter J., *Offspring of empire: the Koch'ang Kims and the colonial origins of Korean capitalism 1876-1945*, University of Washington Press, 1991（小谷まさ代訳『日本帝国の申し子：高敞の金一族と韓国資本主義の植民地起源1876-

1945』草思社，2004年）。
10) 趙東成［他］編『韓国資本主義の開拓者たち』月刊朝鮮社，2003年（韓国語）。

第1章　巨大な新しい波

　　　　工業化を主導したのは日本の大資本（独占資本）であり，本国経済と結びつき，工業化が進めば進むほど朝鮮経済は日本経済の従属的な一環に組み込まれていった。その意味で植民地的工業化である。ただ当時における多くの植民地の工業化と比べると，非常に大規模で異常な速さで進んだ工業化である。しかも飛び地的工業化ではなく，朝鮮の社会と経済を根本的に変え資本主義化していくものであった。そのなかで朝鮮人資本も急速に成長した。（中村哲『近代東アジア史像の再構成』桜井書店，2000年，59頁）

1．再分配経済から市場経済へ

　朝鮮王朝の伝統経済は19世紀に深刻な内部亀裂を経て，開港とそれに続く植民地化プロセスにおいて完全に崩壊されて，新しい経済体制に取って代わられた。最近の研究はこれを再分配経済から市場経済への移行と説明している[1]。

　再分配経済というのは，経済人類学者カール・ポランニー（Karl Polanyi）が使用した用語である。彼は人類経済史において経済の統合形態を，互恵（reciprocity），再配分（redistribution），交換または市場の三つに区分した。互恵は儀礼的または宗教的原則が支える家族的義務や政治的義務に立脚して財貨と用役が循環していること，再分配は族長や国王などの中央集権機構が財貨と用役を直接生産者から強制的に徴発して，国防，治安，救済などのために構成員に配分することである。それに対して，交換は生産者が各自の利益のため

に自己調整的に決定された等価の財貨を与えたり受けたりするものである[2]。

　朝鮮王朝の伝統経済を再分配経済と呼べる理由は，朝鮮王朝が各種賦税と還穀［訳注１］形態で取った米生産量の30％強を両班官僚に分配していたが，その量は商品流通量を凌駕していたからである[3]。朝鮮社会は鎖国政策をとっていたうえに，国際貿易を担う特産品もなかったので，対外貿易が発達しなかった。また，政治理念は性理学的な安民主義であり，山地が多く陸上運送条件はとても劣悪であった。このような地政学的および政治理念の特性のために，朝鮮王朝の経済は農村の定期市あるいは遠隔地交易のような市場の物流で一部補完されながらも，主に租税や軍布，還穀などの財政的物流に立脚して運営されていた。

　この再配分経済を支えたのは小農経済であった。農民のほとんどは小家族で１ha未満の小規模耕地を所有・耕作し，自己責任で生計をたてる小農であった。村落共同体や親族共同体に依存する農民とは異なり，彼らは小家族の生計を担うものとしての責任感と勤労意欲，生活力，経営能力を備えていた。したがって，朝鮮後期の小農社会は共同体の経済的役割が大きかった他の後進社会より高レベルの文明社会であった[4]。

　このような国家中心の再配分体制は，19世紀に入ってから深刻な解体様相をみせ始めた。まず，政府財政が窮乏し，還穀制度が機能しなくなったため，民乱が起こり，国家の収取体制が根本的に否定された。財政悪化とともに，農民の栄養状態も悪化し，生活水準が低くなったため，死亡率は上昇し，人口が減少した。18世紀後半から停滞した人口は，1810年代に1,850万人から1,620万人へと激減し，その後緩やかに増加した。一戸当り耕地面積の停滞とともに，山林荒廃化と地力枯渇，水利灌漑システムの崩壊による土地生産性と労働生産性が下落し，実質所得や実質賃金の下落をもたらした[5]。また，19世紀には場市（訳者：５日または10日ごとに開催される定期市のこと）数の減少，地域間の市場統合の後退などからわかるように商業も衰退した。

　朝鮮王朝の経済が衰退した根本的な要因は，朝鮮王朝が財産権制度をはじめとする効率的な経済制度を創出できなかったことにあるが，東アジア国際貿易

からの孤立という国際的条件および商業の独占構造化という国内的条件も直接的な要因である。

　18世紀における朝鮮王朝の繁栄は，朝鮮が清国と日本との中継貿易を担当したことによるところが大きかった。17世紀の清国は台湾を占拠した鄭成功の動きを封じるために自由航海を禁じたため，日本へ輸出される中国絹織物は朝鮮の中継貿易を経なければならなかった。朝鮮は中継貿易を通じて莫大な銀を得て，中国産品を購入し繁栄することができた。しかし，18世紀中葉から清と日本の直接交易が行われるようになると，朝鮮は国際貿易から疎外され，対中赤字貿易による銀の持続的な流出は決済手段の不足を招き，交易を縮小させなければならず，それによる経済沈滞は免れ得なかった[6]。

　また，比較的自由であった商品の流通経路が18世紀末以降独占的構造に転換した。朝鮮後期に商業が拡大すると，中央政府の各機関と王室財政機関である官房は特定客主権など営業独占権を与える代価として過重な商業税を徴収し始めた。商人の宿泊，売買仲介，物品保管，金融など遠隔地商業に必要な機能を支援する客主は，もはや権力に寄生する収税請負業者となり，商業衰退の一因になった[7]。

　1876年の開港以降世界資本主義市場経済への編入は，このような危機に陥った再分配経済体制への最後の一撃になった。開港以降，米などの農産物の輸出と綿織物などの工産品の輸入を中心とする貿易が拡大し，伝統産業構造が再編され，新しい商品流通網が創出された。政府は甲午改革（訳者：1894年から翌年にかけて実施された朝鮮の近代改革）によって，現物貢納制と還穀制度を公式に廃止し，伝統的再配分体制に区切りをつけ，市場経済体制への転換を試みた。その一環として，銀本位制貨幣制度を導入し，政府は金納租税をもって必要な物資を市場から購入し始めた。

　その後，甲午改革政権は崩壊し，多くの改革措置がうまく機能しないまま，大韓帝国が樹立された。しかし，混乱した貨幣制度，租税の流用と官吏の腐敗，特権商業体制，売官売職の横行など古い再分配体制の解体は容易ではなかった。

　まず，1897年の大韓帝国の樹立とともに各種特権を狙った会社の設立が急増

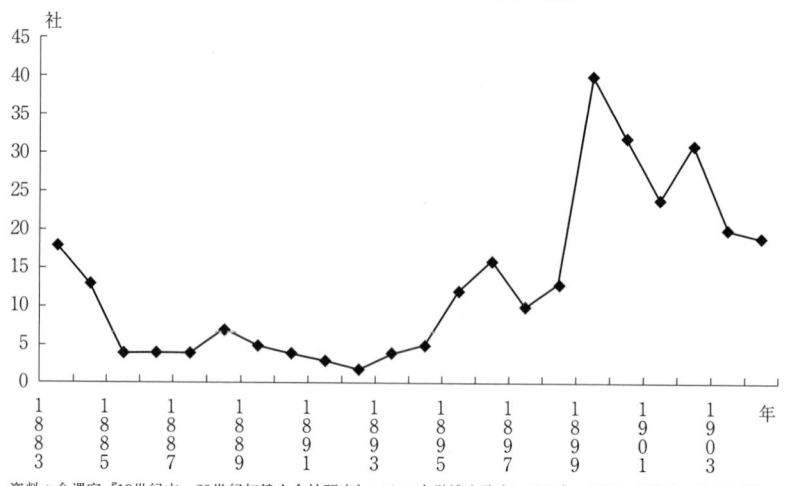

図1-1 開港期朝鮮人会社の設立現況

資料：全遇容『19世紀末〜20世紀初韓人会社研究』ソウル大学博士論文, 1997年, 32頁, 103頁, 205頁（韓国語）。

し，特権商業体制が拡大された。たとえば，麹会社，炭鉱会社，魚商会社，米商会社のようにある地域の特定物の専売権をもつ会社や，特定地域との交易を独占する代価として商業税を払う船上会社などの収税請負会社が多く設立され，大きな割合を占めるようになった[8]。

図1-1のように，それまで年間10社にも満たなかった新設会社数は，大韓帝国前期（1897〜1904年）に年間20社を超えた。これは，開港以降国際貿易を中心とする新しい商品経済が発達して近代的商業施設や会社制度が導入されたこと，近代的知識が普及されたこと，および大韓帝国政府が殖産興業政策を展開したことなどによるところが大きいが，以前より強い権限をもつようになった皇室が収入を増やすために，専売権や徴税請負権をもつ都賈[9]会社の設立を乱発したことも大きな要因の一つである。この間設立された会社の約3分の1が商業会社であるほど商業部門の会社設立は活発で，とくに特定品物の流通と販売を独占する特権会社が多かった[10]。

これらの特権会社は，重商主義政策の体系性を持たずに流通を独占して群小商人を収奪したので，商業資本の蓄積や国家財政収入の増大にはならなかっ

た[11]。

　大韓帝国政府が白銅貨を乱発して貨幣制度を乱したのも経済活動の混乱をもたらした。甲午改革により銀本位体制が樹立されたが，実際に新貨幣が大量に発行されるのは大韓帝国期になってからであった。大韓帝国の皇室は鋳造利益が多い補助貨幣である白銅貨を乱発したうえに，民間でも白銅貨の私的鋳造と偽造が横行した。その結果，「悪貨が良貨を駆逐する」というグレシャムの法則通りに市場では葉銭の流通が減る一方，白銅貨の流通が増え，白銅貨取引地域と葉銭取引地域の分断が生じるなど取引が攪乱され，通貨インフレが起きた。1904年の物価は10年前の1894年に比べて3～5倍も高騰した。

　また，甲午改革により租税が金納化されたのちに，地方官が徴収した税金を第三者に直接支給する外割が行われると延滞や未納，横領など地方官の租税流用が蔓延した。

　これらの制度は，自らの労働で獲得した財産を保護しなかったので，勤労の誘因を奪った。旧韓末に韓国を訪れた外国人の目に映った韓国人の特徴の一つは「怠慢」であった。韓国人は「じっとしている代わりに働かなければならない理由」を知らないようにみえた。民政視察に出かけたイギリス領事リンドリに，ある韓国人は「官吏たちが全部奪っていくのに働いてどうするの？」と反問するほどであった[12]。1894～1897年の間に朝鮮を訪問したイサベラ・バードは，「朝鮮の農夫たちは，他のどの階級よりも勤勉に働いている。その方法はやや原始的だが，土地と気候に相当うまく適合していて，土地の産物を容易に二倍に出来る。しかしその利得が確実でないので，わずかに家族を食べさせ，家族の者に衣服を着せられるだけ生産して満足している。怖がって立派な家を建てたり，体裁よく着飾ったりしない。官吏と両班の苛税と強制される貸し付け金の所為で年々，栽培面積を減らしている農夫農場主が大勢いる。今，やっと一日三度食事できるだけ栽培しているに過ぎない」と，『朝鮮奥地紀行』の最後に記述している[13]。

　しかし，日露戦争を分水嶺にして日本が朝鮮半島の覇権を掌握すると，市場経済体制への移行が最終的に確定した。1905年以降日本は，韓国を植民地にす

る過程で市場経済に符合するいくつかの制度改革を断行し，企業活動にもっと友好的な環境とインセンティブ・システムを造成した。

　まず，貨幣および財政改革を通じて市場親和的な経済制度を構築した。1905年の白銅貨整理事業に次いで1911年の朝鮮銀行の中央銀行化を行い，日本銀行券を本位貨幣とする貨幣制度を樹立した。日本銀行券を一種の正貨準備として朝鮮銀行券を発行する実際の施行過程では多くの弊害があったが，それによって朝鮮の通貨価値は安定し，1937年の日中戦争の勃発まで続いた。

　また1906年，財政改革の一環として従来横領と収奪を行っていた胥吏層［訳注2］を排除し，財務監督局とその傘下に財務署を設置して，第一銀行の支店および出張所のみが国庫金を取り扱うようにし，中間官僚層による恣意的な収奪と横領の可能性を少なくした。

　統監府は1906年10月勅令「各種認許ノ効力及ビ期限ニ関スル件」を発布し，会社が各種認許を期限内に着手しない場合，または任意に認許可権を他人に譲渡する場合は，それを無効化して付与されていた特権を剥奪する特権会社体制の改革も断行した。そして韓国併合後の1910年12月に，総督府は「官庁の許可によって事業の独占権を得たように宣伝して愚民を騙して不当な利益を得ようとする朝鮮人会社の通弊」をなくすために，制令十三号として「朝鮮会社令」を公布した[14]。

　このような一連の制度改革措置は，従来蔓延していた官僚商人層の地代追及（rent-seeking）行為[15]を抑制した。経済的地代が否定されることにより企業活動にもっと友好的なインセンティブ・システムが形成され，資源がもっと生産的な用途に流れるようになった。

　市場経済の到来とともに韓国の産業はどのように再編されたのだろうか。

2．脱工業化から工業化へ

　帝国主義国家の植民地または半植民地に転落したほとんどの地域は，植民本国に農産物や鉱産物など一次産品を輸出し，その代わりに工業製品を輸入する

一次産業一辺倒の産業構造に改編された。日本の植民地に転落した韓国の貿易も急増し，主に米などの農産物を輸出して綿製品などの工業製品を輸入する米綿交換体制が成立し，それによって産業構造が再編された。

開港以降の貿易額は急増し，1876/78年～1908/10年の輸出額は143倍，輸入額は21倍に膨らみ，1910～1939年の間にはそれぞれ51倍，35倍も増加した。貿易額が生産額より増加スピードが早かったため，総生産額に対する貿易額の比率は毎年高くなり，1910年代の23.4％から1920年代は41.7％，1930年代には54％にも達するようになった。

貿易の構成をみると，1920年代末の輸出品は木材，石炭，繰綿，原油，鉱物などの原料品，生糸，金属板類，硬化油，魚油，コークスなどの原料用製品と，米，水産物，葉煙草，雑穀などの食料粗製品が80～90％を占めていた。とくに，食料粗製品は圧倒的な比率を占めており，原料品および原料用製品には鉄鉱，銑鉄，石炭，棉花，生糸類の比重が大きかった。生糸類は，1910年代前半は輸出の１％にも満たなかったが，1920年代後半には5.7％を占めるほどに急増し，価額としては約140倍にも急増した。

一方，輸移入の半分は一貫して完製品であった。輸移入貿易における完成品の比重は1920年代末まではやや減少したが，その後再び増加し，1930年代のその比重は1910，1920年代のレベルに回復した。その内訳をみると，1910～20年代の紡織製品などの消費財から1930年代には機械器具，金属製品などの生産財へと大きく変化している。たとえば，1910年代の輸入の約25％を占めていた繊維製品は，1920年代末は約15％へとその割合を落とした[16]。

このような貿易商品構造は，帝国主義が植民地を食料工業原料の供給基地，工業製品の販売市場にしようとする古典的帝国主義論に符合し，朝鮮の比較優位・劣位構造を反映したものであった。1920年代末まで輸移出品の中心であった米，豆などの農産物，繰綿，生糸，銑鉄などの原料用製品，鉄鉱石，石炭などの原料品の順に比較優位があった反面，繊維製品をはじめとする工業完成品は比較劣位にあった。

このような比較優劣構造をもたらしたのは，開港以後の農工間相対価格の動

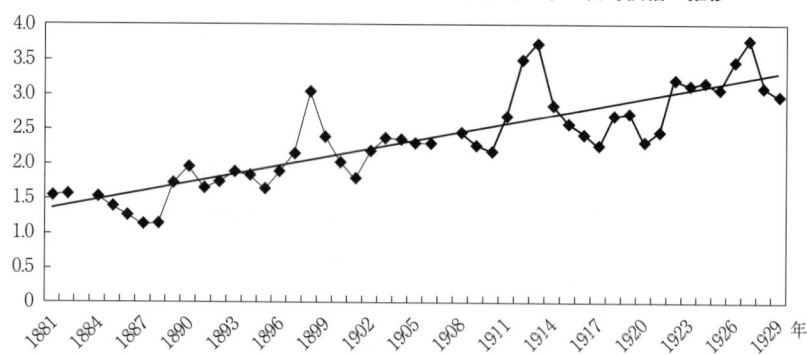

図1-2　開港以降（1881〜1929年）綿織物対比米の相対価格の推移

註：1907年までは米1石当り価格を生金巾1反当り価格で割ったもので、それ以降は米1石当り価格を生金巾生シート1反当り価格で割ったものである。
資料：1907年までは呉斗換『韓国近代貨幣史』韓国研究院、1991年、21頁（韓国語）、それ以降は『朝鮮貿易年表』。

きであった。農工間相対価格は綿織物と米の相対価格で表せるが、その価格は開港以降の短い期間に激しい変動を見せながら上昇し続け、植民地期も多少鈍化したものの上昇し続けていた。

　図1-2の横軸は輸出精米1石当りの価格を輸入綿織物（生金巾）1反当りの価格で割ったもので、一単位の米で購入可能な綿織物の単位数を表している。趨勢が右上がりであるということは、時間の経過とともに一単位の米を輸出してもっと多くの綿織物を購入できるようになったことを意味する。すなわち、綿織物に比べて米が高くなったのである。

　このような相対価格の変化は、国内綿工業の生産性向上による費用および価格下落によるものではなく、国際市場から与えられたものであった。安い綿織物が輸入される反面、高く売れる米は外国（日本）に輸出されるにつれてその価格が高くなり、綿織物に対する米の相対価格が高くなったのである。

　このような変化は、開港前の伝統社会、すなわち18世紀や19世紀の相対価格の趨勢とは違った。たとえば、1600〜1850年の250年間におけるソウルの米と綿布の交換比率は米の豊凶による短期的変動はあるものの、米1石＝綿布2〜3疋と安定的な趨勢をみせていた。また、18〜19世紀の慶州地方の財貨価格の

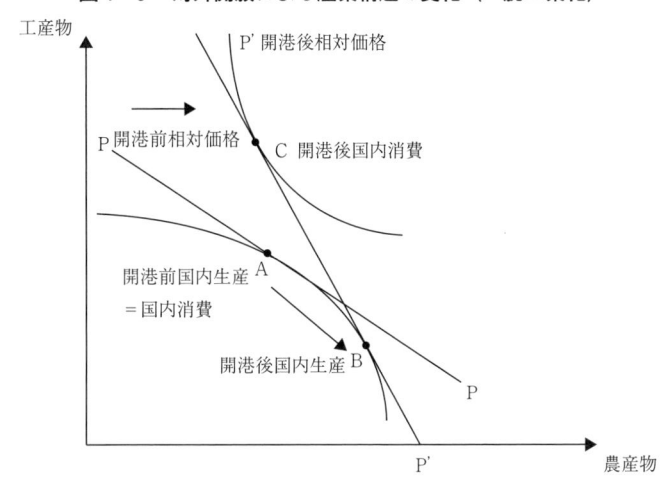

図1-3 対外開放による産業構造の変化（＝脱工業化）

推移をみると，米に対する織物の相対価格は18世紀後半から19世紀前半にわたって上昇傾向をみせている[17]。

織物の相対価格が上昇すると，織物生産の収益性が高くなり，生産は拡大する。一方，織物の相対価格の下落は，国内の綿織物製織の収益性を低下させる。価格下落によって収益性が落ちた綿工業が萎縮し，価格が上昇し収益性が良くなった米作が拡張するのは当然の帰結である。もっと良質で低廉な近代工業製品が輸入され，朝鮮の在来手工業製品は市場から追い出され，その製造工業は縮小した。一方，開港期から米や豆などの生産が増えていたところに，産米増殖計画が推進され，農業はさらに拡張し，産業構造は一次産業一辺倒に改編された。

このような変化は，対外開放以降の比較優位部門への特化に該当する。韓国の比較優位による特化は，すなわち脱工業化（deindustrialization）を意味した。図1-3は，経済学原論レベルの農業と工業の二部門モデルをもって脱工業化現象を簡単に図式化したものである。伝統経済は開港前の生産可能性曲線上のA点で生産─消費をしているが，開港後に価格線PPからP'P'へ農産物価格の国際相場が相対的に上昇（＝工産物価格の相対的下落）し，生産がB点

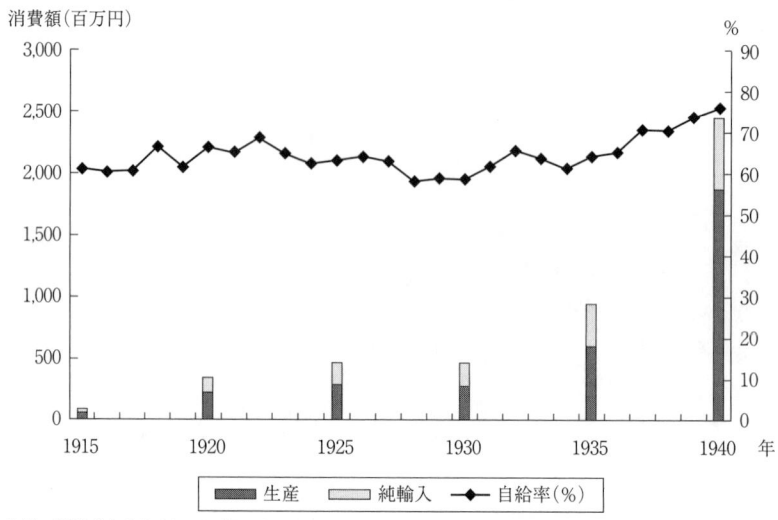

図1-4　工業製品の生産と貿易，消費

資料：『朝鮮総督府統計年報』，『朝鮮貿易年表』。

に変わり（農産物生産を増やし，工産物生産を減らす），その代りに農産物を輸出して工産物を輸入し，たとえばC点で消費するようになる。

　しかし，植民地朝鮮は1920年代初めから徐々に，そして1930年代に入ってからは急速に工業が発達しはじめ，農業植民地として固着化しなかった。

　まず，国内産業生産における工業生産の割合が大きくなった。GDPの工業部門の純生産割合は，1910／12年〜1936／38年の間に2.9％から17.7％へと増加した[18]。また，最近のGDP推計によると，GDPの製造業付加価値の割合は1910年代初めの3.8％から1930年代末は14.6％へと増加した[19]。

　国内産業における工業生産比重が大きくなるにつれ，工産品の輸出も急増したうえに，国内工産品消費の自給分も急増した。図1-4の工産品の朝鮮内生産額を消費額で割った工業製品の自給率がそれほど増えていないのは，工産品の消費規模が急増したためである。

　つまり，工業製品の日本からの輸入と朝鮮での生産が並行して急増したのである。比較優位論の単純な予見とは異なり植民地下の朝鮮の工業は縮小するど

図 1-5　輸入代替工業化の例（綿紡績工業）

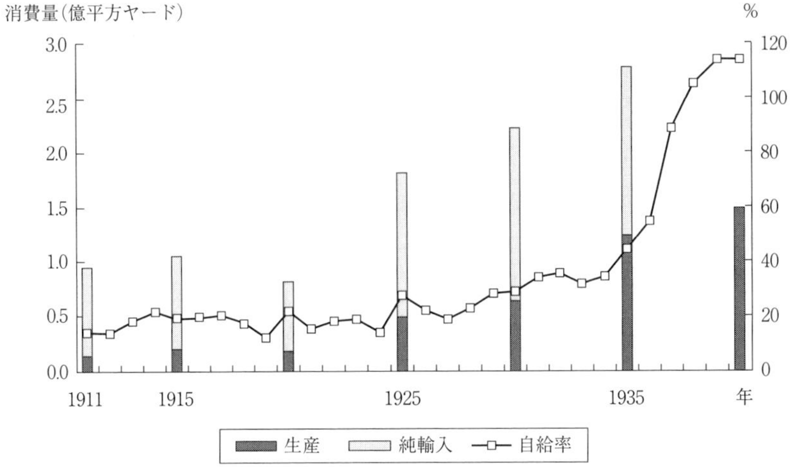

消費量（億平方ヤード）

生産　　　純輸入　—□— 自給率

註：1910年に関しては生産量統計がない。
資料：付表13と同一。

ころか，むしろ拡張していた。

　その代表的な部門が綿紡織工業であった（図1-5）。韓国併合の1910年はすでに機械制生産による輸入品が市場を支配しており，自給率は20％にも満たないほど低かった。その後も輸入量は増加し続けたが，朝鮮における機械制製品の生産も増加し始め，市場全体が拡大した。輸入増加より朝鮮内の生産増加率がもっと高くなり，自給率は上昇し，ついに1930年代後半は輸入代替が完了した。

　他の植民地従属国は比較優位原理に基づいて極端な一次産業への特化，それもごく少数品目を生産する単作化（monoculture）が進み，工業化は不可能であったのに対し，朝鮮は脱工業化の罠に陥らずに工業化を進めることができた。これが可能だったのはなぜか。

　既存研究の多くは，この工業化を政策要因から説明している。大陸兵站基地論のように1930年代の工業化を日本政府が選択し支援し保護した結果とみて，植民地下の工業化は上から「強いられた（imposed）」と主張している[20]。

しかしこのような見解は間違っている。なぜなら戦時体制以前は，工業化政策といえるものはなかったためである。1930年代初めまでは，産米増殖計画をはじめとする農業中心の産業政策が推進されただけであった。また，1930年代産米増殖計画の中止後も，工業化政策は行われなかった。たとえば，1926～1937年の農業土地改良事業への政府支援金は年間315万円であったが，1920～1936年の工業部門への補助金は年間17万円にすぎず，朝鮮総督府は農業とは異なり工業を放置していた[21]。

実証的な根拠がない一連の見解が長い間主張されてきたのは，帝国主義が植民地においていくらでも工業化を推進することが可能であると考えられていたからである。

このように目立った工業化政策がない場合，工業化は市場要因を中心に説明されなければならない。まず，農工間相対価格の変化から説明してみよう。工産物に対する農産物の相対価格が下落し，農産物より工産物の生産が有利になると，工産物の生産が増加する工業部門への特化が進む。しかし朝鮮では，1920～1930年代を通して農工間の相対価格に大きな変化は見られない。農産物の相対価格は1920年代中葉から1930年代初めの農業恐慌期まで下落したのち，1930年代後半までに再び上昇している。

相対価格の変化が部門別生産の動向を左右しないのであれば，部門別生産性向上の差から比較優位の変化をみてみよう。工業部門の生産性が農業部門のそれより早く上昇すると，工業部門の収益性は良くなる。すると，比較優位部門が農業から工業へとシフトして工業化が進行する。したがって，工業部門における急速な学習，韓国人の近代工業技術および知識への早い適応による生産性向上を除いては，植民地下の韓国が脱工業化の落とし穴から抜け出したことを説明することはできない。

では，工業化において韓国人の工業はどのような動向を見せたのだろうか。

3．韓国人の手で

　韓国併合頃の韓国は農業社会で，工業のレベルは低く，経済全体の周辺的地位に留まっていた。1909～1910年の民籍調査によると，農業戸が86.3％，商業戸が6.3％である反面，工業戸は0.8％にすぎず，日雇いが2.5％を占めていた[22]。当時の工業は，「現今ニ於ケル朝鮮工業トシテ何等見ル可キモノナク織物業，製紙業，窯業，醸造業及金属業等ノ僅ニ餘端ヲ存スルモノアルモ，何レモ重ニ農家ノ副業ニ過ギズ，偶偶単独ニ経営スル者無キニモ非ルモ，未ダ分業ノ法発達セザル為，工場ヲ設置セルガ如キハ殆ド無ク，要スルニ尚未ダ内職工業域ヲ脱スル能ハズ，近時内地人ノ諸工業ヲ営ム者ヲ除キテハ朝鮮人ニ於テ機械工業ヲ営ム者ハ到底出シ能ハザルノ状況ニ在リ」で[23]，主な工産物は家内手工業で行われ，農業と工業を兼業する層が専業的手工業者層よりはるかに多く，韓国人工業は家内副業程度にすぎなかった。

　『朝鮮総督府統計年報』によると，1911年の従業員10人以上または原動機をもっている朝鮮人工場数は，織物業9，窯業15，精米業16など66ヶ所にすぎなかった。その職工数は2,400人程度で，一工場当りの平均職工数は40人にも満たなかった。しかもこれらの工場は，すべて1910年前後に稼働し始めたことから，当時韓国の工業がどれほど零落していたのかがわかる。

　しかし，韓国人工場は1910年代と1920年代を通してその数と資本金，従業員数などのすべてにおいて急速に成長した。

　もっとも目覚ましかったのは工場数の増加である。1920年代に入ってから増加率は少し鈍化するが，1914～1928年の15年にも満たない間に，工場数は175から2,571へとほぼ16倍も増加した。

　韓国人工場の増加趨勢は日本人工場のそれを凌駕した。韓国人工場の数は，1910年代初めは全体の4分の1にも満たなかったが，1920年代初めにはほぼ半分を占めるようになった。1927年以降，韓国人工場数が日本人工場数を追い越した。また，工場数の増加ほどではないが，その生産額，従業者数の増加も日

本人工場のそれよりも速く,生産額に占める韓国人工場の割合は1914年7％,1920年12％,1928年23％へと大幅に上昇した[24]。

　韓国人工場数の増加幅は1916年を境にして,明らかに変化している。また,生産額と資本金は1918年を,機関数および馬力数は1922年を境にそれぞれ明らかに変化している。したがって,この時期に韓国人工業は「工場制工業」という新しい段階に進んだと思われる[25]。これは第一次大戦期に飛躍的な発展を遂げた日本資本主義の好況の波が朝鮮の商工業を刺激したことと,1910年代の朝鮮の商工業活動を束縛していた会社令が1920年に廃止されたことによるところが大きい。

　韓国人工場の数は,1930～1939年の間に87％も増加し（日本人工場は38％の増加），1938年にはその比重が63％にも達した。また,業種別にみると,従来の精穀業,酒造業に代わって機械器具工業などの新しい業種の拡張が顕著であった。むろん1930年代には朝鮮窒素㈱興南肥料工場に代表される日本人による大規模工場が数多く設立されたので,生産額における朝鮮人工場の比重は必ずしも大きくなったとはいえない。しかし,全般的な工業生産,工場生産の急速な拡張に伴って韓国人工業が拡大していたことは明らかである。

　これは会社資本においても同様である。1930年代の韓国人会社は,日本人会社より先に拡張局面を迎え,1930～1937年の間に日本人会社の払込資本金は2.6倍増加したのに対して,韓国人会社のそれは2.9倍も増加した[26]。したがって,1930年代の韓国人工業の拡張は,単に日本人工業の拡張に従ったのではなく,彼らと肩を並べたといえるだろう。

　このような数字上の成長にもかかわらず,韓国人工業はまだ日本人工業に比べて大きく後れを取っていた。とくに近代的業種において韓国人工業は日本人工業に圧倒され,精穀業や醸造業のように単純な工程や技術の農産物加工業に偏っていた。

　しかし,韓国人工業の動態的および静態的特徴のみを根拠に,韓国人工業が不断に発展したものの,日本人資本には依然として及ばなかったと解釈するのは適切ではない。韓国人工業が日本人工業に圧倒されたのは,植民地化によっ

て当該業種の韓国人資本が没落したためではなく，近代的業種に韓国人資本がいまだ進出していなかったためである。すなわち，植民地化以前の朝鮮産業の深刻な後進性がこの時期まで尾を引いていたのである。韓国人工業が小さいながらも成り立ったのは，植民地期の持続的成長によるところが大きい。

　かくして重要なことは，時間の経過とともに，各業種における韓国人工業の比重，地位がどのように変化したのかである。それを究明するために，各業種別の工場生産額のうち韓国人工場の生産額が占める割合の推移をみてみよう。

　1920年と1928年の各業種別割合をみると，多くの業種において韓国人工場の割合は増加している。1920年の36業種のうち，1928年に韓国人工場の割合が増加したのは，製綿業，製糸業，精錬業，金属工業，染料製造，醸造業，精穀業，製麺業，製塩業，缶詰製造業，肥料製造，印刷，ガス電気などの13業種であったのに対して[27]，割合が減少したのは皮革製品製造業，製油業，煙草製造，マッチ製造業などの4業種に止まっており，韓国人資本の割合が大きくなった業種が小さくなった業種よりはるかに多かった。そのほかにゴム製品製造業，麹子製造業など韓国人資本優位の新しい業種も登場した。

　ゴム工業や精錬業などはメリヤス工業とともに，韓国人が新たに進出した近代的工業である。一方，製綿業や製糸業，醸造業，精穀業などは従来の家内工業が工場工業に取って代わったもので，日本への原料，農産物および工業製品の輸出によって拡大された業種である。これらの業種において韓国人工場の比重が増大したのは，植民地化とともに到来した新しい経済的機会に韓国人が積極的に対応した結果と解釈できる。

　植民地期朝鮮の近代工業は外部から移植されたもので，ほとんどは日本人の手によって行われたので，韓国人工業は伝統的家内工業の拡張形態にすぎなく，数的増加はあったものの近代工業への転換とはみなせないと主張する論者もいる。たとえば，徐相喆は「韓国人工業は単に伝統的家内工業の拡張形態であった。……我々の関心を引くのは，土着工業が近代的工業への転換に失敗したことである。その代りにそれらは作業規模を拡大し労働者の雇用を増やして，官庁統計に『工場』として再分類されただけである」と主張した[28]。しかし，こ

のような認識は植民地期韓国人工業の動向を正確にとらえたものではない。韓国人工場は，近代工業部門に進出し，その地位を向上させることによって，植民地初期の遅れを克服していたからである。

　韓国人が進出した近代工業の業種は少なく，そのほとんどは日本人より劣勢であったが，韓国人工業が新たに勃興し，急速に発達していたという事実は否めない。

　それでは，はたして韓国人工業が急速に勃興した要因は何なのか。これを学習対象，主体的条件の形成という二つの側面から考察してみよう。

(1)　日本人資本の刺激

　朝鮮に進出した日本人資本の活動は韓国人資本の事業チャンスを先占する一方，韓国人の企業活動のモデルにもなった。前者は韓国人工業の成立に否定的に，後者は肯定的に作用していたとみられるが，どちらがより優勢かは産業，企業によって異なっていた。

　日本人資本は会社形態のものとそうではないもの，つまり個人経営形態に大きく分けられる。また，会社は朝鮮に本店をもつ会社と，朝鮮の外に本店を置きながら朝鮮に支店をもつ会社に分けられる。会社形態の資本が個人経営形態の資本より圧倒的に大きく，また本店会社の資本が支店会社のそれより大きかった。1931年の朝鮮銀行の推計によると，当時朝鮮の事業会社資本のうち，朝鮮に本店をもつ会社の資本は約80％を占めており，支店のそれは20％にすぎなかった[29]。したがって，朝鮮に本店をかまえる日本人本店会社の推移をもって，日本人資本の朝鮮進出状況をみることができる。

　民族別会社に関する『朝鮮総督府統計年報』の統計および既存研究の統計を総合してみると，図1-6のようである。会社数は1917年から急増して1930年代初めまでほぼ毎年前年より二桁の増加率をみせたが，その後鈍化している。払込資本金の年間増加率をみると，1918年から1920年までの3年間は50％前後であったが，それ以降1920年代中葉までの停滞状態を経て，再び増加し続け，とくに1934年から1940年代初期までは毎年二桁の高い増加率を見せていた。

図1-6 日本人会社の推移

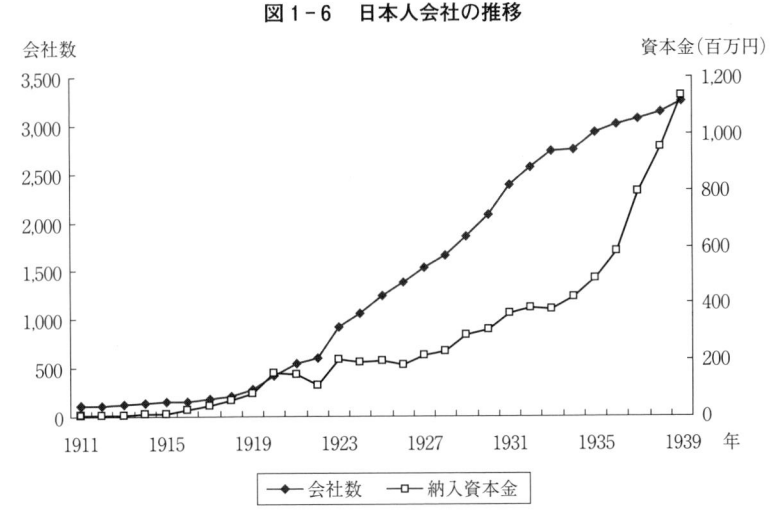

註：1920年までは朝鮮人と日本人の合作企業を含まないが，1923年以降は一部を含む。
資料：1922年までは『朝鮮総督府統計年報』，1923年以降は朱益鍾「日帝下朝鮮人会社資本の動向」『経済史学』15, 1991年（韓国語）。

　1910年代末の日本人会社資本の急増は，第一次大戦後日本資本主義が好況の絶頂にあった「植民地企業熱」の結果であった。1910年代末，日本では朝鮮に会社を設立することがブームとなり，「株式市場の如き一時は『朝鮮』の二文字を冠する会社の株式は其内容の如何を問わず買進まれたる事ありき」になるほどであった[30]。

　日本人による朝鮮関連会社の設立が殺到するなか，韓国人会社も勃興期を迎え，日本人会社資本の勃興より少し遅れた1919～1921年の間に急増した。これは，日本人の会社設立が朝鮮人の会社設立に影響を与えたことを示している。

　その影響を，朝鮮に直接進出した資本（主に大資本）と朝鮮において成長した日本人資本（主に中小資本）の二つの範疇に分けて考察してみよう。

　まず，本国から直接進出した大資本をみてみよう。1910年代から日本の財閥資本を含む大資本が，主に鉄道，電気などの社会基盤分野と工業分野に進出した。当時の韓国人は，資金や技術においてそれらの領域に進出するほどの力量がなかったため，これらの巨大資本は韓国人資本にそれほど影響していない。

したがって，この部門における日本人資本の進出は，韓国人資本の進出を妨げる要因ではなかった。

日本の大資本工業は，日本の工場に繰綿業，製紙業，製鉄業などの原料や紡織工業，製糖業，硬質陶器業，セメント工業，製粉業などの中間財を供給するもの，製糸業に代表される朝鮮市場に製品を供給するもの，そして輸出品を生産するものの三つに分けられる。

製鉄業，製紙業，製糖業，セメント工業などにおいては，日本の大資本の進出が韓国人資本に及ぼす影響はそれほど大きくなかった。これらの工業に必要な資金と知識，技術などを韓国人は備えられなかったので，前述した電力事業や鉄道事業と同じく，これらの部門に韓国人が進出できなかったのは先に進出した日本資本のせいではなかった。しかし，繰綿業と製糸業は韓国人でも進出可能な部門で，日本の大資本の後を追って朝鮮に事業基盤を持つ日本人中小資本家や韓国人資本家が進出した。これらの業種の拡大に韓国人が参加できる道は開かれていたため，同業種への日本の大資本の活動は韓国人の進出を触発した。しかし，紡織工業の場合は日本企業の進出によって促進されたり阻止されたりした。1910年代後半の朝鮮紡績の設立は京城紡織の成立を刺激したが，1930年代の巨大紡績資本の相次ぐ朝鮮での工場設立は，新たな韓国人の進出を阻むものであった。

一方，日本人商工業者が朝鮮で成長するケースも多かった。これらの企業の多くは中小企業で本国資本の企業には及ばなかったが，その数はかなり多く，総計からみると本国資本による企業に匹敵していた。とくに最近の研究によると，朝鮮内本店会社資本の半分ほどは朝鮮で調達されたとみられる[31]。中小商工業者は本国の大資本とは異なり，韓国人と頻繁かつ緊密に接しながら大きな影響を与えた。

日本人中小資本の起源は，日本人移民にある。彼らは朝鮮で商業や貸金業，農事経営を通じて資金を蓄積し，中小資本家として成長し，その一部は朝鮮屈指の企業家として成長した[32]。日清戦争から日露戦争の間に朝鮮へ渡ってきた日本人移民は，日露戦争後朝鮮が日本の「保護国」になると急増し，朝鮮人口

における日本人の比率は1910年1.3%，1920年2%，1930年2.5%へと増加し，イギリス植民地期のインドやフランス植民地期のインドシナに比べると，植民地移住人口は多かった。

彼らは，日本で事業に失敗し，新しい機会を求めて，少ない資金をもって朝鮮に渡ってくるケースが多かった。多くは各種商業に従事しており，資金力があるものは初めから店を構えて雑貨商，売薬商，高利貸金業を行ったが，そうではないものは雑貨類，薬品類，石油などの行商を営んだ。彼らが取り扱う菓子や飴，薬品，石油，ランプなどは韓国に流入し始めていたもので，韓国人の間に人気があったうえに，しばしば高利貸や詐欺などの不正な方法を駆使していたので，比較的財産蓄積がしやすかった。蓄積した富を再び土地に投資するなどして増殖させ，1910年代末の好況期には会社や工場などを設立した。彼らの会社や工場は多岐にわたっていたが，とくに電力電灯業，普通銀行業，酒造業，土木建築業，自動車運輸業などへの進出が活発であった。

このような移住日本人の企業活動は，各種商業において急速に富を蓄積したため，そのぶん韓国人が富を蓄積するチャンスを奪っていた。この点において，彼らの企業活動は韓国人資本の成立に否定的影響を与えたといえるだろう。一方，日本人企業の高い収益性は韓国人資本を刺激し，日本人が雑貨商や貿易商などで収益を得て，電力電灯業，酒造業，精米業，銀行業などに進出するのを見た韓国人たちは，彼らを追って雑貨商や貿易商に従事し，電力電灯業，精米業，銀行業等などへ進んだのである。たとえば，全州では日本人が雑貨商（主に飴売りや菓子製造），売薬商と高利貸金業などから高収益を得ているのをみた韓国人がそれらの業種に進出したために，日本人が業種を変えざるを得なくなったこともあった[33]。

結局，日本人資本の企業活動は，韓国人資本の成立を促進する側面をもっていた。日本人資本の活動によって朝鮮経済全体の急速な成長と再編が進められ，その中で朝鮮人商工業が発展するチャンスが生まれたのである。日本人商工業の高い収益率は韓国人を誘引し，一層進歩した生産技術や経営方式は韓国人企業に近代商工業の「教師」の役割を果たし，「学習」のチャンスを提供した。

(2) 企業経営力量の成長

　趙璣濬は1920年代韓国人企業の発展要因として外部与件の変化のほかに，三・一運動以降の経済的自立への民族の覚醒，地主および商人階層の資本動員能力の向上，国内市場の拡大，近代教育を受けた経営者，技術者および技能工の大量排出を指摘した[34]。ここではそのような主体的力量を資金力の増大，近代商工業に関する知識の増大，商工業発展に対する韓国人の意志の強化などの側面に分けて考察してみる。

　第一に，主に対日米穀輸出の増加と米価上昇によって小作料収入が増大したために，1910年代の地主層を中心とする韓国人資産家の資金力が大きく増えた。

　1919年の米価は1915年のそれの4倍近くなり，とくに1910年代末の米価は急騰し，地主は小作米の販売によって巨大な資金力を得るようになった。1910年代末の韓国人資産家の間に起きた企業設立ブームは，このように急増した資金力によるところが大きい。

　第二に，企業経営に関する知識，近代的生産技術を習得した韓国人が登場した。開港期は大商人，官僚，知識人が貿易業のような商業または織物業などの工業に従事する会社の経営を試みたが，そのほとんどは失敗に終わった。1910年の会社令によって許可対象になった107社のほとんどは1905〜1910年の間に設立されたもので，1904年以前に設立されたのは大韓天一銀行などの6社にすぎなかった[35]。また，1905年以前に設立された会社のほとんどが5年も経たないうちに経営を終えていた。

　これらの失敗の根本的な理由は，事業を推進していた韓国人たちに実行力が不足していたためである。企業の設立者は，主に前・現職の官僚で当該事業の門外漢であったり，政治活動に忙しくて企業活動に専念できなかった。また，彼らは事業に必要な資金や技術をもっていなかったうえに，その意志さえない者もいた。

　具体的な事例の一つとして，1904年に試みられたが失敗に終わった京城と木浦間の湖南鉄道敷設運動に動員された資金の内訳をみると，株式資金の払込み

は皆無で，創立委員と日本人からの高利借入金のみに依存していた。また，支出においても借入元利金返済のための支出が38％という高い比重を占めており，測量費と土工費などは20％にすぎなかった。鉄道会社の設立者は実際の資金は負担しないまま会社を相手に高利貸利子（43,830ウォンの元金に対する31,775ウォンの利子）を受け取り，一つの利権として鉄道敷設権を獲得して日本側に売るにすぎなかったのである[36]。

このように開港期に設立された会社の多くは，その設立者たちが事業を営む能力と意志に欠けていたので，ほとんど失敗に終わった。しかし，開港以降，韓国人は外国の先進文明と生産技術に絶え間なく接した結果，1910年代には近代的商工業を設立する能力を備えた新しい世代が登場するようになった。

京城紡織の金性洙，金秊洙，および李康賢はその代表的な人物であった。また，1912年に設立された平壌の代表的染色企業である平壌染色所の技術者裵永燁も京都高等工芸学校染色科で学んだ人物で，1920〜1930年代の平壌の代表的な精米業者の一人であった鄭奎鉉も早稲田大学政治経済学科を卒業後1914年に帰国し，平壌に最初の電動式精米機を具備した精米所を開業した[37]。

そして新式教育を受けたものの数をはるかに超える小商人，手工業者が新しく登場した。彼らは正式な学校教育を通して近代商工業知識を体系的に習得してはいないが，実際の企業経営を通じて経験を積み，周辺の日本人商工業から多くの知識を「学習」し，日本人が使用する機械を導入し，日本人企業から技術を学び，自らの企業を設立した。

京城の織物業界の元祖といえる金徳昌は1897年，19歳で日本に渡って染色工場の職工生活を通じて染色技術を学んで帰国し，1902年2月鐘路に織布所を開いた[38]。同じく大邱の織物業界のゴッドファーザーと呼ばれた秋仁鎬は，日本の中学校を卒業したのちに製織技術を学び，帰国して足踏み機1台をもって製織を始めた。彼は，1928年頃には動力織機45台を備えた中規模企業家に成長した。また，二人の弟たちも製織業に携わるように仕向け，その地域の他の韓国人も製織業に参入させる嚮導の役割を果たした[39]。

また，メリヤス製織のように日本から機械を導入し，研究しながら生産技術

を習得したケースもあった。平壌で初めてメリヤス製造を開始した金基浩は, 1906年日本の新聞に掲載された靴下機械関連記事を読んでそれを4台注文し, それを家に設置し, 3ヶ月間一人で使用法を研究して靴下の製織を始めた[40]。

そのほかに, 総督府の工業技術教育を通して工業生産技術を学んだものも多かった。たとえば, 1910年代の京城では工業伝習所で染色技術を学んだものたちが染色企業の技術者や工場主になった。また, 大邱でも総督府が1906年設立した大邱産業伝習所で教育を受けた伝習生たちが織物工場を設立した[41]。

このように多様な経路を通して近代的商工業に関する知識と姿勢を学んだ新しい韓国人世代が登場し, 彼らが植民地期に韓国人工業を建設していったのである。

第三に, 韓国人が商工業発展への強い意志および指向性をもっていた。

旧韓末には, 近代商工業を発展させようとする志向が全国的な啓蒙運動として表出した。日露戦争以降, 植民地化が加速化されると, 文明開化や抗日救国の方法として教育と産業の振興を通して民族の実力を養成することを民衆に啓蒙してそれを実践する自強運動が展開された。西北地域の新民会のような各地の学会をはじめとする運動団体が数多く組織された。この運動は植民地化を防げなかったが, 多くの韓国人に民族意識を覚醒させ, 彼らの脳裏に実力養成の志向を植え付けた。これは韓国人に意識的な商工業発展へ努力するようにして, 韓国人工業の発展に決定的な役割を果たした。新民会活動の中心舞台であった平壌でメリヤス工業とゴム工業などの韓国人工業の発展が顕著であったこと, 湖南学会の活動に参加して新式学校を設立した高敞金氏家が後日朝鮮の近代化のための一連の雄大な事業を展開したことなどはその証拠である。

韓国人商工業を発展させようとする志向性は三・一運動以降さらに強まった。三・一運動を契機にして日本帝国主義に抵抗する韓国人の民族意識は確固たるものになり, その一環として韓国人商工業の発展をはかる経済的民族主義が高揚したのである。1920年代には, 韓国人の民族的利益を擁護しようとする活動および韓国人の生活を革新し改造しようとする運動, そして各方面において日本人に立ち向かう力量を高めようとする自己開発運動, 自己向上運動が活発に

展開された。数多くの社会団体が雨後の筍のように各方面から活動を行うとともに，学校教育熱が高揚し，就学率も高まった。土産品の使用を奨励して民族企業を育成しようとした1920年代初めの朝鮮物産奨励運動は，代表的な経済民族主義の事例であった。

物産奨励運動の目標は韓国人の経済的独立力量の養成であった。当時の左派の批判のように，この目標は植民地下では決して達成され得ないものであった。しかし，物産奨励運動の結果，韓国人商工業を発展させなければならず，そのためには外来品より韓国人の生産品を消費すべきであるとの意識が，一般韓国人の脳裏に深く刻まれた。また，韓国人商工業者は自らの企業活動が朝鮮民族の独立の一助になるという自負心と使命感を抱いて，日本人資本を追い越そうと事業活動に熱意を示すようになった。日本人資本との競争で生き残った京城紡績やメリヤス工業とゴム工業の韓国人資本は，日本人資本との対決で勝利しようとする強い意志をみせている。そのような意志が後日，事業の成功に役立ったのは明白である。

1) 李榮薫「韓国史における近代への移行と特質」『経済史学』Vol.21, 1996年（韓国語），金載昊「伝統的経済体制の転換」李大根編『新しい韓国経済発達史』ナナム出版，2005年（韓国語）。
2) J. R. Stanfield, *The economic thought of Karl Polanyi: lives and livelihood*, Basingstoke: Macmillan, 1986, pp. 20, 65-79.
3) 李榮薫『数量経済史からみる朝鮮後期』ソウル大学出版部，2004年,「総説」，251頁（韓国語），李榮薫・朴二澤「18世紀朝鮮王朝の経済体制」中村哲編著『近代東アジア経済の歴史的構造』日本評論社，2007年。
4) 李榮薫「朝鮮後期以来の小農社会の展開と意義」『歴史と現実』Vol.45, 2002年（韓国語）。
5) 13地域の土地単位面積当り（斗落当り）平均地代量は，1700年前後の15斗から1800年前後の10斗へ，そして1900年前後には5斗へと減少した。この地代量の減少は生産性の下落によるものと判断される。また，両班家の日記や家計簿に記録されている日雇いや作男の賃金記録をみると，19世紀後半に農村の実質賃金は3分の1水準に下落した。朴基炷「朝鮮後期の生活水準」李大根編『新しい韓国経済発達史』，2005年，車明洙「我が国の生活水準，1700～2000」安秉直編『韓国経済成長

史』ソウル大学出版部，2001年（韓国語），安秉直・李榮薫編著『マッジルの農民たち』一潮閣，2001年（韓国語）。
6) 李榮薫『数量経済史からみる朝鮮後期』「総説」，380頁。
7) 李榮薫・朴二澤「農村米穀市場と全国的市場統合，1713〜1937」李榮薫『数量経済史からみる朝鮮後期』，257〜260頁。
8) 全遇容『19世紀末〜20世紀初韓人会社研究』ソウル大学博士論文，1997年，103〜106頁（韓国語）。
9) 朝鮮後期以来，商品の独占によって利益を得ようとする商行為または商人。
10) 全遇容『19世紀末〜20世紀初韓人会社研究』。
11) 金載昊「伝統的経済体制の転換」。
12) 朴枝香『歪んだ近代』プルン歴史，2003年，189〜190頁（韓国語）。
13) イサベラ・バード著／朴尚得訳『朝鮮奥地紀行2』平凡社，1994年，353頁。
14) 全遇容『19世紀末〜20世紀初韓人会社研究』194頁，278頁。
15) 特権商業のように国家が営業独占権を設定して特定人に付与すると，この営業独占権を得るための競合，つまり地代追及行為が発生する。王族・官吏の買収，賄賂供与，その姻戚の雇用などが結果的に資源の浪費を招くことになる。Kruger, "The Political Economy of the Rent-Seeking Society", *AER* 64-3, June 1974, pp. 291-303.
16) 朝鮮貿易協会編『朝鮮貿易史』，1943年，97〜98頁。
17) 朴二澤「ソウルの熟練および未熟練労働者の賃金，1600〜1909」李榮薫編『数量経済史から再検討した朝鮮後期』71，74頁，朴基炷「財貨価格の推移，1701〜1909」李榮薫編『数量経済史から再検討した朝鮮後期』198〜199頁。
18) Suh, Sang-Chul, *Growth and Structural Changes in the Korean Economy, 1910-1940*, Cambridge: Harvard University Asia Center, 1978.
19) 落星台経済研究所「日帝下のGDPとGDE」，韓国の長期経済統計シンポジウム，2004年（韓国語）。
20) 小林英夫「1930年代朝鮮『工業化』政策の展開過程」朝鮮史研究会編『朝鮮史研究会論文集』3号，1967年，Ho, Samuel Pao-San, "Colonialism and Development: Korea, Taiwan, and Kwantung", in Myers and Peattie eds., *The Japanese Colonial Empire*, 1984, Woo, J., *Race to the Swift: State and Finace in Korean Industrialization*, New York: Columbia University Press, 1991; Suh (1978).
21) 金洛年「植民地期朝鮮工業化の諸論点」『経済史学』34号，2003年（韓国語），朱益鍾「日帝下韓国の植民政府，民間企業，そして工業化」『経済史学』34号，2003年（韓国語）。
22) 李憲昶「開港期経済史をみる一つの視角」『歴史批評』69，2004年，264頁，266

頁(韓国語)。
23) 納富由三『朝鮮商品と地理 3：商品編』朝鮮総督府，1912年，31～32頁。
24) 『朝鮮総督府統計年報』各年版。
25) 許粋烈「日本帝国主義下朝鮮人工場の動態」中村哲・安秉直編『近代朝鮮工業化の研究』日本評論社，1993年，124～126頁。
26) 朱益鍾「日帝下朝鮮人会社資本の動向」『経済史学』15，1991年，44頁(韓国語)。
27) 韓国人資本の比重変動をみると，製綿業は6.3%から16.7%へ，製糸業では3.9%から10.1%へ，精錬業は0%から14.9%へ，醸造業は7.8%から51.7%へ，精穀業は17.4%から33.5%へ，印刷業は7.5%から32.7%へとそれぞれ増加した。『朝鮮総督府統計年報』各年版。
28) Suh (1978), pp. 101-102.
29) 朝鮮銀行『朝鮮に於ける内地資本の流出入に就て』，1933年，32～40頁。
30) 金子文夫「第一次大戦後の対植民地投資」『社会経済史学』51(6)，1986年，26頁。
31) 山本有造「植民地下台湾・朝鮮の域外収支——朝鮮編」京都大学人文科学研究所編『人文学報』Vol.35，1972年，201～229頁，金洛年『日本の植民地投資と朝鮮経済の展開』東京大学大学院博士学位論文，1992年，18頁。
32) 日本人移民者の朝鮮内商工業活動と富の蓄積に関する以下の説明は主に，趙璣濬『韓国資本主義成立史論』大旺社，1973年，120～165頁(韓国語)，木村健二『在朝日本人の社会史』未来社，1989年，第1章，第2章を参照してほしい。
33) 全州府『全州府史』，1943年，324～325頁。
34) 趙璣濬「韓国資本主義の前史：18世紀～1945年」具本湖編『韓国経済の歴史的照明』韓国開発研究院，1991年(韓国語)。
35) 金載昊「企業の勃興と官僚，1895～1910」『経済史学』39号，2005年，83頁(韓国語)。原資料は全遇容『19世紀末～20世紀初韓人会社研究』，321～325頁。
36) 李炳天「旧韓末湖南鉄道敷設運動に関して」『経済史学』5号，1981年(韓国語)。
37) 『毎日申報』1912年8月31日(韓国語)，『東亜日報』1927年1月22日，23日(韓国語)。
38) 李漢九「染織界の始祖金德昌研究」『経営史学』Vol.8 No.1，1993年(韓国語)。
39) 繊維技術振興会『大邱繊維産業史』大邱繊維技術振興会，1990年，138頁(韓国語)。
40) 『東亜日報』1928年5月31日(韓国語)。
41) 阿部辰之助『大陸之京城』厳松堂書店，1918年，500～503頁，繊維技術振興会『大邱繊維産業史』，126～127頁(韓国語)。

第2章 孕　　胎

> 我が国が今日外国の保護を受けるようになったのは，自強之道を悟っていなかったためである……教育が興らず，民衆が愚昧で産業を起こさなければ国富が大きくならないので，民知を開き国力を高めるのは教育と産業の発達にある。教育と産業の発達が唯一の自強の道である。
> (1906年7月，大韓自強会創立趣旨書)

1．高敞の金氏家

(1) 地主家の創立

　蔚山金氏備邊郎公派に属する金氏家は，朝鮮王朝初期以来，全羅南道長城地方に生活基盤をもつ湖南名門家の後裔である。朝鮮中葉の性理学者河西金麟厚（第22世，1510～1560年）が出て全国的な名門家として名声を得たが，第33世の金堯莢が生まれた19世紀前半は富豪ではなかった。彼らが地主家として成長したのは，金堯莢が延日鄭氏家との婚姻を契機に，全羅北道古阜郡扶安面仁村里（現，高敞郡扶安面仁村）に移住してからである。

　金堯莢は金命換の三男であり，家産を受け継ぐことはできなかったので，万石君であった嫁の実家の近くに居を移し，譲ってもらった水田と畑を元に家産を増やした[1]。

　勤倹節約して貯めた財産を元に農地を購入し，小作料収入を得る。また，それをもって農地を購入することを繰り返して所有地を増やした。金堯莢が財産を増やしたこの方法は，注目に値する。一般的に財産規模がある程度大きくな

〈写真〉仁村里にあった金氏家の家屋（1977年重建以前）

ると，お金がお金を儲ける段階に入るが，それまではシードマネー（seed money）を貯めるために節約し貯蓄しなければならない。両班である金氏家がそれを行ったのは異例の出来事である。

　伝統的な両班地主のほとんどの収入は冠婚葬祭，お客接待など誇示的な消費生活に消尽されることが一般的であった。両班の日常生活においてもっとも重んじられたのは，「奉祭祀，接賓客」であった。すなわち，祖先に対する祭祀を欠かさず丁重に行うことと，親族や友人をはじめとする訪問客を手厚くもてなすことであった。たとえば，朝鮮中期の海州呉氏の一族に属する呉希文（1539～1613）は，壬辰倭乱（訳者：豊臣秀吉の朝鮮出兵）の避難生活のなかでも月に平均二回の祭祀を行い，頻繁に訪問客がおり，自らもしばしば他家を訪問したりしていた。供物などの準備は数日前から始めなければならないから，多くの費用と時間を必要とした。訪問客が手ぶらでやってくることは稀で，何らかの贈り物を携えて来るのが普通であり，客が帰るときには返礼の贈り物を与えることが多かった[2]。

　本来の両班の誇示的消費支出を控えるのは，両班としての威信には気を使わないことを意味する。金氏家の家産は金暻中の婿である金容完家の家産（一千

図2-1　金氏家家系図

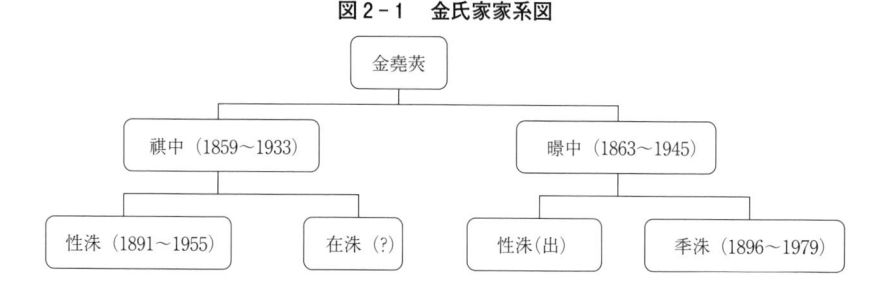

```
                        金堯莢
            ┌─────────────┴─────────────┐
     祺中（1859～1933）              暻中（1863～1945）
      ┌─────┴─────┐              ┌─────┴─────┐
  性洙（1891～1955） 在洙（?）    性洙（出）   季洙（1896～1979）
```

石規模）をはるかに凌駕したが，「家蔵什物など，比較的奢侈な生活を送っていた私（金容完──引用者）の家には及ばなかった……格式に沿って消費し，食べ，奢侈することをみてきた幼い私には，質素で実家より劣る草葺き屋根の家から嫁をもらったので，幼心で不満だった」ほどに，茁浦に引っ越しする前の仁村里の藁屋根の家もその経済力に比べると質素なものであった[3]。

金堯莢は科挙を受けなかったが，40歳の1872年から繕工監監役になったことを皮切りに，義禁府都事，寧陵参奉，尚瑞院別提，司甕院主簿を経て，1888年以降和順，鎮安，軍威の郡守，1898年中樞院議官，1905年秘書院丞，1906年侍従院副卿を歴任した。

27歳の1859年には長男祺中が，31歳の1863年には次男暻中が生まれた。祺中だけが科挙を受けて進士登科に進んだが，息子二人とも郡守などの官職に出た。長男祺中は29歳の1888年，進士になり，1897年懿陵参奉，1900～1903年まで龍澤（現，全羅北道鎮安郡），平澤，同福（現，全羅南道和順郡）の郡守を歴任し，1907年官界から退いた。次男暻中は1898年以降，敬陵参奉，秘書院丞，奉常寺副提調を経て，1905年珎山（現，忠清南道錦山郡）郡守に任命されたが，5ヶ月で辞任し官界から退いた[4]。

金堯莢の郡守在任期間は正確に把握できないが，長男祺中は1900年4月～1901年10月に龍澤郡守を，1901年10月～1902年3月に平澤郡守，そして1902年3月～1906年3月までに同福郡守を歴任した。金祺中の在任期間は龍澤郡守が1年6ヶ月であったが，他は6ヶ月程度にすぎなかった。暻中は1905年10月

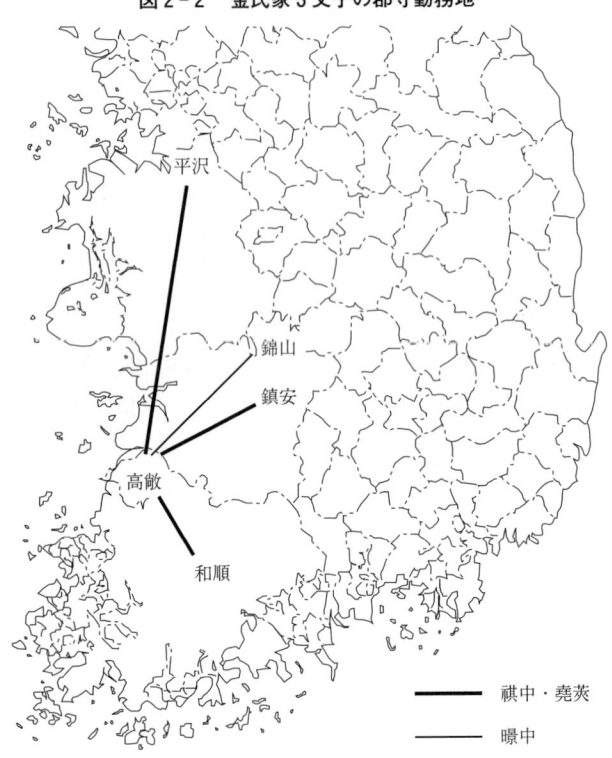

図2-2 金氏家3父子の郡守勤務地

平沢
錦山
鎮安
高敞
和順

―――― 祺中・堯莢
―――― 曝中

〜1906年3月までに玸山郡守に在任していた[5]）。

　金氏家の人物が科挙試験を受けずに官職を得ることができたのは，名門両班家の後裔という家柄と新興地主家として経済力があったためと思われる。金容燮とエッカートはこれと関連して，金氏家が経済力を背景に官職に進出したとし，三つの点を明らかにしている。

　第一に，彼らが官職に進出した時期は，売官売職が横行していた大韓帝国前期（1897〜1904年）であったことである。黄玹の『梅泉野録』によると，

「この時期（1901年）の売官乱発は甲午年（1894年）以前よりひどく……観察使職は10万両ないし20万両，一等首領は少なくとも5万両以上であった。

そして官職に赴任すると，自費ではなく公銭をもってその借金返済に充て……それに官吏たちが犯すのはすべて公銭であったので自然と国庫が減縮したのである」[6]。

としており，「お金さえあれば皇帝または人事権者への賄賂提供を通して郡守のような地方官に赴任できる」[7]ような売官売職が横行した時期に，彼らが官職に進出したことは，両者の関連性を示唆するものである。

　第二に，彼らは郡守以外は実際に奉職しない虚職の官職に就いていたことである。大韓帝国期の官僚を分析した結果によると，中枢院議官，各陵参奉，秘書院丞，奉常寺副提調などは名目官職にすぎず濫発されたものであった[8]。

　第三に，彼らは正規の官職昇進方式に沿っていなかったことである。たとえば，堯莢は1872年比較的高い等級である二品の繕工監監役として官職生活を始めたが，1885年には六品と八品の間に該当する義禁府都事に，翌年は官僚機構の最下層（九品）の参奉に落ちたが，2年後の1888年には全羅南道和順郡守に格上げされた。このような不自然な官職の変化は，「金氏一族が米の輸出で得た多額の利益をつぎ込んで，売りに出ている官職を手当たりしだいに買っていたため」[9]と思われる。

　このように堯莢のときから金氏家は中小地主として財産を増やし，それをベースに官職にも進出していた。この金氏家が大地主家として成長した時期およびその経緯はどのようなものであったのだろうか。

(2) 高速成長

　金氏家の所有地規模は1910年代末から把握できる。1910年代末に約700町歩であった金祺中の所有地は，1920年代中葉には900町歩へと増えた。また，次男曖中は同時期に約2,000町歩の巨大な耕地を所有していた（付表2）。

　金堯莢が亡くなった1909年，祺中は約100町歩，曖中は僅か20町歩を相続した。相続分に比べて，二人の後日の所有地規模ははるかに大きい。彼らはいつごろから，そしてどのようにして地主として成長したのか。

既存研究では，金祺中と金曔中が相続後の短期間に大地主として成長したとしている[10]。金祺中の所有地は9年間で約7倍，金曔中のそれは1909～1924年の15年間で約65倍も増えたことになる。しかし，所有地がこのように激増するのは，不可能である。

まず，金祺中一家の所有地は1918～1924年の6年間に約16％増加したことを思い出してほしい。所有地が9年間で7倍も増えたのに，その後の6年間は20％にも満たない増加率を見せるのは，納得しがたいところがある。

1909～1918年は米価が上昇して小作料収入が増えたために，所有地を大幅に拡大させることができたとも考えられるが，米価が上昇すると，地価も上昇するのでそれも不可能である。後掲の図2-6にあるように，米価と地価はほとんど同じ動きをみせている。米価が上昇して小作料収入が増えても，地価も上昇するので新たに土地を多く買い入れることはできない。

小作料収入のすべてを土地購入に投じたとしても，僅か9年で所有地を7倍に増やすためには，小作料収入を地価で割った土地収益率が年平均24％にならなければならない。曔中のように60倍以上にするためには，毎年30％以上の土地収益率が必要である。

しかし，当時の土地収益率はそれほど高くなかった。1905年の調査資料によると，洛東江流域，錦江流域，栄山江流域の土地収益率は，平均17.4％であった[11]。これは当時日本の土地収益率と比較してもかなり高いレベルであった。その後，日本人らが先導して土地投資が増えると，地価が上昇し，土地収益率は低下し続けた。1928～1940年の朝鮮殖産銀行の『全鮮畓田売買価格及収益調』によると，土地収益率は最低7.4％から最高8.8％であるので，土地収益率は1900年代には非常に高かったにせよ1920年代後半には10％以下に落ちたと推定される。しかし，1910年代の土地収益率が10％を超えたとしても，上記のように20％を超えることはありえない。

一般的な土地収益率を考えると，金氏家のみが毎年高い土地収益率を計上するとは思えない。したがって，金祺中の所有地が僅か9年で7倍も増えたり，金曔中の所有地が同期間に数十倍も増えることはましてありえないことである。

実は，金祺中と曔中は土地相続が行われる以前からすでに，相続地よりはるかに大きい土地を自分名義で保有していたと思われる。土地の相続が行われたのは彼らが50代に入ってからで，40代には郡守職などの官職を歴任していたことを勘案すると，相続地のほかに大土地を所有していたとみるのが妥当だろう。むろん，彼ら名義の土地には自ら治産したものと事前に親から相続したものが混じっていただろう。また，1918年と1924年に金祺中と曔中が土地の多くを息子の金性洙と金秊洙に贈与したことをみると，金堯莢も事前に土地の一部を贈与したと考えるのが妥当であろう。したがって，金氏家は金堯莢が郡守職を得た1880年代末から息子たちが官職生活を終える1900年代前半にかけて，巨大地主家として急成長し，それに三父子それぞれが大きな役割を果たしたと思われる。1890年代〜1900年代前半は祺中と曔中がそれぞれ30代と40代前半で，活発に財産を増やす活動を行った年代でもあった。1911年の全国資産家を調査した『時事新報』によると，金祺中と曔中は財産10万円以上の朝鮮人資産家32人のなかに名を連ねていた[12]。

　1918〜1926年の間に金祺中一家が所有地を700町歩から200町歩ほど増やしたのは，小作料収入を再投資した結果とみていいだろう。反面，1924年の1,300町歩から1926年の1,900町歩へとわずか2年で50％近く急増した金曔中一家の所有地は，小作料収入の再投資によるものだけではなく，息子の金秊洙が田籍整理などを行い，新しく把握したものが含まれていると思われる。

　その後，干拓水田を除いた金曔中一家の所有地に大きな変化はみられない。植民地末期に所有地から干拓地（高敞郡海里面と咸平郡孫仏面所在）を除くと，所有地は2,044町歩となり干拓以前の1,969町歩とほぼ同じである（付表3）。

　しかし，他事業設立の際に金曔中一家は土地を寄付したことを考慮すると，干拓地のほかにも所有地は増えていた。たとえば，1929年に中央学院を財団法人にする際の財団基金60万6,017円のほとんどと，1932年に金性洙が普成専門学校を引き受けたときの6千石収穫の土地（おおよそ400町歩）は，金曔中一家の寄付によるものであった。

　金曔中一家は，寄付した土地よりもっと広い数百町歩の土地を新しく買い入

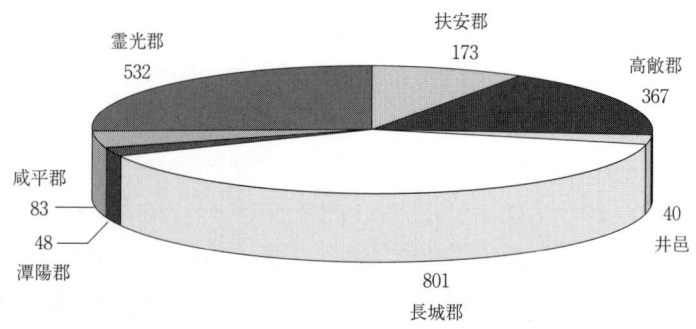

図2-3 植民地末期金暻中一家（三養社）所有地の郡別構成（干拓地除外）

霊光郡 532
扶安郡 173
高敞郡 367
井邑 40
長城郡 801
潭陽郡 48
咸平郡 83

註：数字は郡別の所有地面積，単位は町歩である。
資料：付表3。

れたので，所有地規模はさらに大きくなった。たとえば，1924年に組織された長城農場は収入を再投資し続け，1934年に418町歩，植民地末期には801町歩に達した。また，高敞農場も1926年の270町歩から1936年の538町歩へと大きく拡張された[13]。

土地の所在地を見ると，1910年代末は前・現居住地である高敞郡富安面と扶安郡乾先面（茁浦面）を中心とした高敞郡，扶安郡，長城郡，井邑郡などの広い地域に分布していた。金性洙名義の土地は高敞郡一帯に集中しており，父親の金祺中の土地は扶安郡，長城郡，井邑郡に，次男の在洙の土地は扶安郡，井邑郡，高敞郡などに散在していた[14]。

三養社は金暻中の所有地を受け継いでいたので，金暻中一家の所有地分布は植民地末期三養社の所有地分布から推定できる。図2-3は確認される植民地期末の三養社の所有地から干拓地を除いた郡別構成を，図2-4は干拓地を含む面別所有地の分布状況をそれぞれ表している。咸平郡孫仏面（約390町歩）と高敞郡海里面・三元面（約320町歩）の干拓地を除いた植民地末期の土地規模は，1920年代中葉の所有地規模とほぼ同じなので，植民地末期の郡別所有地の分布も1910年代末のそれとほぼ同じであると思われる。

図を見ると，所有地の40％ほどは全羅南道長城郡にあり，その次に全羅南道霊光郡，全羅北道高敞郡の順に多く所在しており，この3つの合計は全体の

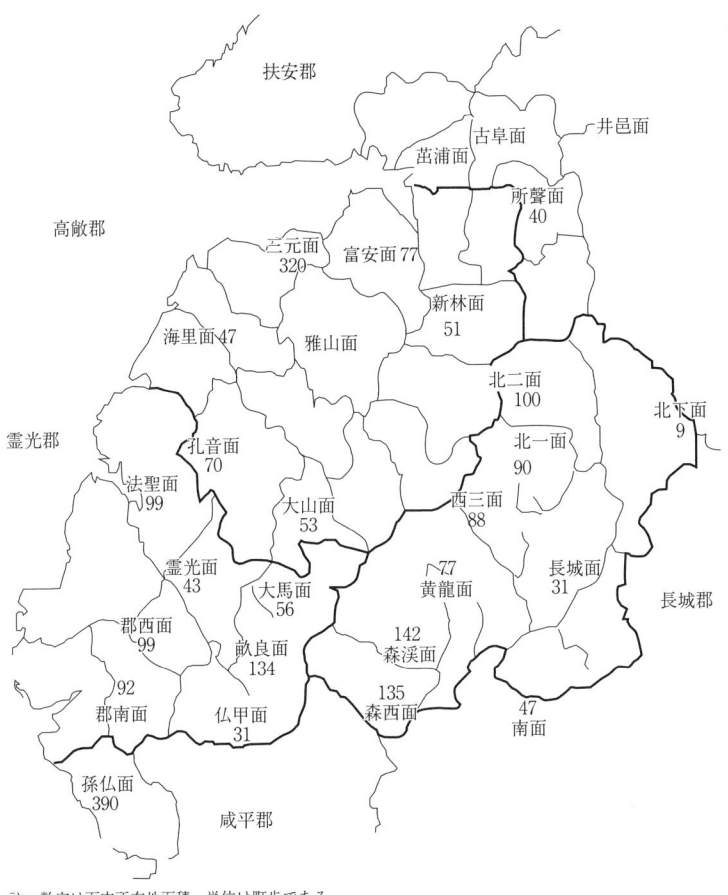

図2-4 植民地末期の金曘中一家所有地の分布（干拓地を含む）

（図中の地名と数字）
扶安郡
古阜面
莒浦面
井邑面
所聲面 40
高敞郡
三元面 320
富安面 77
新林面 51
海里面 47
雅山面
北二面 100
北下面 9
霊光郡
孔音面 70
法聖面 99
大山面 53
北一面 90
西三面 88
長城面 31
長城郡
霊光面 43
大馬面 56
〜77
黄龍面
郡西面 99
畝良面 134
142 森渓面
92
郡南面
仏甲面 31
135 森西面
47 南面
孫仏面 390
咸平郡

註：数字は面内所有地面積，単位は町歩である．

85％にも達していた。

　金曘中の所有地が長城郡に集中したのは，そこが彼らの出身地であったことと関連する。もちろん，その土地は祖先から受け継いだものではなく，金堯英と祺中，曘中が買い入れたものであった。彼らは出身地の長城郡に愛着をもっており，家勢の拡張とともに親戚が多く住んでいる地域の土地を集中的に買い入れ，家門における地位向上をはかったと思われる。所有地は長城郡の12面の

うちに1面を除いた11面に分布し，長城郡の総耕地面積の5.7%を占めていた。三養社は長城面，北上面，北下面，東化面，南面の5つの面にそれぞれ50町歩以下の相対的に小規模の土地を，西三面，黄龍面，北一面，北二面の4つの面にはそれぞれ80～90町歩の比較的広い土地を，そして森渓面，森西面の2つの面にはそれぞれ130～140町歩の大土地を所有していた。

居住地の高敞一帯の所有地規模は，干拓した水田を除くとそれほど大きくなかったが，霊光郡では同郡の総耕地面積の3.7%に該当する所有地をもっていた。霊光郡の所有地は長城郡に隣接していることから，金氏家が長城郡を中心に所有地を拡大したことがうかがわれる。また，金季洙が1920年代前半に所有地を農場化する際，長城郡所在の土地から着手していたことも，長城郡の所在地がもっと重視されたことを示唆している。

高敞郡と扶安郡は全羅北道の南西部，長城郡と霊光郡は全羅南道の北西部で，日本人大地主が集中していた金堤郡，沃溝郡，益山郡，泰仁郡などの全羅北道の北部平野地帯から少し離れた地域であった。

全羅北道の北部平野地帯は，代表的な日本人大地主の定着地域であった。東洋拓殖株式会社を除くと，1908年の500町歩以上の日本人地主の農場は全国に15ヶ所があったが，その半分に当る7つの農場が全羅北道に位置していた。それらの水田面積は11,039町歩で，全国農場の水田面積の80%を占めていた。

金氏家は日本人農場地主が集中していない全羅北道の南部および全羅南道の北部に勢力圏を建設した。所有する土地のほとんどは水田で，平野地帯に集中していた。

では，はたして金氏家は広大な土地をどのようにして集積できたのか。

社史類と伝記類では，地主としての成長要因を金氏家の人々の勤勉さと質素さ，経済動向に対する正確な感覚だとしている。上述したように，金氏家が中小地主として成長するプロセスには勤倹節約の生活が決定的な役割を果たしたが，大地主として成長するにはさらに重要なほかの要因が必要であった。

まず，小作料収入の再投資を通した土地拡大がある。時期は少しずれるが，図2-5のように，1918～1924年の金祺中一家の所有地9,700余斗落［訳注3］

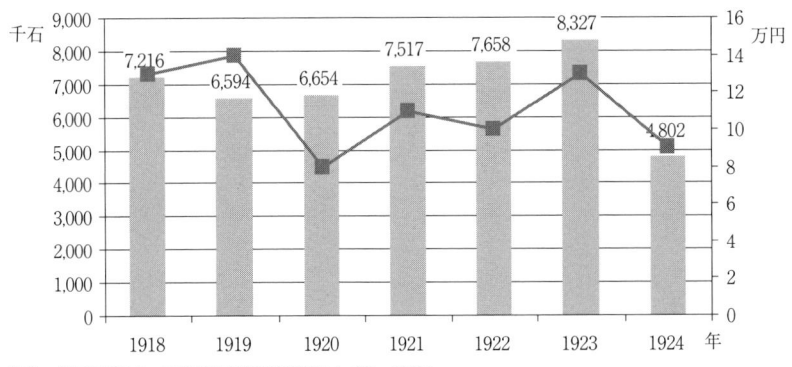

図2-5　金祺中一家の年間小作料収入（1918〜1924年）．

千石 / 万円

年	1918	1919	1920	1921	1922	1923	1924
石	7,216	6,594	6,654	7,517	7,658	8,327	4,802

資料：金容燮「韓末・日帝下地主制研究事例4」，221〜223頁．

の小作料収入は年間10万円程度で，その2.5倍の土地を所有していた曔中一家の年間収入は25万円程度と推定される。1910年代前半の小作料収入はそれより少なかったが，それでも大きく，日常生活費を含む各種支出を年間数万円としても，年間数万円から10万円ほどの貯蓄があり，これを利用して所有地を増やすことができた。図2-6のように，朝鮮の1920年代前半の水田平均地価は一段歩当り100円ほどだったので，全羅北道平野地帯の水田価格をその2倍と仮定すると，金曔中一家は毎年50町歩ずつ増やすことができたことになる。

二つ目に，彼らの適切な土地買入れのタイミングがあげられる。若い時期に京城紡織の会計担当書記として勤務した国語学者李熙昇の回顧によると，金曔中は1910年代の米価上昇期に蓄積した貨幣資本をもって，1920年以降の米価下落期に低廉な価格で土地を購入し，「穀価騰貴のときに買える土地の3〜4倍に当たる広い農地を買い入れた」のである[15]。

金氏家は1920年代以前すでに巨大地主になっていた。それ以前にも米価の騰落によって土地価格の騰落があったはずなので，経済感覚があるものならそれを活用することができただろう。もちろん彼らが米価および土地価格の動向をいつも正確に把握し，最安値で土地を買い入れたとは思えないが，大概は投資に成功したものと思われる。

一方，社史類や伝記類は，金氏家の地主経営における厚徳さを強調している。

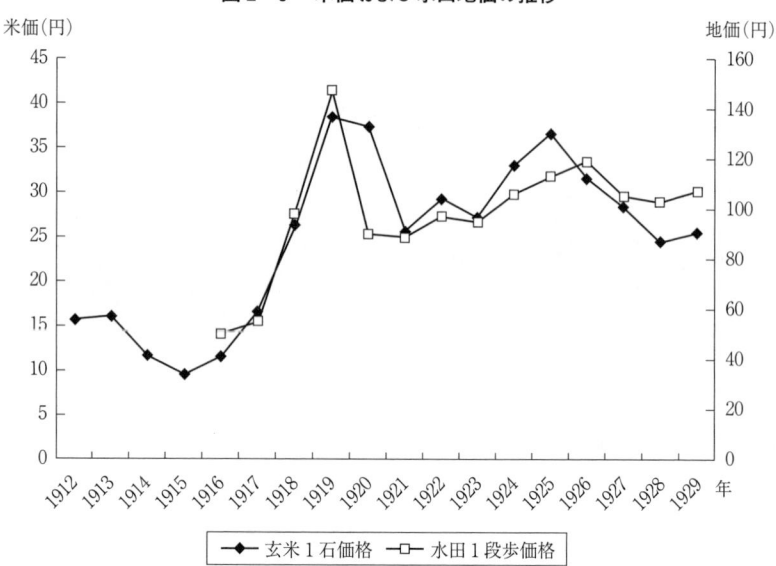

図2-6 米価および水田地価の推移

資料：小早川九朗『朝鮮農業発展史：発達編』朝鮮農会, 594~595頁。

「彼（金曘中――引用者）は厚徳な人で，決して他人に害を与えたり，お金をもうけるつもりはなかった。当時の多くの地主たちは日本人地主のように悪辣に小作料を収め，小作料を上げるために小作権を奪い他人に与えるなど実質的な小作料の引上げが横行していた。しかし，義父はそのようなことをしなかった。高敞の人々は今も『芝山宅の水田の小作権を得るためには，三年間誠意を尽くさなければならかった』というほど，義父の水田の小作権を得るのは，手放す人が少なく困難だったようであった」[16]。

しかし，小作人に手厚い温情主義的な配慮を施しながら，地主家として急成長することはあり得ない。厳格かつ徹底した地主経営なしでは，決して超高速成長は成し遂げられなかったはずである。したがって，超高速成長の説明要因として，厚徳さより，地主経営の徹底さを強調するのが適切であろう。

また，彼らが当時の経済的機会，つまり，日本への米輸出の増大および米価

図2-7　全羅北道地道

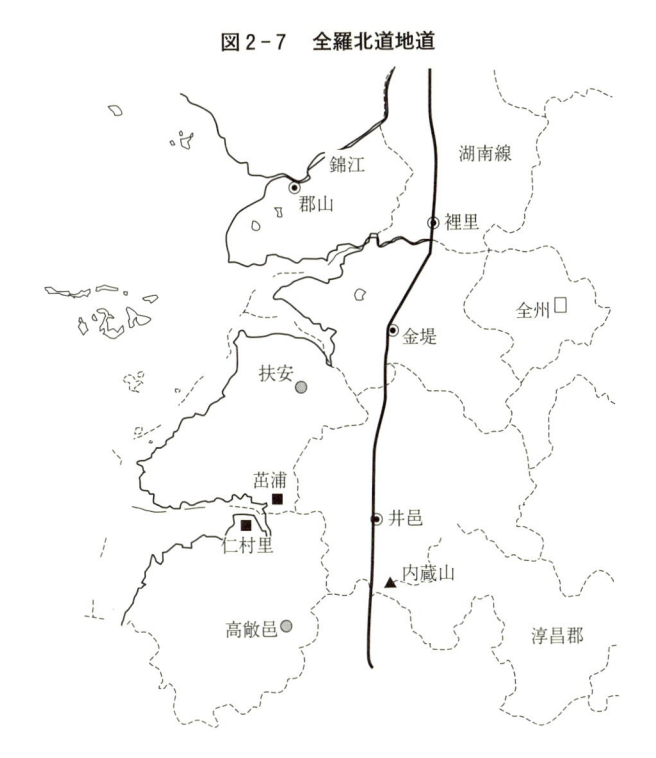

上昇という経済的好機を活用したことを重視しなければならない。とくに，金氏家は1907年春，火賊の群れから逃げ，高敞郡富安面仁村里から近隣の扶安郡茁浦に移住したが，茁浦は全羅北道で群山に次ぐ港町であったので，小作米の販売はさらに有利になった。

　図2-7のように，茁浦は「全羅北道高敞郡ノ一角ニアリテ，群山ヲ南ニ距ル海上十七哩ノ處ニアル河津ニシテ，其ノ背後ニハ古阜，高敞ヲ控エテ年額五万石ノ米穀ト若干ノ実棉ヲ吐出シテ居ル處」であった。当時，群山は「錦江渓畔ヲ辿リテ東北ニ進出シ，忠清南道ノ西南一帯カラ忠清北道清州平野ヲ掠メテ太田・沃川ニ掛ケ，秋風嶺山下ニ至ル廣汎ナ地域ニ及ンデ」おり，河口の港として江景とつながり，「沃溝，臨陂，咸悦，萬頃，益山，金堤ノ一部ナド」全羅北道の北部平野地帯を背後商圏としていた。茁浦は「木浦ガ群山ノ先進港デ

アッテ先鞭ヲ着ケタ関係上早クヨリ商取引ガ開ケテイタノト，潮流ノ工合」により，日露戦争以前は木浦商圏と連結していたが，日露戦争のときに物資供給基地になってから群山商圏とつながり始め，1910年代にはそれに編入された[17]。

苫浦が木浦商圏内にあったときは，小作米の輸送費が大きかったが，1910年代以降群山港を通した米の移出が急増し，苫浦から群山への米の集積も大きくなると，輸送費が軽減し，さらに小作米の販売が有利になった。

また，日本の地主のような高利貸を利用して安く土地を買い入れたことも大地主としての成長を速めることの一助となった。韓日併合前後の短い間に，大地主として成長した全羅南道新安郡嚴泰面文氏家の場合，商業，貸金業，塩田経営などで蓄積した財を土地に投資した[18]。金氏家も地主経営のほかに，他の地主と同じく農民，漁民への食糧貸付を行っていた[19]。食糧貸付の際には土地を抵当に入れ，債務返済ができなくなるとその所有権をとることは，当時の全羅北道一帯の富豪たちによって土地兼併の手段としてよく用いられていた。

「正式ニ土地ヲ買入レテモ固ヨリ案外安価ニ占領シ得ラレルノハ相違ナキガ，朝鮮ニハ尚ホ之ヨリモ一層便利ニ，且ツ一層安価ニ占領シ得ル方法アリ，ソヲ如何ニスルカト尋ネルニ抵当流シトスルコトニデアル。抵当事業ハ質屋事業ト共ニ韓国ニテハ最モ有力ナ事業ニテ，其有利ナル割合ニ危険モ亦極メテ少ナケレバ，多少資本ノ余裕ヲ有スル人ハ，此方法ニ依ッテ占領ノ目的ヲ達スルヲ尤モ都合ガ宜シトス，元来抵当ニスル位ノ貧乏韓人ノコトナレバ一タビ抵当ニシタル以上，之ヲ受出スコトハ中々思ヒモ寄ラズ，十中八九ハ抵当流シトシテ貸主ノ腹ヲ肥サスルガ常ナリ……斯ノ如キ高利息ナレバ，一タビ抵当ニシタル土地ハ，到底再ビ其持主ノ手ニ返ランコト難シ」かった[20]。

次に，金堯莢と祺中，曝中の二代にわたる官職進出も巨大地主家として成長する重要な要因であった。官職にいる間は権力を利用した収奪的な富の形成が可能であるうえに，収奪者にならないとしても収奪から自分を守れることや，多様な恩恵をこうむることができたのである。たとえば，

第 2 章 孕　胎　49

「朝鮮ノ富豪ハ殆ンド皆官位ヲ有ス。若シ官位ナクバ地方長官ノタメニ誅求ヲ免レル能ハザルガ故ニ，大金ヲ携帯シテ京城ニ登リ，假令現官ニ就ク能ハズトモ郡守以上ノ官位ヲ買得スレバ先ヅ財産ハ安全ナリ。朝鮮ノ富豪ハ前官吏大多数ヲ占メ，其次ガ名バカリノ官名，空官デモ地方長官ノ誅求ヲ免ル権利アルト共ニ人民ニ対シテ必ズ其権利ヲ振フ」ことができた[21]。

　金氏家の人々が正三品の秘書院丞，奉常寺副提調，正二品の侍従院副卿を歴任しており，名目上の官職であったとしても，そのような高位職に任命されたことは，彼らの居住地である古阜郡の地方長官から収奪されることを防ぐことができただろう。

　さらに，彼らは郡守職を通して蓄財の機会を得たと推定される。彼らが当時の一般的な地方官吏の形態に従ったならば，慣行上の収奪を通じた致富も可能であっただろう。とくに，彼らの郡守在任の間は，官僚の租税横領および蓄財が蔓延した大韓帝国前期であったので，彼らの官職進出が大地主になるのに大きな役割を果たしたと思われる。

　金氏家の大地主としての成長プロセスを要約してみると，初期は勤倹節約を通して家産を蓄積し，それを土地に投資して中小地主として成長した。その後，小作料収入の再投資をベースにしながら，経済力を背景に官職へ進出し，一方では地方官の収奪から逃れながら，もう一方では地方官としての慣行的な蓄財機会を活用して家産を増やした。また，抵当流れの土地の獲得と適切なタイミングでの土地買入れによって土地を増やした。金氏家は利用可能なすべてのチャンスを活用することで，巨大地主として成長することができたのである。単なる小作料の再投資のみでは超高速成長が不可能であったことは，1920年代の経験から確認できる。

　官職を利用した蓄財，農民への高利貸し，廉価の土地購入を批判することは適切ではない。地主が併作農民から地代をとり，両班官僚が農民から収奪するのは，朝鮮王朝社会の体制的原理であった。また，信用が発達しておらず，不確実性と変動性が大きい伝統社会において高利貸が横行し，物価変動が激しか

ったことは当然ともいえることである。金氏家は当時の経済秩序にしたがって財産を蓄積したのにすぎない。

　富をどのように蓄積したのかよりも，もっと重要なことは「形成された資本がどこに使われたのか」ということである。道徳的基準から「不正・不当」な方法を通じて富を蓄積したのちに，それを個人的消費に費やしたり，寄生地主経営のみを拡大する場合，後日の経済発展と関連してその富の蓄積がもつ意味はほとんどないだろう。しかし，蓄積した富をもっと重要な社会的用途（近代教育施設の拡充，近代産業の建設など）に使うなら，その富の蓄積は社会的，民族的意義をもつだろう。金氏家はその後者に該当するもので，彼らをそうさせたのは，彼らがもっていた価値志向性であった。

(3)　価値志向

　金氏家は何よりも両班官僚体制内の階層上昇，地位上昇を強く熱望していたようである。金容完は，

　　「私の義父は巨富でまた高い位の忠清道両班であったが，光山金氏の私の実家よりは低い位なので，高い位の両班との婚姻を望んでいたようであった。彼は占いや四柱・観相をみて，家柄のよい両班宅のみを選んで婚姻させた。婿の一人は当時勢道家であった安東金氏であった」[22]。

　「占いや四柱・観相をみて，家柄のよい両班宅のみを選んで婚姻させた」ことは，金氏家が階層上昇，地位上昇を強く熱望していたことを表している。これは，本来名門家の後裔という金氏家の自意識に，その社会的地位がまだ及んでいなかったためである。金堯莢は，両班家の一般的行動規範とは異なり，結婚と同時に全南長城の本家を離れて妻の実家がある全北高敞に移住し，家産を受けることも科挙に合格することもなかった。これは，高敞に移住する頃，両班としての彼の社会的地位が低かったことを意味する。また彼が，高敞で新しく地主として成長したとしてもすぐ名門両班家として認められるものではなか

った。朝鮮の伝統社会において一つの家門が両班家になるためには，地域の両班社会の一員として，すなわち他の既存両班家に同格の両班として認知されなければならなかった23)。富を蓄積し始めたばかりの外来人にすぎなかった金氏家が，高敞一帯あるいは湖南地域の名門両班家になるためには，官職に進出し，もっと高い位の家柄と婚姻関係を結ぶ必要があったのである。1900年代前半まで金氏家は，この階層上昇に努めたのである。

しかし，官職進出は1906年を最後に途絶えた。これは1905年の第二次日韓協約以来，日本が朝鮮の国政を掌握するようになり，縁故や賄賂による官職進出ができなくなったためと思われる。

その後，金氏家は当時の上流両班階層の思潮であった文明開化，啓蒙運動に参加するようになった。1905年の第二次日韓協約締結以来，開化・改革勢力の地歩が固められ，意識の高い両班階層では日本を追って文明開化し，それを中心に東洋の国々が団結して西欧勢力のアジア占領を防ごうとする思潮，教育振興と殖産興業を通して自ら強くして近代国家を樹立しようとする社会改革論，新国家建設論が百花斉放の状態にあった24)。

このような影響を受けていた金氏家は，当時その運動を進めていた昌平の名門両班高氏家との婚姻を契機に，啓蒙運動に参加するようになった。金祺中は，1904年に13歳の長男性洙を昌平の長興高氏家の高鼎柱（1863～1934）の娘光錫（1886～1919）と結婚させた。高氏家は壬辰倭乱（訳者：文禄慶長の役）の際，日本軍との戦争で亡くなった高敬命（1533～1592），因厚，従厚の親子を輩出した名門家であった。因厚の十代目子孫に当る高鼎柱は，奎章閣を管理する直閣を歴任したが，第二次日韓協約以来故郷に戻って昌興義塾（現，昌平小学校）を設立して近代教育を始めるとともに，湖南学会を組織して会長に就任した25)。金氏家と高氏家の婚姻は新興有力家と伝統ある名門家の結合であった。

金祺中は高鼎柱との関係を契機にして1908年茁浦に永信学校を設立し，金曔中も湖南学会の評議員として学会に資金を出した。これは彼らが当時の話頭であった社会改革，国家改革と国権強化の一助にしようとしたことを意味する。開化思想の受容は，文明開化思想に共感した両班地主としての金氏家による望

ましい国家の将来への対処でもあった。その延長線上において金氏家は，教育事業と言論，学会活動を通して啓蒙運動に参加したのである。

　学会活動を通じて地主としての個人的利益のみではなく社会的責務を意識し始めた金氏家は，教育と産業の重要性を認識するようになった。このような意識志向は，金氏家の第三世代（金性洙と季洙）に継承されて具現化された。

2．近代化プロジェクト

(1) 時代の話頭，実力養成

　金性洙は1891年に金暻中の4男として生まれたが，金性洙の兄たちは幼くしてみんな死んだ。1896年には金季洙が，続いて二人の妹が生まれた。性洙は息子が無かった伯父金祺中の養子になったが，両家は隣接していたため，弟の季洙と一緒に育った。彼らは1907年（金性洙16歳，金季洙11歳）まで，富安面仁村里で生活していた。

　金性洙は7歳になる1897年から書堂で漢文を学び始め，16歳になる1906年春から妻の実家がある昌平に移って義理の父親が設立した一種の塾である「英学塾」で英語などを学び始めた。英学塾での勉学の期間はわずか6ヶ月にすぎなかったが，後日の事業パートナーになる宋鎭禹（1890～1945年）と出会うことになった。潭陽郡古西面蓀谷里出身で，父親と高鼎柱の親交で英学塾にきていた宋鎭禹と意気投合した金性洙は，一緒に日本留学をすることになる。

　昌平から茁浦に戻った金性洙は1907年夏，父親の友たちの息子である白寛洙（1889～1950），宋鎭禹と一緒に勉強をしていたが，1908年春から啓蒙運動系列の人士たちが創立した群山の錦湖学校で各種科目を体系的に学ぶようになった。群山は開港場で茁浦とは比較にならない，世界に通じる窓口であった。その当時東京の大成中学に在学していた洪命憙（小説『林巨正』の作家）と出会い，「先進文明国」の日本のことを知り，留学を決心した。ついに同年10月（当時18歳），宋鎭禹とともに渡日した。

〈写真〉東京留学時代の金性洙（右）と金秊洙

　まず，彼らは李光洙，崔南善，申翼熙，張徳秀など韓国の近代史における重要人物の多くが通っていた一種の予備学校である正則英語学校に入学して英語と数学を学びながら，中学入学を準備した。金性洙は翌年1909年春から錦城中学5学年に編入し，本格的に近代学問を学ぶようになった。1910年に中学校を卒業し，早稲田大学予科に入学した彼は，翌年政経学科に進学し，1914年に卒業した。その年の早稲田大学の韓国人卒業生は8人であった[26]。

　金秊洙は15歳まで書堂と家で勉学に励んでいたが，兄の性洙と宋鎮禹の留学勧誘と両親の勧めで1911年1月に日本へ留学した。3ヶ月間の日本語教育を受けた後，4月から麻布中学校に入学して5年間修学し，1916年卒業した。兄の勧めで帝国大学へ進学するために，京都の名門第三高等学校に入学したが，神経衰弱を患いわずか1年で辞めてしまった。その後1918年，京都帝国大学経済学部選科に進み，編入試験を受けて本科に進学し，1921年に帝国大学経済学部の最初の韓国人卒業生となった[27]。

〈写真〉金秊洙京都帝国大学経済学部の成績表

注：成績は2年までは61点と低かったが，3年のときは72点と高くなった。

　また，後日京城紡績の運営に大きな役割を果たす李康賢（1888～？）も日本へ留学していた。全州李氏として王孫の後裔である父・李起弘は，京畿道の10郡の郡守，咸興判官，陸軍参将などの高位職を歴任していた。李康賢は漢学を学び17歳になる1905年，宮内府主司職に起用されたが，新学問を学ぶために日本へ留学した。韓国皇室は1904年以来，両班の子弟50人を選抜して内蔵院の負担で日本へ留学させていた。李康賢は1905年に皇室特派奨学生として選ばれ，名門東京府立第一中学に入学した。この学校は3年過程の特設韓国委託生科を設けて韓国人学生を受け入れ，彼らの農工商業または医学系列の上級学校などへの進学を手助けしていた。李康賢は1907年3月にこの学校を卒業し，蔵前高

等工業学校紡織科に進学した。当時の留学生の多くが帰国後官吏になるために，法律や政治学を勉強したことを考えると，これはとても異例なことであった[28]。

当時は多くの韓国人青年たちが日本へ留学していた。在日留学生が発刊した雑誌『学之光』によると，日露戦争以前の韓国人留学生数は200人程度であったが，その後急増して1909年には900人に達し，韓日併合を契機に一時的に減少したが1910年代前半は600人であった[29]。とくに日露戦争以降，日本への留学が急増したのは日本が事実上韓国の運命を左右するようになり，日本を追って文明開化しようとする思潮が一般化したことを意味する。

1900年代後半から1910年代の間に日本へ留学した多くの韓国人青年たちは，社会に対する責任意識，具体的には実力養成志向の傾向をみせていた。李光洙によると，「東京留学生がペンで，舌で絶叫して，また畢生の精力を尽くして努めたのは，産業の発達，教育の普及，社会の改良などであった。どのようにすれば朝鮮を世界に知らせ，豊かにするかが彼らの理想」であった[30]。

韓日併合以前も日本への留学生数は急増していたが，彼らは「ほとんど早い出世と政治的野心に衝動されること」が多く，学業を途中で諦める場合も多かった。しかし，1910年代の留学生の間では勉学の雰囲気が高潮し，「中学を経て専門学校に進学する気風が新しく作られたために，根本的に学問を研究しようとする」気風が形成され，「実地学に着手するものも多く，学理の研究のために大学に入学するものも少なくなかった」のである[31]。

金性洙と季洙の日本留学の動機も，当時の実力養成志向であった。すなわち，「勉強しよう，すべては他人に劣っていたためではないか」という意識であった。李康賢も「新学問に接しようと決心を固め，反対する両親に内緒で日本へ渡った」のである[32]。

実力養成志向の背後には，韓国人留学生の多くが社会進化論的世界観の虜になっていたことがあった。これは人類社会に弱肉強食と適者生存，優勝劣敗と自然淘汰が貫徹されるので，生き残ろうとする社会は何よりも力を養わなければならないという思考である。早稲田大学で勉強していた金性洙の後輩の玄相允が，東京留学生が発刊する雑誌『学之光』に寄稿した次の文章でも端的にう

かがえる。

「悲しい！目を上げて世界大勢をみよ。……諸君たちよ，諸君は夏の野ばらで昆虫が強い燕やスズメに食べられ，燕やスズメが鷹や鷲に食べられるのを見たことはあるのか。今日の人類社会もこのような自然律に支配され，世界の存在もまた，このような法則によって建設されるものである。したがって，他人の同情がないのを悲しまず，我の力がないことを悲しむのは現代生活の特徴で，他人はどうであろうとも私欲を満たすのが現代人類の道徳である」[33]。

金性洙と季洙も留学生活を通じてこのような世界観を持つようになった。彼らは日本の発展ぶりに圧倒された。

「東京を回ってみた仁村は驚きより，虚脱感を感じた。下関から東京新橋まで一泊二日の間，窓の外に見えた樹木と整備された水田，大都市ときれいな村落，これらの風景と祖国の様子を比較すると，虚しさを禁じえなかった。まして東京の官公所や学校などの施設，高層ビルと繁華街，多くの新築工事現場などをみながら，小銃一丁さえ持たず，刀や竹槍をもって日本軍と戦っている義兵を思い出すと，暗然とせざるを得なかった。……国力の差はとても大きかった。我々は新しい文明に圧倒され，自信にあふれていた宋鎭禹も落ち込んでしまった」。

「とくに私を驚かせたのは，汽車に乗ったことであった。下関から東京を結ぶ東海道線は三二時間の長い旅行で……もっとも印象的だったのは，大阪などの工場であった。宋鎭禹の説明を聞きながら工場を眺めると，万感胸に迫る思いがした。朝鮮ではあまり見られない大きな煙突から煙が出る工業都市の光景は，生涯忘れられなかった」[34]。

しかし，彼らはこの中で日本近代化の秘訣が学習であることに気付いた。宋鎮禹は，次のように述べている。

「一皮剥いてみると，彼らの創意によるものはほとんどなかった。良さそうなもののほとんどは大陸のものか，西洋のものを真似したものであった」[35]。

日本が西洋を素早く模倣し近代化に成功したなら，朝鮮も同じ方法で近代化に成功しないわけがない。そのためには教育と産業を振興させる必要がある。
金性洙も日本近代化の原動力は教育にあるとみて，朝鮮に帰国すると早稲田大学のような将来朝鮮をリードしていく政治家，各方面の人材を輩出する教育機関を設立しようと決心した。「日本が発展した原動力は教育にあって，朝鮮民族が日本の羈絆から抜け出すためには，何よりも教育において彼らを追い抜かなければならない」[36]と考えた金季洙は，企業家になり，産業建設に邁進することを決意した。

「中学校二年生のころから私は将来実業家になって，祖国の富強のために尽くすことを決心し始めた。初めて東京に来た際，大阪をはじめとする鉄道沿線に並ぶ大きな工場は忘れられなかった。学校を終えて帰国すると，大きな工場を立てて大きく産業を起こすつもりであった。……私は中学二年にすぎなかったけど，産業を考えていた。これは父から学んだことと初めて日本で大きな工場の煙突をみて決心したかも知れない。……学校を終えると，祖国に戻って産業を起こし，実力を養成することを決心した」[37]。

彼は工業の重要性を認識し，工業が近代社会の産業的基礎になると考えた。

「近代文明は科学的文明で，機械の文明である。機械文明の代表的表現は農業にあるのではなく，工業にある。したがって，機械をもって工業立国し

た国家は文明国，優等国である。そうではない国家は未開，劣等な国である。農産物はほとんど原料で価格が安い反面，工業品は完製品で高価である。……工業を等閑視し農業のみで立国しようとすると，現在のような国家競争においてその存在を認めてもらえなくなる」[38]。

李康賢は「わが国はすでに国運が衰退しており，守旧的な慣性から脱皮して科学的な新技術を習得し，それに基づいた産業近代化が国力を培養する唯一の道で，救国の捷径と判断」し，高等工業学校に進学した。

彼らは各自の仕事に邁進することが愛国であると考えた。帰国後中央学校の運営に力を注いでいた金性洙と宋鎮禹は，中央学校の学生たちに「わが民族が植民地の束縛から逃れるためにはそれぞれの仕事，すなわち学生は勉強を一生懸命すること」であると教えた[39]。韓国人が植民地から脱するためには，各自の学業や生業に精進しなければならないというのが，実力養成主義の核心的指針であった。

したがって，彼らは教育事業および企業活動を「愛国」行為と自負し，企業活動に対する強い自負心，プライドを持つようになった。金季洙は学校を終えた義弟の金容完を実業界に誘う際，「農村の若者たちを覚醒させることも良いことであるが，企業を運営して飢えている国民たちに多くの仕事を与えてもっと良い生活ができるようにすることも愛国」だと言っている。彼は後日の干拓事業も自らの利益のためではなく，国家と農民のためであったと自負した[40]。

京城紡織の社員も，会社の仕事を「民族の仕事」であり，「独立運動の一環」として，プライドをもっていた。たとえば，京城高等工業学校を出て京城紡織に入社した柳鴻は，販路拡張のために朝鮮各地，満洲一帯を回りながら，「このような仕事は我々民族のため，完全独立のための経済的独立の道であると思い，高いプライドを感じて」いた[41]。

このような自負心とプライドは，金性洙と金季洙が熱意をもって献身的に企業活動を行う要因になって企業成長に役立ったが，植民地末期は戦時協力を合理化させ，さらに積極的に進める要因にもなった。彼らが企業活動に強い自負

〈写真〉中央学校新旧校舎

①旧校舎

②1917年12月新築校舎入校式

③新校舎

心とプライドをもてばもつほど,企業成長のためにすべての活動を正当化したためである。

　金性洙と季洙は,日本留学を通じて近代社会と近代知識を体験,勉強し,近代化という時代の課題を自覚した。しかしそれよりもっと重要なことは,留学生活を通じて当時最高のエリートたちのネットワークを構築したことである。とくに,金性洙は早稲田大学の玄相允,崔斗善,梁源模,張徳洙,東京帝国大学の兪億兼,朴容善,金俊淵,明治大学の曺晩植,金炳魯,玄俊鎬,趙素昂,慶応大学の金度演,京都帝国大学の金雨英,蔵前高等工業学校の李康賢などと広く交流していた。そのほとんどは,財力家出身で優れた頭脳と意志を持っており,卒業後朝鮮に戻って各種社会・経済事業を組織し,独立後には韓国政治・経済・文化界の巨木になった。金性洙は帰国後,彼らをビジネス・パートナーにした。

(2)　「教育」から「産業」へ

　1914年に早稲田大学政経学科を卒業し帰国した金性洙が,最初に着手したのは教育事業であった。当初は白山学校を設立しようとしたが,学務局から認可

が下りなかった。その間，富豪出身のエリート青年が学校を設立しようとしているとのうわさが広がり，経営難に直面していた多数の学校から引受けの申し出があって，その中から中央学校が検討され始めた。

　法令上三年制の各種学校である中央学校は，旧韓末啓蒙運動団体の一つである畿湖興学会が1908年6月1日に畿湖学校として設立した。1910年に興士団が経営していた私立陸熙学校と合弁したのちに，湖南，嶠南，西北，関東などの学会が中央学会に合弁され，中央学校と改名した。

　金性洙は学校の債務1,900円を弁済して経営権を引き受けた。彼は養父金祺中に学校施設拡充のための出資を求めたが，わずか23歳の若者が大金を必要とする教育事業をすることに父金暻中は反対した。彼は断食をし，養父の同意を得た。金祺中は学校施設の拡充資金として3千斗落，150町歩の耕地を出した。この財政的基礎と早稲田大学の先生の力添えにより，金性洙は総督府学務局から学校引継ぎの承認を得ることができた。1915年の学校引受け後，校長に皇城新聞を創刊した著名な言論人である柳瑾（1861～1921）を，学監に宋鎮禹，そして日本留学からの帰国した玄相允，崔斗善などを教師に迎え入れた。1917年には宗路区桂洞一番地の4,300余坪の土地を8,800円で買い入れて，120坪の赤レンガの2階建て校舎とその付属建物を完工し，1921年4月1日付けで正規学校の高等普通学校へ正式に昇格した。

　すでに中央学校には紡織技術専門家である李康賢が教師として働いていた。1911年7月に蔵前高等工業学校紡織科を卒業して帰国して李康賢は，培材，徹新，普成，中央などソウルの私立学校で自然科学と数学を教えるかたわら，『京城商業会議所月報』などへ寄稿し，近代商工業建設の必要性を強調する啓蒙活動を行っていた[42]。その頃，彼のところに技術指導を行ったことがある京城織紐の廃業の知らせが入った。

　京城織紐は1910年4月，李正珪，金聖基などの光熙門近くの織紐業者17～18人が協力して合名会社として設立した企業で，1911年に株式会社へ改編された。払込資本金は7万5千円で，社長は後日第二共和国の大統領になる尹潽善の父親である尹致昭が務めていた。主な生産品は，腰帯，足紐，ドローストリング

〈写真〉京城織紐工場

などの紐類で、一部の織物も製織していた。同社は1912年、現在の中区雙林洞にあった工場に織紐用の嚢紐編機40台、腰帯編機8台、足紐機26台と製織用の足踏織機3台、バッタン機1台を備えていた。動力を使用したという記述資料もあるが、動力は使われていなかったという資料もあるので、断定しがたい[43]。『朝鮮総督府統計年報』によると、初期の1910～1912年の年間生産額は3万円程度にすぎなかったが、1914～1915年には5万円に達し、1917年には8万円を超えていた。後述する財務諸表と比較してみると、これらの数値は大きすぎるが、生産量が増加したことは確かである。それとともに、職工数も稼働初期の1～2年は30～40人だったが、すぐ70人以上に増えた[44]。

京城織紐は金性洙が引き受けるまでわずかではあるが毎年純利益を出しており、資産規模も一定に維持され、安定していた。また、1912年の「拓殖博覧会」の金賞、1915年の朝鮮総督府主催施政五周年記念「朝鮮物産共進会」の金賞を受賞するなど[45]優れた品質の織紐製品を生産していた。

しかし，資産規模の安定性とは事業の停滞性をも意味する。千円程度にすぎない機械器具購入金からもわかるように，この事業は簡単な手工業的道具を利用する小規模工場にすぎなかった。発行債権，在庫資産はそれぞれ売上高と同額で，その運転資産が総資本の半分以上を占めていた。生産しても売れないので在庫が増える一方，販売金の回収も難しく利益金も少なく，非効率的運営であった。しかも，株主への配当は続いていた。経営陣は，「日に日に需要が減る事業なので，量産する限り，初めから間違っていた事業」で[46]，成長の見込みがない伝統衣類の付属物の生産は展望がないと思っていた。その矢先に第7期の経営陣内部に紛争が起き，会社の維持がさらに難しくなった。

　李康賢は廃業危機の京城織紐を大規模紡織企業として成長させようと考えた。李康賢の考えは，教育と産業で将来の朝鮮独立の希望を見出そうとしていた金性洙と通じるものであった。金性洙は，以前から「朝鮮の原料で，朝鮮において，朝鮮人が紡績，製織し，朝鮮人が着用する」趣旨の土産奨励運動を行っていた朝鮮産織奨励契（1915年組織［訳注4］）の一般契員として参加するなど織物事業へ関心を寄せていた。それゆえ金性洙は1917年，李康賢の勧めによって京城織紐を引き受けて織布業を始めることになった[47]。

　金性洙は京城織紐を引き受けたのち，資本金2万5千円を追加払込し，自ら社長となり，鮮于全（1889年生）を専務理事に任命した。鮮于全は金性洙より1年遅れの1915年に早稲田大学商科を卒業した留学同窓の一人で，朝鮮銀行の書記として2年間勤めていたが，1918年1月から専務理事として京城織紐に合流した。李康賢は中央学校を辞めて，支配人（常務に該当）についた。

　金性洙が京城織紐を引き受けたのは，小幅織物を織るためであった。1910年代後半の朝鮮では，すでに朝鮮産土布は駆逐されて日本産輸入品が綿織物市場のほとんどを占めていた。1876年の開港以降，輸入綿織物は高級品として都市の一部のみで消費されていたが，1890年代以降急速に発展した日本の綿工業が，日露戦争以来朝鮮産土布と同じ品質の日本産製品をもって朝鮮の消費市場を掌握するようになった。図2-8にみるように，1910年代の綿織物の朝鮮内自給率は20%前後にすぎなかった。

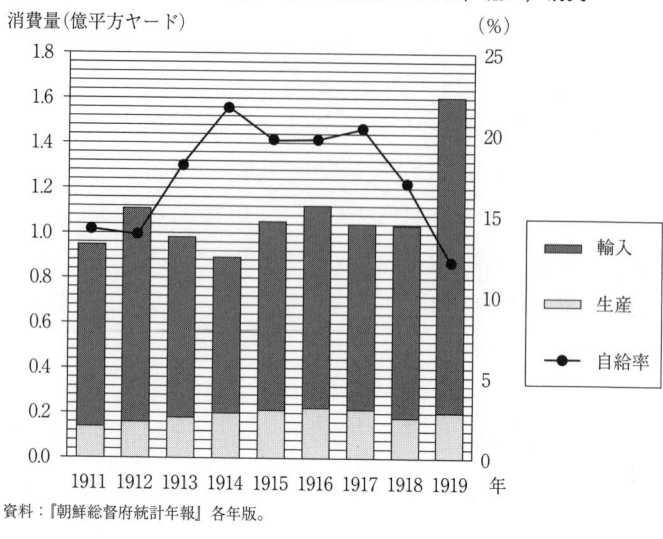

図 2-8　1910年代の朝鮮内綿織物の生産，輸入，消費

資料：『朝鮮総督府統計年報』各年版。

　しかし，このように輸入品が朝鮮の消費市場を掌握するプロセスの中で，土着綿工業は壊滅され，内在的発展の芽が摘まれたという主張[48]は適切ではない。もちろん在来綿布の生産が減少したのは事実ではあるが，それは輸入品との競争に敗れて国内生産者が没落し，国内産業が消滅したためではない。在来綿布のほとんどは農家の家内副業として手工業形態で製織されており，工場形態の大規模生産は存在しなかった。開港以降，もっと低廉かつ良質の輸入綿製品が押し寄せてくると，副業的な手工業織物生産者である農民は製織の代わりに，輸出品である米や豆などの農産物の生産を増やして収入を増やし，増えた収入をもって輸入織物を購入するようになった。すなわち，輸入織物という競争製品に負けて没落したのではなく，難しくて非効率的な織物生産の労働を減らし，その代わりに輸出用農産物の生産に労働をまわしたのである。次の引用文はそれをよく表している。

　「外国商品の輸入は国内産業に大きな影響を及ぼし，綿花の栽培とそれの

製織は大きく減少し,これは多くの労働力を他の経路に放出させていた」("Korean Domestic Trade", *The Korea Review*, Vol. 5, 1905. 11)。

「去ル二十三年［1890年］以来,一旦近畿付近ノ米穀ガ本邦商人ノ手ヲ経テ続続本邦ヘ輸出セラルルヨリ,爰ニ始メテ朝鮮農民モ其余剰米穀ヲ頗ル高価ニ放売シ得テ,却テ輸入貨物ノ廉価ニ買得スルノ利益ヲ知ルヤ,従来一家数口ノ饑ヲ支フルヲ以テ足レリトセルモノ,多少余粮ヲ得ンコトヲ望ミ,従テ委棄シテ顧ミザリシ田隴モ,追々開発セラルルニ至レリ」(「1893年中仁川港商況年報」外務省通商局編『通商彙纂』第 8 号,1894年,25〜26頁)[49]。

したがって,国内綿布生産の減少は内在的発展の壊滅とは関係がなかった。その後,朝鮮でも新しい製織設備と技術を利用した織物生産が開始され,織物産業は輸入紡績糸と輸入織機を用いた移植型工業として発展していった。力織機を備えた巨大紡織工場はまだ設立されていなかったが,改良織機を備えた小規模織物企業が京城を中心とする都市地域に設立され始めた。1910年の京城には38の製織企業があったがそのほとんどは韓国人が経営していた。これらの企業は平均 5 台の織機と 5 人の職工で作業を行っていた。総織機208台の内訳をみると,在来織機（投杼式織機）30台,バッタン機132台,足踏織機43台,力織機 3 台であった[50]。

在来織機—バッタン機—足踏機—力織機の順に織機は発達した。バッタン機と足踏織機は,在来織機と力織機の間の過渡段階的な改良織機であった。在来織機は杼（ひ）を手で操作したので織物の幅が狭かったが,バッタン（飛び杼）機はもっと広い幅の織物の製織が可能で,熟練もそれほど必要なかった。足踏織機はバッタン機では手動で飛ばしていたシャトル（杼）を足の力で飛ばすようにしたもので,力織機は足踏織機のペダルに動力をつないだものであった。したがって,足踏織機は力織機への転換過程における過渡段階の手織機であった。

バッタン機や足踏織機の作業能率はそれぞれ在来織機の 2 倍,3 〜 4 倍に達

〈写真〉 京城織紐の製品広告

資料:『東亜日報』1920年8月24日。

していた。力織機を利用した輸入織物が幅38インチ（＝96cm）の製品であったのに対して，バッタン機および足踏機を利用した織物の幅はその半分（約50cm）にすぎなかったので小幅織物と呼ばれた[51]。

　当時，織物産業の中心人物で京城織物業の先駆者と呼ばれた金徳昌は，1890年代後半日本で織物工場の職工として働きながら製織を学び，バッタン機を持ち帰って染織業を始めた。彼の後を追って在来手工業者，商人たちが続々と製織工場を立ち上げていた。

　このような小規模織布業の勃興の流れにそって京城織紐を引き受けた金性洙は，40台の小幅織機を設置し小幅織物の製織を始めた。建坪170坪の工場に増築し，職工も100人以上に増やした[52]。引受け直後に1万円ほどであった不動産を2万円へと増やし，機械設備は1千円から1万4千円へと増やしたが，1920年3月末にはそれぞれ5万円，1万9千円に拡大し，職工も100人以上に増加した（付表4）。

　京城織紐は1919年末，7.5馬力電動機を設置し，小幅織機を用いて漢陽木，漢陽紗，瓦斯緞などを110人の職工が生産していた。漢陽木は厚い金巾と同じく経糸，緯糸をすべて20番手の単糸で平織りしたもので，韓国人の衣服に愛用されていた。瓦斯緞はシルクのような光沢をもっていたので，都市の上流層か

ら人気を集めていた[53]。

　しかし、京城織紐は1920年代に入っても従来の足紐、腰帯などを生産し続けていた。これらは洋服の西洋化に伴い需要が減っていった製品で、新しい小幅織物は朝鮮織物市場を席巻していた東洋紡績の「3A（トリプルA）」には到底太刀打ちできなかった。「生産しても製品が売れない……商人も需要者も見向きもしなかった」ので[54]、売上は伸びず、在庫は増え続け、引受け前は約3万円ほどだった在庫は7万円へと急増し、2年後には10万円にも達した。

　固定資本が大きくなる一方、運転資本も急増したために、京城織紐は借入れを大幅に増やさなければならず、資金需要も増えた。引受け前は2万円に満たなかった外部借入金は5万円へと増え、3年目には8万円を超えるようになり、20％を下回っていた借入金依存度は40％近くまで上昇した。

　京城織紐の経営は困難であったが、それは京城織紐だけではなかった。1910年代の朝鮮の小規模織物企業のほとんどは同じ状況に直面していた。

　1910年代に急増した韓国人染織工場（織物工場）は、1920年初めの日本の戦後恐慌の影響により24社に大きく減った。その後1930年代末までその数は増え続けたが、その経営は不安定なもので、各々の企業はほとんど伸びなかった。たとえば、金徳昌は1902年設立した企業をベースに発展を続けて、1920年には鐘路一帯の布木商、金融業者を糾合して資本金50万円（そのうち、12万5千円払込み）の東京染織株式会社を設立したが、1年で2万6千円の欠損を出し、衰退の一途を辿った。多くの織物工場は周辺的で特殊な分野の企業としてかろうじて存続していた。1930年末の38の韓国人織物工場のうち16工場は疑麻布、斑布などの特殊綿織物の生産、11工場は絹織物の生産していた。その他の人絹交織物、麻布、苧布工場がそれぞれ5つ、3つ、1つあった[55]。すなわち、1910年代の小規模な韓国人織布業には発展の見込みがなかったのである。

　このように金性洙と李康賢が希望なき京城織紐に関わっていた頃、植民地朝鮮の綿製品市場は新しい時代を迎えていた。

(3) 新しい酒は新しい革袋に

　金性洙が京城織紐を引き受けた1917年，日本の財閥系資本が朝鮮紡織株式会社を設立し，朝鮮で広幅綿織物の製織時代の幕を開けることになった。朝鮮紡織の設立は1910年代末，日本経済，とくに綿工業における起業熱の所産でもあった。

　日本の紡織業界は第一次大戦初期，10～20％の操業短縮を行うなどそれほど芳しくなかった。しかし，戦争によって中国やインドなどのアジア市場にイギリスなど交戦相手国からの綿製品供給が激減した結果，日本製品に対する需要が急増し，綿糸布価格は暴騰した。そのため，1917年以降状況は一変して，日本の紡織業界は大好況を迎えた。イギリスの綿布輸出は1913年の70億7,500万平方ヤードから1918年の36億9,900万平方ヤードへと半減した。その結果，インドでは1913／14年の11億6,400万平方ヤードから1917／18年の16億1,400万平方ヤードにインド国内綿布生産を増やしたが，同時期の輸入減少を補うことができなかった。実に供給は23.9％も減少し，価格騰貴が生じた。一時的な供給不足を補うために日本製品の輸出が増えた。インド綿布輸入額における日本綿布のシェアは1914年の0.3％から1918／19年の21.2％へと上昇し，中国綿布輸入額におけるそれは1914年の24％から1918年の57％へと増えた。

　国際的供給不足により，綿糸布価格も騰貴し，1913年1月の日本の織物およびその原料の卸売物価指数を100とすると，1917年初めの140までは比較的緩やかに上昇するが，1918年末には250を超え，1919年末には400に達した[56]。代表的な綿織物企業である東洋紡績の製品「3A」の価格を図2－9からみると，1917年から急騰して1916～1919年の間に3倍以上も上昇している。

　価格の急騰とともに綿工業の収益性も高まった。製品別の偏差はあるが，粗布製織の売上総利益率は1910年代初めの3％から同年代後半の7～8％へと高くなるなど，1910年代末は1910年代初めに比べ売上利益率が顕著に向上した。

　紡績企業の平均自己資本収益率は1916年38.8％，1917年48.0％，1918年49.4％，1919年52.0％と驚くほど高水準で，主な紡績企業19社の払込資本金利

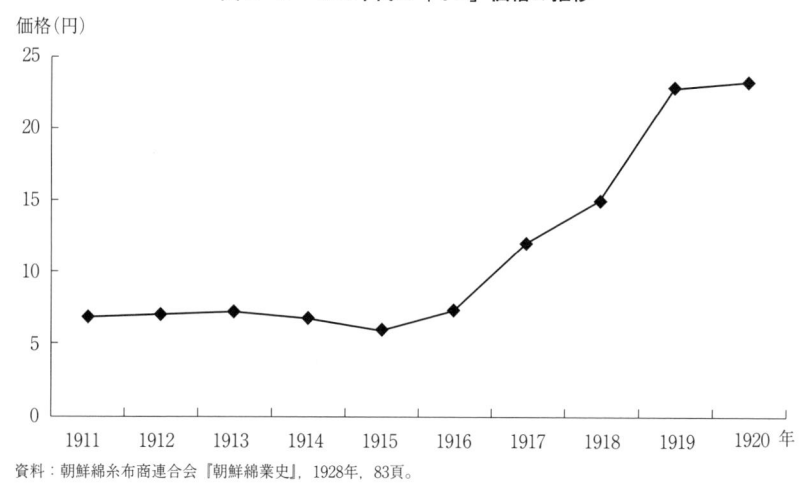

図 2-9　1910年代の「3A」価格の推移

資料：朝鮮綿糸布商連合会『朝鮮綿業史』，1928年，83頁。

益率は，図 2-10のように急増した。

　海外市場の開放と価格暴騰によって高収益を上げるようになった日本の紡績会社は，従来の輸出戦略を直接投資戦略に代え，中国に現地紡績工場（「在華紡」）の設立ラッシュが起きた。「在華紡」の紡績設備は1913〜1918年の間に12万9千錘ほど増えたが，1918〜1920年には56万1千錘も増え，1924年までに14社が35工場を経営し，1,063台の紡機と5,325台の織機を稼働させ，中国の綿糸生産の32.4％，綿布生産の30.4％を占めるようになった[57]。

　朝鮮にも企業設立ブームが起き，銀行業，信託業を先頭として工業，商業，運輸業関連の企業設立が相次いだ。大好況を迎えた日本企業の拡張意欲が朝鮮においてその噴出口を探したうえに，米価上昇によって大きな富を蓄積した韓国人の事業熱も高潮したためである。1911年1月〜1915年3月は185件の会社設立の申し出があり，そのうち130件が許可されたが，1915年4月〜1920年4月は491件の申し出に対し，426件が許可された。とくに，日本資本の進出が急増した1917年4月以降の許可が90％を占め，またその9割以上が1918年と1919年に集中していた[58]。企業設立ブームに応じるため，1918年6月総督府は会社

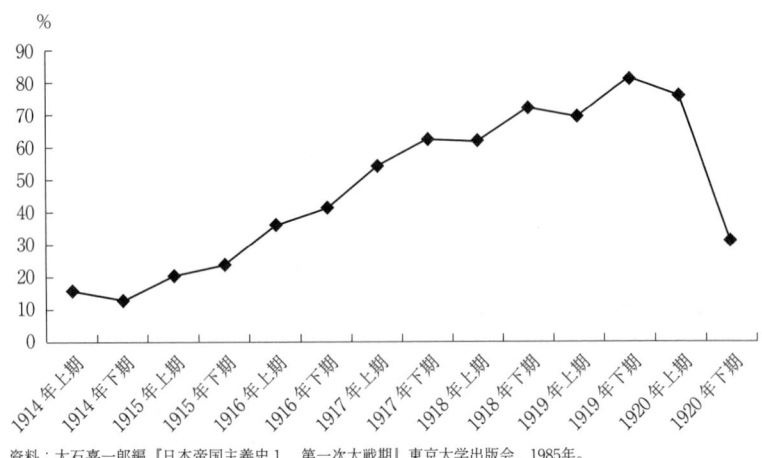

図2-10 日本の大紡績会社の1910年代収益率の推移

資料:大石嘉一郎編『日本帝国主義史1 第一次大戦期』東京大学出版会,1985年。

設立に関する規制を緩和するよう会社令を改定した。

1915年4月～1917年3月は許可31社,資本金総額1,500万円であったが,1917年4月～1920年4月は許可384社,資本金総額2億4,100万円と急増した。韓国人会社の設立も急増し,4社にすぎなかった韓国人企業は97社(全体の25%)と増えた。業種別にみると,商業が153社ともっとも多く,工業120社,運輸業51社,農業30社の順であった。商業ではとくに貿易業,工業では酒類製造業や精穀・製粉業などの食料品関連業種の会社設立が活発であった[59]。

朝鮮における会社設立ブームと日本紡績企業の海外進出ブームがあいまって,朝鮮にも紡績工場設立の動きが出てきた。まず,富士瓦斯紡績の創立者である日比谷平左衛門,同社の社長和田豊治,三井出身の大日本麦酒社長馬越恭平,同じく三井出身の山本條太郎などが主軸となった三井系列の日本資本が朝鮮に綿紡績工場設立を計画した。野田大塊が東拓副総裁を辞めて朝鮮を去るとき,寺内総督から「永ク朝鮮ノタメニ尽力シタガ何カ土産ヲ置イテ行カナイカ」と言われ,「土産トイッタトコロデ,マア紡績グライノモノタイ」と答えた。その後,その相談を受けた山本條太郎が京城に寄った際,再び寺内総督から「何カ朝鮮デ仕事ヲヤッテクレナイカ」と頼まれ,紡績工場創立に着手することに

なった[60]。

　その他，台湾製糖社長山本悌二郎，帝国製糖社長松方正熊，1925年に商工省政務官に就任する栅瀬軍之佐などいわゆる「台湾組」事業家たちが木浦に紡績会社の設立を計画し，認可申請を行った。

　朝鮮総督府は，朝鮮に紡績工場が二つも設立されると両方とも生き残れないという理由で，一つになることを条件に会社設立を許可した。当時の設立計画は，棉花栽培地という朝鮮の特性を生かして全羅南道一帯の棉作用地を買い入れて栽培し，その棉花を利用して紡績を行うものであった。しかし，棉花栽培地としての未開墾地の買入れおよび駅屯土の払下げがうまく進まなかったため，会社が工場建設に着手した営業期から3年間，総督府が毎年払込資本金の6％に該当する補助金を支払うことになった[61]。

　朝鮮紡織は総資本金500万円（払込資本金125万円）で，イギリスの最新式紡績機1万2,500錘と広幅織機608台を設置した。これは当時の日本の平均的な紡績紡織兼営工場規模に該当するものであった。1918年末，日本の紡績会社43社の払込資本金総額は1億3,850万円で，177の工場で323万錘の紡錘と4万台の織機を保有していた。会社当り平均払込資本金は322万円，紡錘は1万8,235錘，織機は228台であった[62]。朝鮮紡織の紡錘数は日本の工場の平均より少なく織機台数がそれより多かったのは，多くの中小規模の織布企業と並存しながら紡績に重点を置いた日本の紡績紡織兼営会社とは異なり，中小織布企業が発達していなかった朝鮮では朝鮮紡織のような企業が紡績と紡織の両方を担当しなければならなかったためである。

　朝鮮紡織の設立は金性洙と李康賢の京城織紐に対する未練を断ち切る最後通達となった。京城の染織企業のように小幅織機を設置し織物業を営もうとした彼らの計画は，ますます輸入広幅織物の支配力が大きくなっていく市場では通用しなかった。製品は売れず在庫が増えたうえに，輸入綿製品と同じ製品を生産する工場が朝鮮に建てられていたため，紡織業を営むためには朝鮮紡織のような広幅綿布製織企業でなければならなかった。新しい酒は新しい皮袋に盛らなければならなかったのである。

1) 金容燮「韓末・日帝下地主制研究事例4：高阜金氏家の農場経営と資本転換」『韓国史研究』Vol.19, 1977年, 175〜176頁（韓国語）。
2) 宮島博史『両班：李朝社会の特権階層』中公新書, 1995年, 114〜115頁。
3) 金容完『財界回顧3』韓国日報社, 1981年, 31頁, 78〜80頁（韓国語）, Kim, Choong-Soon, *A Korean nationalist entrepreneur: a life history of Kim Sŏngsu, 1891-1955*, State University of New York Press, 1998, pp. 20-22.
4) 金容燮「韓末・日帝下地主制研究事例4」, 178〜179頁。
5) 金祺中に関しては『旧韓国官報』1553号, 光武4.4.20, 8巻, 396頁；2019号, 光武5.10.16, 10巻, 821頁；2141号, 光武6.3.8, 11巻, 211頁（韓国語）。金曔中に関しては『旧韓国官報』3277号, 光武9.10.23, 15巻, 1125頁；3398号, 光武10.3.12, 16巻, 217頁（韓国語）。
6) 金載昊「白凡金九も憤怒した皇帝の売官売職」『教授新聞』, 2004年11月26日（韓国語）。
7) 都冕會「皇帝権中心国民国家体制の樹立と挫折（1895〜1904）」『歴史と現実』No.50, 2003年, 86頁（韓国語）。
8) 全遇容『19世紀末〜20世紀初韓人会社研究』, 164〜165頁。元の分析資料は, 安龍植『大韓帝国官僚史研究』延世大学校社会科学研究所, 1994〜1996年（韓国語）である。
9) Eckert (1991), pp. 25-26（小谷まさ代訳『日本帝国の申し子』, 50〜52頁）。
10) 金容燮「韓末・日帝下地主制研究事例4」。
11) 島根県第三部編『韓国実業調査復明書』, 1906年, 259〜260頁。
12) 「朝鮮の資産家」『毎日申報』, 1911年7月28日。
13) 三養社『三養五十年：1924〜1974』三養社, 1974年, 92〜98頁（韓国語）。
14) 金容燮「韓末・日帝下地主制研究事例4」, 193頁。
15) 金曔中『芝山遺稿』回想社, 1966年, 序章（韓国語）。
16) 金容完『財界回顧3』, 29頁。
17) 保高正記・村松祐之編『郡山開港史』郡山府, 1925年, 111〜115頁, 郡山南韓鉄道期成同盟会編『湖南鉄道と郡山』郡山南韓鉄道期成同盟会, 1910年, 131〜133頁。
18) 朴千佑『韓末日帝下の地主制研究——巌泰島文氏家』延世大学修士論文, 1983年（韓国語）。
19) 金容燮「韓末・日帝下地主制研究事例4」, 金相鴻『秀堂金季洙』三養社, 1985年, 26頁（韓国語）。
20) 吉倉凡農『企業案内実利の朝鮮』文星堂, 1904年, 70〜71頁。
21) 三輪如鉄『大邱一斑』玉村書店, 1912年, 21頁。
22) 金容完『財界回顧3』, 30頁。

23) 宮島博史『両班』, 岸本美緒・宮嶋博史『明清と李朝の時代』中央公論社, 1998年。
24) 都冕會「皇帝権中心国民国家体制の樹立と挫折（1895〜1904）」, 95頁, パクロジャ『私を裏切った歴史』人物と思想社, 2003年（韓国語）。
25) ジョ・ヨンハン「全南昌平の霽峰高敬命の家柄」『朝鮮日報』, 2002年8月23日（韓国語）。
26) 仁村紀念会編『仁村金性洙伝』仁村紀念会, 1976年, 56〜70頁, 早稲田大学韓国留学生会『早稲田の韓国人：早稲田大学韓国留学生会九十年史』韓国文学社, 1984年, 76頁。
27) 金相鴻『秀堂金季洙』, 47〜58頁。
28) 早稲田大学韓国留学生会『早稲田の韓国人』, 柳鴻『柳鴻』。
29) 崔德壽「旧韓末日本留学と親日勢力の形成」『歴史批評』No17, 1991年, 120頁（韓国語）から再引用。
30) 金炅宅『1910・20年代東亜日報主導層の政治経済思想研究』延世大学校大学院博士論文, 1999年, 111頁（韓国語）。
31) 金炅宅『1910・20年代東亜日報主導層の政治経済思想研究』, 80〜81頁。
32) 柳鴻『柳鴻』, 102頁。
33) 金炅宅『1910・20年代東亜日報主導層の政治経済思想研究』, 96〜97頁から再引用。原文は, 玄相允「言葉を半島青年に送る（訳）」『学之光』4, 1915年, 16〜17頁。
34) 仁村紀念会編『仁村金性洙伝』, 69頁, 金季洙『財界回顧1』韓国日報社, 1981年, 45頁。
35) 仁村紀念会編『仁村金性洙伝』, 82頁。
36) 仁村紀念会編『仁村金性洙伝』, 83頁。
37) 金季洙『財界回顧1』, 47頁, 50頁。
38) 金季洙「朝鮮産業政策を論じる（二）」『時代日報』, 1924年4月6日（韓国語）。
39) 金容完『財界回顧3』, 22頁。
40) 金容完『財界回顧3』, 80頁, 金季洙『財界回顧1』, 87頁。
41) 柳鴻『柳鴻』, 111頁, 119頁。
42) 中央学校で幾何を担当したために, 李幾何と呼ばれた。
43) 『大韓毎日申報』1910年5月12日, 広告（權泰檍「京城織紐株式会社の設立と経営」『韓国史論』Vol.6, 1980年, 304頁（韓国語）から再引用）, 金季洙『財界回顧1』, 54頁, 『朝鮮総督府統計年報』, 阿部辰之助『大陸之京城』, 505頁。
44) 權泰檍「京城織紐株式会社の設立と経営」。
45) 富永嘉藤壽『朝鮮産業界』朝鮮新聞社, 1916年, 42頁。

46) 金季洙『財界回顧1』, 54頁。
47) 柳鴻『柳鴻』,『毎日申報』1930年11月13日記事, 朴贊勝『韓国近代政治思想史研究』歴史批評社, 1992年, 142〜145頁（韓国語）。
48) 梶村秀樹『朝鮮に於ける資本主義の形成と展開』, 吉野誠「李朝末期に於ける綿製品輸入の展開」旗田巍先生古稀記念会編『朝鮮歴史論集（下）』龍渓書舎, 1979年, 村上勝彦「日本帝国主義による朝鮮綿業の再編成」小島麗逸編『日本帝国主義と東アジア』アジア経済研究所, 1979年。
49) 李憲昶『韓国経済通史』法政大学出版局, 2004年, 302頁から再引用。
50) 朝鮮総督府『京城仁川商工業調査』, 1913年, 36〜37頁。
51) 永原慶二［他］『講座日本技術の社会史3：紡織』日本評論社, 1983年, 296〜301頁, 安秉直「戦前東アジアの在来綿業」堀和生・中村哲編『日本資本主義と朝鮮・台湾：帝国主義下の経済変動』京都大学学術出版会, 2004年, 102頁。
52) 曙光会編『曙光』曙光社, 5号, 1920年6月号, 90頁。
53)「京城工場表」京城商業会議所編『朝鮮経済雑誌』58号, 1920年10月,「朝鮮に於ける綿布需給概況」京城商業会議所編『朝鮮経済雑誌』151号, 1928年7月, 10頁。
54) 金季洙『財界回顧1』, 55頁。
55) 李漢九「染織界の始祖金徳昌研究」『経営史学』8, 1993年（韓国語）, 許粹烈「日本帝国主義下朝鮮人工場の動向」中村哲・安秉直編『近代朝鮮工業化の研究』, 214〜216頁。
56) 橋本寿朗『大恐慌期の日本資本主義』東京大学出版会, 1984年, 28〜29, 49頁。
57) 橋本寿朗『大恐慌期の日本資本主義』, 54頁, 宮本又郎［他］編『日本経営史：日本的企業経営の発展江戸から平成へ』有斐閣, 1995年, 182〜183頁。
58) 全遇容『19世紀末〜20世紀初韓人会社研究』, 301頁。
59) 小林英夫編『植民地への企業進出：朝鮮会社令の分析』柏書房, 1994年, 137頁, 156頁, 165頁, 170〜174頁。
60) 山本條太郎翁伝記編纂会編『山本條太郎伝記』山本条太郎翁伝記編纂会, 1942年, 367〜368頁。
61) 権赫泰『日本繊維産業の海外進出と植民地：日本と植民地朝鮮の絹業・綿業を中心に』一橋大学博士学位論文, 1997年, 122〜125頁。
62) 斎藤俊吉・大住吾人『綿紡織』早稲田大学出版部, 1921年, 273〜281頁。

第3章　不安な出発

　　　　　　三・一独立運動は我々に活気と希望をもたらしました。
　　　　　　我が京城紡織は小さいが，目に見える希望の一つです。
　　　　　　京紡がここで閉鎖すると，それは先例になり近代的産業
　　　　　　を手掛ける人が現れなくなるでしょう。そうなると胸を
　　　　　　張って歩けません。(金性洙，破産危機に追い込まれた
　　　　　　1920年春の京城紡織重役会議において)

1. 呱呱の聲

　金性洙は1918年から全国の地主，有力者から同調者を集めて京城紡織の設立に取りかかった。各地を回りながら，民族資本の紡績工場の設立の緊要を力説して投資を呼びかけた。1919年2月19日に朴泳孝，金祺中，金曔中，李一雨，崔浚，尹弘燮，崔熙淳，李承駿，尹顯振，金永哲など182人が創立発起人として参加し，総督府に京城紡織株式会社の設立請願を提出した[1]。

　既存研究では，1920年以降，米価下落により地主経営の収益性が悪化した金氏家が，その代案として工業投資を行ったとしている[2]。金容燮は，「金氏家の小作米の一石当り平均販売価が1919年21.15円から1920年11.30円へと急落し，その後も回復しなかった」ことを，エッカートは「戦後の朝鮮では米の価格が急落し，二〇年代にわずかにもちなおしたものの，三〇年代には再び下降線をたどっていった」ことをそれぞれ指摘している[3]。1920年代に入って米価が下落する反面，工業投資は増加したので，両者間に何らかの因果関係があるかのように思われるので，金氏家地主経営の収益性が低下すると京城紡織を設立したという説明は，一理あるように思われる。しかし，この主張は事実と符合し

ない，図式的で機械論的な誤解である。

　金性洙にとって利潤は主要な動機ではなかった。また，彼は家業の地主経営にほとんど関与していなかった。彼は日本の大学を卒業したのち，ソウルで中央学校と京城織紐を引き受け，それらの経営と京城紡織や東亜日報の設立に専念していたので，家業である地主経営に関与する余裕がなかったうえに，その収益性の低下を悩んだ痕跡もない。また，これらの活動は収益性を考慮したものではなかった。彼が行った当時の教育事業，言論事業，紡績事業は金儲けができる仕事ではなく，むしろお金がかかるものであった。金性洙と金氏家が収益性のみを重視していたのなら，そのような仕事はしなかったはずである。

　また，事業展開の時期からも，彼の活動が地主経営の収益性低下とは無関係であることは確認できる。彼が教育および企業活動を始めた1917～1919年は，毎年米価が上がって地主経営の収益性が高まった時期で，京城紡織と東亜日報が設立されたのちに地主経営の収益性は悪くなった。

　そもそも，1920年から実施された産米増殖計画によって，地主経営の収益性は1920年代前半に少し悪化するが，他の投資機会に比べて劣るものではなかった。土地改良事業などへの無償国庫補助と低利金融の政策資金支援などの政策的な農業部門への支援がある限り，農業投資はもっとも魅力的なものであった。実際に資金も土地およびそれを含む農業に流れていた。たとえば，殖産銀行の貸出金の構成をみると，農業部門貸出金の比重は1921年の33.1％から1925年51.7％へ，1931年66.3％へと大きくなる一方，工業部門貸出金の比重はそれぞれ2.8％，2.5％，1.4％とわずかなものであった。当時の朝鮮人大地主は数えられないほど多かったが，韓国人大工業家が少数にすぎなかったのは，そのためである。つまり，経済論理から言えば工業投資はそれほど魅力的なものでなく，土地は依然として魅力的であった。

　金氏家も同じ状況で，彼らは京城紡織設立ののちも長い間地主経営に重点をおいていた。京城紡織への金氏家の投資額は，設立当時5万円に満たず1920年代末でも40万円を少し上回る程度であった。しかし，金氏家，とくに金曜中一家の土地財産は少なく見積もっても1920年代前半にはすでに200万円ほどに達

していた。

　短期的収益性の面でも金氏家が「地主資本を産業資本に転換」する理由はなかった。1920年代の金曔中一家の年間小作料収入は，20万円以上で10％を上回る収益率をあげていたが，同時期の京城紡織は事実上収益がなく，総督府の補助金に依存し，かろうじて年間5％ほどの配当を行っていた。すなわち，収益性を重視する経済論理からすると，京城紡織のような工業会社を設立し，経営する理由はなかったのである。

　したがって，金性洙の京城紡織設立は，地主経営の収益率低下ではなく，彼が抱いていた近代化理念によって説明しなければならない。文明開化と実力養成の活動が盛んに展開されるなか，日本留学を通して近代文明の威力を体験した彼は，朝鮮の将来を工業化から見つけ出し，自らその役割を果たさなければならないと思った。彼は近代化論者となり，次々と近代事業に取り組んだのである。近代化という時代の大勢に合致するこの事業は成功すると長期的に大きな利益を得るかもしれないが，当分の間は経済的に利益が見込まれるものではなかった。したがって，京城紡織の設立は理念的動機から説明されなければならないのである。

　京城紡織の創立趣旨文は，消費額の半分以上を輸入品に依存する綿布の自給をはかることが朝鮮経済独立の急務であり，京城紡織は朝鮮工業の発達をはかり，韓国人に職業を与え，工業的訓練をさせることを明確にしている。

　「朝鮮ニ於ケル綿布ノ需用ハ統計ガ示ス所ニ従ヘバ年額約四千弐百萬圓ニシテ此内約弐千七百萬圓ハ移輸入品ニ俟ツ現状ニ在リ之レカ自給ヲ計ルハ朝鮮経済独立上急務ナリトス。下名等此ノ機運ニ際シ爰ニ，京城紡織株式会社ヲ創設シ先ヅ綿織物ノ製造ヲ以テ第一期起業ト為シ，将来然ル可キ時期ノ到来スル（朝鮮産棉ノ成績漸次良好ナルヲ見）ヲ俟ツテ，究竟ニハ紡績事務ヲモ兼営セントス而シテ朝鮮工業ノ発達ヲ図ルト共ニ益益製品ノ増産ヲ図リ自給ハ勿論余額ハ満州方面ニモ移出セムコトヲ期シ，併セテ多数ノ朝鮮人ニ職業ヲ与ヘ工業的訓練ヲ為スト同時ニ，株主ノ利益ヲ希図スルノ目的ヲ以テ同

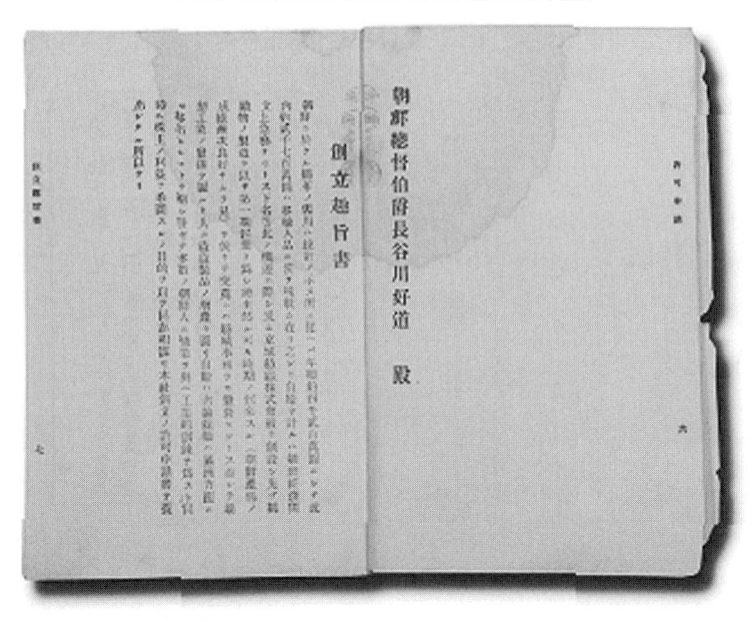

〈写真〉朝鮮総督府に提出した京城紡織の設立申請書

志相謀リ本社創立ノ許可申請書ヲ提出シタル所以ナリ」。

　また，朝鮮で消費される綿布を朝鮮で生産する役割を自ら担う輸入代替工業化の志向と，当初は織布企業としてスタートするが，将来は紡績も兼業し完全たる紡織企業になることと輸出企業へ発展することへの志向を明確にしている。
　創立発起人は1919年5月に創立総会を開催し，同年10月に設立許可を得た。当初総督府は朝鮮紡織とは異なり否定的態度を示したが[4]，金性洙らは長い交渉の末に許可を得ることができた。
　総2万株のうち3,790株を発起人が引き受け，残り1万6,210株は一般から公募した。1％以上をもつ大株主は12人で，金氏家は金㬤中が2,000株，金祺中650株，金性洙200株をそれぞれ保有した。その他に朴容喜1,020株，曺偰鉉，安鐘萬が1,000株ずつ，金燦永，高廈柱，魯昌爕が500株ずつ，張春梓350株，

社長の朴泳孝が200株を引き受けたが，これらの大株主の持分率は50％にも及ばなかった。

　金氏家のほかの重要発起人および株主をみてみると（付表5），まず，社長に就任した朴泳孝（1861～1939）は，甲申政変の主役の一人で有名な韓末の重臣であった。長い亡命生活の末1907年に帰国した彼は，韓国併合の功労者として侯爵の爵位を受け，青年一色で構成された京城紡織と総督府との交渉の適任者として招聘された。

　漢江西江の富豪客主家出身である朴容喜（1885～1949）は，1902年大韓帝国学部の選抜官費留学生として東京の順天中学と第一高等学校を経て1913年東京帝国大学政治学科を卒業した。帰国後，司法官養成所である法学専修学校の教諭として在職していたが，金性洙の勧誘によって京城織紐の支配人を経て京城紡織の専務理事になった。

　全羅南道霊光の大地主である曺偰鉉は，霊光倉庫金融㈱の代表のほか，木浦倉庫金融，朝日石鹼などの大株主でもあった。張斗鉉（1874～1938）は，鐘路の市廛商人出身の布木商で鐘路一帯の布木商人たちの連合会社である東洋物産㈱の設立者であった。張春梓も京城（現，ソウル）出身の実業家で貿易商会社である朝鮮貿易㈱の専務と東洋物産㈱の理事を兼任していた。安鐘萬は客主商会社である龍山勧業㈱の常務で，1920年代末に仁川ゴム㈱を設立して経営していた。張斗鉉，張春梓，安鐘萬は京城で客主業や布木業で基礎を築いた商人であったので，京城紡織製品の販売の一翼を担うことを期待して迎え入れたと思われる[5]。

　尹相殷（1887～1984）は，慶尚南道亀浦の大地主家出身で開成学校（のちの釜山商高）を卒業して東莱監理署主事を歴任したのちに，亀浦貯蓄㈱の設立に参加した。亀浦貯蓄は，1915年亀浦貯蓄銀行，慶南銀行に改称され，彼は慶南銀行の頭取を歴任した。日本留学の時に弟を通じて金性洙と知り合った尹相殷は，その縁で京城紡織に参加することになった。彼の参加によって亀浦と東莱一帯の有力者たちの協力を得ることができた。

　そのほかに，大地主や役員としては参加しなかったものの，慶州地方の大地

主で慶南銀行，大邱銀行，海東銀行の大株主でありながら白山貿易の社長でもあった崔浚，黄海道鳳山の豪商李成俊，群山の実業家邊光鎬なども会社設立に一役買っていた。

このように主な発起人，役員，株主たちは北部地域を除く京城，京畿，忠清，嶺南（現，慶尚道）および湖南（現，全羅道）地域などに広く分布し，伝統的な両班大地主から近代的銀行家，商人に至るまで多様な職業をもつ各地の有力者によって構成されていた。資本源は主に地主資本と商業資本であった。

金氏家の持ち分として確認されるのは全体の14.3％で，金性洙の主導的な役割を考えるとかなり低かった。エッカートは，京城紡織の投資リスクが高かったため，金氏家すらも京城紡織への資本投入を躊躇したと解釈している[6]。金氏家の持分率の14.3％は金額として14万3千円で，その4分の1に当る3万5千円が第一回払込資本金として納金された。金氏家の小作料収入に比べると京城紡織出資金は僅少な金額であった。その頃，金祺中家の小作料年間収入は10万円程度で，金曔中家はその2倍以上であったので，30万円を超える小作料収入の総額に比べると，京城紡織の第一次出資金は10分の1程度にすぎなかった。また，京城紡織の成功の可否も不透明であったことも事実である。

しかし，金氏家自らが避けていた投資を他人に督励したのではない。金氏家は設立1年後に迎えた破産の危機に際して，再び巨額の投資をして京城紡織を事実上「引き受ける」ので，自ら京城紡織への投資を避けて他の有志たちを合流させたとは言い難い。金性洙が多くの韓国人を京城紡織に参加させたのは，その事業基盤を広げるためであった。

当時の綿紡織会社は所要資金，経営陣の組織，会社の設立許可，販路の確保など様々な側面において全社会的，全国的支持なしでは成功し難い巨大なプロジェクトであった。しかし，28歳の金性洙は経験も浅い若者であったうえに，名高い京城の両班出身でもなかったために，それを解決するには全国の有志たちの参加を切実に必要としていた。同じ時期に設立された東亜日報も同じ状況であった。

当初は，社長（朴泳孝），専務（朴容喜），支配人（李康賢），庶務課（金聲

集）および会計課（李熙昇）で構成されていたが，実質的には金性洙が運営を総括して，李康賢と朴容喜が実務を担当する三人体制であった[7]。この3人は日本で正規の高等教育を受けた韓国人第三世代エリートで，優れた頭脳と情熱をもった革新的な若者たちであった。

　しかし，彼らが企業経営に素人であったことは，彼らを朝鮮紡織の経営陣と比較してみると歴然としている。会社設立の1919年に金性洙は28歳，朴容喜は34歳，李康賢は31歳で，卒業後の社会経歴は10年にも満たず，まして企業経営の経験は2～3年にすぎなかった。それに比べて朝鮮紡織の経営陣のほとんどは，日本と台湾で長い間企業に勤めた経歴をもつ50代以上の人物たちであった。とくに1919年当時75歳の社長の馬越恭平（1844年生）は，三井物産と大日本麦酒の社長を歴任した元老であった。45歳の常務斎藤吉十郎と52歳の理事山本條太郎は，三井物産の本社や海外支店で長い勤務経験を持つベテランで，監事の松方正態は帝国製糖の社長でもあった[8]。

　このように企業経営に関しては素人当然だったエリート青年たちは，会社をどのように運営したのだろうか。

2．座礁の危機

　会社設立以降，京城紡織は工場を建設するかたわら，織機の発注，綿糸購入など製品生産の準備作業を進めた。当初は，第一次納入資本金25万円から敷地および建物，倉庫などの不動産に11万円を割当て，機械器具を10万円で購入し，初期の運転資金として3万6千円を保有する計画であった。同年10月下旬，工場敷地として鷺梁津の土地1万5,894坪，本社社屋として南大門通り5丁目（51～53，55～56番地）の土地250坪および建物を購入し，織機100台を豊田織機に発注した。

　京城紡織は1919年末，1920年初の短期差益を狙って綿製品の投機取引を行ったが，大きな損失を被った。これは経営陣が当時の綿製品価格の急騰に惑わされたためである。図3-1のようにもっとも代表的な製品であった東洋紡績の

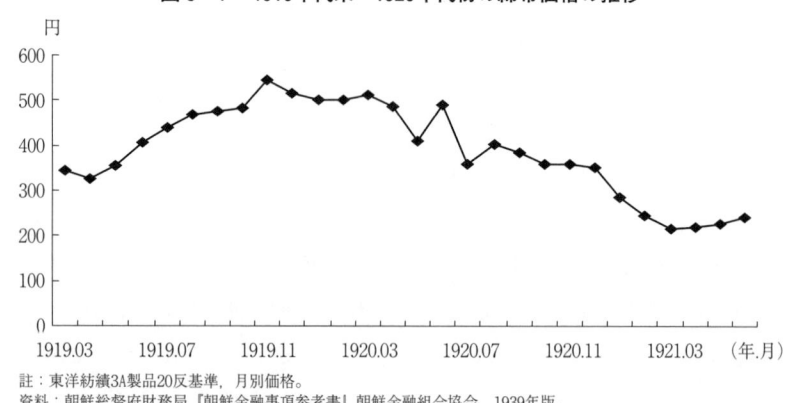

図3-1　1910年代末〜1920年代初の綿布価格の推移

註：東洋紡績3A製品20反基準，月別価格。
資料：朝鮮総督府財務局『朝鮮金融事項参考書』朝鮮金融組合協会，1939年版。

　3A織物（20反）の価格は騰落を繰り返し，1919年10月から翌年3月までの5ヶ月間で40％以上も価格が急騰した。
　これは1910年代後半の経済の活況に綿製品相場が急騰し，投機が投機を呼んだ結果であった。この綿製品相場の暴騰に惑わされた京城紡織の未熟な経営者たちは，工場建設資金をもって綿製品の投機を行った。
　京城紡織の綿製品には現物取引と先物取引の二つが用いられた。『日記帳』からその取引額や成績を決算期別および月別に把握してみよう（付表6）。
　まず，京城紡織は綿製品価格の最後の上昇期である1919年12月から翌年3月までの4ヶ月間，払込資本金25万円にほぼ肉迫する19万円の綿製品を買い入れた。とくに1920年1月の買入れは8万円を超え，同期間中に6万円以上を再び売却したが，第1期末の商品残高は12万7千円にも達していた。戦後恐慌に突入した局面で，事業資金の半分を現物投機に使っていたのである。京城紡織は綿製品価格が下落し始めた4月にも2万円を超える商品を買い入れたのち，しばらく商品の買入れを中止した。
　買い入れた現物商品の4分の3ほどは朝鮮貿易，東洋物産，白山貿易などの朝鮮内商社から買い入れた綿布で，綿糸は名古屋の荒川合名会社および大阪の八木商店から買い入れていた。京城紡織は不動産購入以外の自己資本を商品の

代金に充て，不足分は割引手形で朝鮮商業銀行などから調達した。売買が頻繁に行われたために，割引手形も頻繁に発行された。

　京城紡織の商品取引は現物取引のみに止まらなかった。1920年3月末（第1期）までに34万7,700円で購入した綿糸先物を36万8,755円で売り渡して，2万1,075円の大きな利益を得た（付表7）。『日記帳』には1920年3月12日と7月31日のそれぞれに先物買入れと売払いが同時に行われたことになっているが，実際にはそうではなかったと思われる。1日でこれだけの利益と損失を得ることは不可能で，おそらく3月12日と7月31日はその前に行われた先物買入れと売払いが転売や買戻しを通して清算され，差益や差損が確定された日付と思われる。そうすると京城紡織が先物を買い入れてそれを転売して清算したのか，それとも先物を売り払ってそれを買い戻して清算したのかが，問題になる。

　『日記帳』の3月12日の借方と貸方の欄を見ると，荒川合名，八木商店との取引は，先物商品の未払いの取引が先に記録され，続いて収入未済の先物商品，収入未済の差益の順に記録されている。京城紡織の先物取引が記録されている3月12日は，綿製品価格上昇の最後の局面であったので，それまでは先物を買い入れ転売して清算することが利益を得る確率が高かった。したがって，『日記帳』の記帳順序と先物取引の属性を考慮すると，3月12日の荒川合名との先物取引は，京城紡織がまず先物を買い入れそれを転売して清算したものとみるべきだろう。しかし，3月12日の八木商店との取引は理解に苦しむところがある。3月12日の『日記帳』には18万3千円の先物を買い入れて1万1,400円の差益を得たとしているが，7月31日のそれにはその取引が取消されたと記載されているからである。また，同じく八木商店から33万9,500円で買い入れた先物を28万9,500円で清算したとしている。3月12日の取引の契約解除分は借方と貸方の欄に，それぞれ支払いと収入の未済，損失と収入の未済が記録されている。これは上述の1万1,400円の収益を出した取引が取り消されたことになる。そしてその次の取引は，支払い未済と先物商品，損失と仮払金が記録されている。これは先物商品の買入れを取り消す代わりに，買入れ当時の先物価格と取消時点の先物価格との差益を支払ったことになる。したがって，京城紡織

は高く買い入れた先物を大きな損失を抱えながら清算したのである。

このように京城紡織は現物と先物取引を行い始めてから間もない第1決算期に，資本金の約8％に該当する利益を得たが，現物売買による利益は1,000余円にすぎず，ほとんどの収益は先物取引からであった。

当然のことであるが，このような幸運は長くは続かなかった。4月以降綿布価格が急落すると，膨大な買入れ商品は厄介なものになった。京城紡織の経営陣は4月の価格下落を一時的な現象と見て2万円を超える商品を買い入れた。しかし，5月と7月の暴落により，彼らはついに買入れ価格よりはるかに低い価格で商品を処分せざるを得なかった。

京城紡織は価格が一時反動した6月に買入原価基準で1万5千円程度の現物を，そして7月の暴落以降再び反騰した8月に2万円近くの現物を処分するなど商品を処分し続けた。とくに綿製品価格が再び下落し始めた9月は買入価格基準の7万円ほどの現物を処分した。これで現物売買は一段落したが，それまで2万7千円の売買損失のほかに1万6千円ほどの在庫商品の評価償却損失を被っていたので，その損失率は40.3％にも達した。

また，1920年7月末までは6万円を超える損失を被りながら先物ポジションも整理した。7月31日付で3月12日の八木商店との売買契約の解除が計上され，第1期の差益はなくなったが，直接的な損失ではなかった。しかし，同日付のもう一つの取引は，取引の平均買入単価が377円で，取り消された取引の買入単価の300円よりはるかに高く，さらに第1期に差益をあげた買戻し取引の買入単価322円よりも高く，致命的であった。京城紡織は322円でそれを清算し，この一件の取引で5万円の巨額の損失を被った。

京城紡織は，第2期に2万7千円ほどの商品売買損失と6万1千円ほどの先物商品取引損失を被った。それに，建築契約などと関連した仮払金および売出債権の償却損失などの1万円が加えられ，雑損失の合計は9万8,732円に達したうえに，1万6千円の商品評価償却を含む販売管理費なども加えられ，合計13万2,550円の記録的な損失を計上した[9]。会社設立後1年半の間に資本金の半分を失ったのである。

ここで注目すべきところは，京城紡織が現物と先物買入れを同時に行ったことである。相場差益を狙って現物の買入れを行う場合は，先物売渡しでリスクヘッジをする必要があるが，京城紡織は現物と先物買入れを同時に行った。綿製品価格が上がり続けるとの確信なしではあり得ないことである。

　これは当代の韓国最高のエリートたちの企業経営能力のレベルが低かったことを表している。彼らが綿製品価格の下落による損失の可能性を無視し，会社を不用意に危険にさらした代価として，会社は設立１年も経ない内に存亡の岐路に立たされた。

　対照的に朝鮮紡織は，1917年11月の設立以降1922年までに工場建設および機械設置を終えたが，その間に余裕資金は現金・預金の形態で運用し，商品売買は行わなかった。第一次払込資本金125万円のほとんどは現金や預金形態で運用して1920年上期の工場建設代金に，同年下期の第二次払込金125万円も同じく工場建設および機械設置代金に使用した。京城紡織より早く設立された朝鮮紡績は，1910年代末の綿製品価格の上昇によって相場差益を得るチャンスも多かったことを考えると，朝鮮紡織は工業会社として王道を歩んだことになる。

　このことは，両社経営陣の洞察力の違いによるところが大きい。企業経営の経験が浅く，市場の荒波を経験したことがない京城紡織の経営陣は，綿製品の投機取引の罠にそのまま陥ったのである。事実，その時代においては綿製品の投機取引は稀ではなく，魅力的なことでもあった。

　「昨年（1919年）来，綿類暴騰に合わせて綿織物なら何を買っても利得が得られるという観念が当業者の間に強硬となり，朝鮮で需要が多い3A，3S（トリプルS）に止まらず過当な買投機が横行し，現品取引が行われている」[10]。

　京城紡織のみではなく多くの綿糸布関連の韓国人商人，商社が投機的買入れによって大きな失敗を経験していた。『朝鮮銀行会社組合要録』1921年版をみると，綿糸布取引を主業務としていた韓国人商社のほとんどは，1920年会計に

莫大な損失を計上している。海東物産は7万5千円の払込資本金を遥かに超える12万4,622円の損失を，東洋物産は50万円の払込資本金の半分を超える28万7,497円を，大昌貿易は50万円の払込資本金の4分の1に当る12万6,335円の損失をそれぞれ計上した。これらの会社は，上記の新聞記事のように「何を買っても利得が得られる」と期待して危険な投機取引を行い，その結果莫大な損失を被った。初期の京城紡織の投機取引は，この時期の典型的な綿糸布商社の形態でもあったのである。

　京城紡織の社史および伝記類では，織機導入および綿糸買入れ契約のために日本へ派遣されていた李康賢が，八木商店に立ち寄った際に会社経営陣との相談なしに三品投機を行ったとし，彼の責任を強調している。エッカートもそれを踏襲し，李康賢を経営者ではなく単純な技術者と酷評している[11]。

　しかし，それは初期の京城紡織の危機の責任を金氏家外部の人物に押し付けると同時に，会社再生の功績を金氏家に帰させるためである。むろん，京城紡織の先物取引は日本にいる綿糸布商店を通して行われていたことと，李康賢が1919年12月から翌年6月まで6回にわたって日本へ出張したことを考えると，彼が三品投機を発議し主導したのは確かであろう。しかし，彼は日本出張の成果を毎回詳細に京城紡織の経営陣へ報告したこと，売買の実績が1920年3月の第1期決算にも反映されたこと，京城紡織の現物と先物商品の買入れが1919年12月から翌年4月まで続いたこと，現物商品の買入れは朝鮮にいる朝鮮人貿易商を通して行われたことなどを考慮すると，この投機取引は京城紡織の経営陣の承認に基づいた，あるいは彼らの決定によるものであったと思われる。むろん，取引を主導した李康賢の責任は否定できないが，この投機はある個人の責任ではなく，経営陣の意思決定による結果とみなすべきであろう。

　設立から1年も経たないうちに資本金の半分を失った京城紡織は，工事費を賄うことができず，建築業者に賠償金を払い社屋建築を中断せざるを得なかった。また，経済不況で綿布価格が下落し続けたため，製品を生産したとしても収益をあげる可能性も少なかった。三品投機の失敗が明らかになった1920年4月の重役会において，専務朴容喜は経済不況の最中で事業資金までも失ったの

で会社を閉鎖するしかないと主張し，他の重役たちも意見を同じくしたので，京城紡織は廃業を避けられないかにみえた。

3．収拾

(1) 事態の収拾

　この危機に立ち向かったのは，金性洙であった。金性洙は1920年4月の重役会で三・一独立運動が朝鮮民族にもたらした活気と希望の産物である京城紡織を閉ざすわけにはいかないと力説し，事態の収拾と会社の再建に努めた[12]。彼は工場建設および設備導入を続けるかたわら，必要な追加資金を調達し，危機から会社を救った。

　また，彼は三品投機の責任をもつ李康賢の辞任願いを受理しなかった。李康賢の辞職は京城紡織の利益にならず，むしろ会社の柱をなくすだけで，この事件を不問にすることで李康賢が会社のためにさらに粉骨砕身して勤めると判断したためである。李康賢は金性洙の目論見通りに，会社の柱になり金性洙の期待に応えた。

　まず，金性洙は緊急な資金問題を解決するために，第2次払込資本金を急ぐ一方，緊急必要資金の借入れを行った。当面の課題は，工場建設と営業活動に必要な資金の調達であった。工場敷地の取得と織機設置だけでも保有資金が不足していたためである。

　京城紡織の経営陣は流動性資金の不足を外部からの借入れで補わざるをえなかった。そのためには，割引手形などの短期資金より長期資金を必要とした[13]。

　京城紡織は1920年4月と7月に殖産銀行からそれぞれ4万2千円と4万円[14]，1922年11月と12月には織機設置のためにそれぞれ2万円，3万8千円を借り入れた。京城紡織の信用ではそのような巨額の借入れができなかったので，金性洙が家産の土地を担保に提供した。

　織機設置を終え本格的生産に入る直前の第4期末，すなわち1923年3月末の

借入総額は15万円に膨らんでいた。生産開始後1年間は運転資本の増加によってさらに借入金が増えたが，第8期末には増資と純利益をもって借入金を6万円に減らした。

このように随時行われた借入れによる資金調達が京城紡織の死活を左右したことを考えると，それを決断した金性洙の役割は注目すべきである。1920年7月，8万2千円を借り入れる際に，殖産銀行から担保を要求された彼は，故郷の父，金祺中に支援を求め，土地を提供してもらった。金性洙は，展望がないようにみえる事業に家産と家運をかけた当時の心境を，親友である高羲東（韓国最初の西洋画家）に次のように語っている。

「倭政の弾圧は深刻で，経済力には限りがあり，それでもしないわけにもいかず，お先真っ暗である。父祖が成した財産を消尽しながら何も成し遂げなかったら人間として恥ずかしい限りであろう」[15]。

その場は借入金で凌いだが，会社更生の根本対策として資本金の追加払込みが必要であった。京城紡織の経営陣は1920年4月11日の第5回重役会と6月21日の第8回重役会で第2次払込みは合意したが，具体的な方針は立てられなかった。1921年10月28日の第13回重役会においてようやく第2次払込みが決定され，同年12月は株主に翌年1月16日期限の1株当り7円50銭，合計15万円の追加払込みが通知された。

1922年3月から株金の払込みが始められたが，1年が過ぎても目標金額15万円のうち7万円しか集まらなかった。株主には1922年3月～1924年7月の間，5回にわたって催告状が発送されたが，3年後の1924年11月になっても目標の5分の1は未納のままであった。経営陣が投資金の半分を失ったことを知っていた初期の少額株主たちは，追加払込みの動機を持たなかったのである。

もっぱら金性洙だけが事業を継続する意志と能力をもっていた。そうすると株主を変えて，金氏家が株主になり，事業資金を捻出しなければならなかった。金氏家は失権株を含む持分を引き受ける一方，1924年11月7日の京城紡織理事

会において11月23日付で未納株式を失権処理し，競売を経てその所有権を金秊洙に渡すことを決めた。それとともに，ほかの一般株主の持分も買い入れた。

創業者の金性洙の代わりに金秊洙が持分を引き受けたのは，言論および教育事業に関心があり，企業経営への関心と巨額の家産をもっていたためである。

金秊洙は1925年8月，会社株式（総2万株）の半分近い9,270株を保有し，2年前は13％にすぎなかった金氏家の持分率は65％に肉迫するようになった[16]。第1回払込資本金の残存価値を払込額の50％に当る6～7円として，第2回払込資本金7.5円，第3回払込資本金8円を足すと，金氏家が13％の既保有持株に追加株金を払込み，50％の持分を追加購入して払込みを完了するまで25万円ほどが新たに投入されたことになる。

金氏家が地主経営を通して毎年30万円近くの莫大な小作料収入を上げていたとしても，収益はおろか，存続そのものも不確実な新興企業にこのような巨額を投資したのは，京城紡織を育成しようとする強い意志の現れともとらえられる。

京城紡織は追加払込資本金をもって資金問題を解消した。13万円の織機設置費用のうち7万円はこの追加払込みによって賄ったうえに，1924年にも8万円の追加払込みが行われ，自己資本をもって有形固定資産を形成することができた。その2年後は増資なしに，6万円を超える当期純利益と5万5千円に達する総督府補助金の自己資本をもって有形固定資産を形成しても，10万円ほどの余裕資金があった。その間，運転資本負担が5万円ほど増えたが，借入金を減らすことができた。

また，資本金の追加払込みによって京城紡織の企業支配構造は安定かつ強力なものになった。194人もの発起人および一般株主の出資によって設立され，最大株主である金氏家の持分率は13％にすぎなかった京城紡織は，誰の専有物でもない「民族企業」であったかも知れない。しかし，民族企業としての京城紡織は必要な資本金の追加払込みもできなかったうえに，企業独自の信用のみでは借入れさえもできなかった。

しかし，金氏家の持分率が65％を超えた京城紡織は，金氏家の所有物になっ

〈写真〉1921年満洲視察に出かける金秊洙

た。それを金氏家が「民族企業」を私物化し,京城紡織は族閥企業になったと解釈するのは[17],適切ではない。再生する可能性がほとんどなく,誰もが出資を躊躇していた会社を引き受けた結果であるからである。

　これで会社の支配構造は金秊洙を中心として,効率的に改編された。1921年3月大学を卒業し帰国した金秊洙は,金性洙から京城織紐を引き受け,ゴム工業会社へと改編した。1922年4月26日の第16回重役会において常務理事に任命された金秊洙は,李康賢に代わって支配人も兼任しながら,京城紡織の経営に初めて参加した。翌年4月には朴容喜の後任として専務理事になり,12月には支配人の職を李康賢に渡した。1923年初の会社組織は,社長—専務—常務—支配人のもとに本社組織(庶務課,会計課,営業課の3つの課)と永登浦工場で構成されていた。本社組織といっても10人程度にすぎず[18],金秊洙が専務,李康賢が常務,そして金性洙が平理事として経営を担当していた。

　これ以降,金秊洙は必要に応じて経営に参与した。第2回払込金の未納株を失権処理し,第三者譲渡を決めた1924年11月7日の理事会の決議は,金秊洙の

提案によるものであった。また，京城市内布木商とのさらなる取引のために本社事務所を市内中心に移転することや，以降平壌と元山に中心営業地域として支店を出すことなどを提案した。

しかし，この時期を含む1930年代初めまでは，金秊洙より李康賢が中心的な役割を果たしたようである。社史には，「京城紡織の全般的な業務は金秊洙の手にわたって，李康賢常務は永登浦工場の建設と機械設備の業務を担うようになった……金秊洙の登用は李康賢の位置を格下げ……京城紡織の経営は金秊洙体制に入った」という記述と，「そのこと（販売開拓）を遂行できるのは李康賢常務が適任者と判断され，金秊洙専務は1923年12月5日に李康賢を支配人に起用し，自らはゴム産業に集中した」[19]という，矛盾した叙述が見られるが，事実はどうだったのだろうか。

金秊洙より李康賢が経営の中心にあったと考えるのが妥当だろう。金秊洙は中央商工㈱と地主農場の経営，銀行の引受などに多忙を極めていたからである。金秊洙は1922年4月に京城織紐の専務に就き，秋からそれをゴム工業会社へ変更し，早期正常化に尽力した。当時，ゴム工業会社はゴム靴の製造を主にする1920年前後に生まれた新しい産業であった。ゴム靴の製造設備を導入し，製造法を学び，販売先を探すのは未知のことがらであったが，金秊洙は工場の当直室で寝食をしながら没頭していた。また，1923年以降は長城農場を設立するなど在来小作地の管理にも力を注いだ。一家の所有農地を体系的に管理するために1924年は三水社を設立し，1931年まで茁浦農場，高敞農場，明皐農場，新泰仁農場，法聖農場，霊光農場など7つの農場を創設し，1927年には京城に総括事務所を設立した。彼は1927年8月，営業不振に喘いでいた海東銀行を引き受け，その正常化にも努めた[20]。このように1920年代は，京城紡織以外の事業に忙殺されていたので，金秊洙が京城紡織の経営に専念するのは難しかった。

京城紡織の主要政策決定の際にも，彼の主張は通らないことが多かった。たとえば，彼は販売促進戦略の一つとして1924年11月の第27回重役会議において平壌，元山支店の設置を主張したが，小規模な実行を主張した李康賢の意見に金性洙も同調したため，販売員を派遣するだけに止まった[21]。また，太極星と

〈写真〉李康賢

いう主力商品の商標も，李康賢とその他社員によって考案されたもので，会社に関連する1930年代初めまでの新聞記事には金秊洙より李康賢が登場することが多かった。それに追い打ちをかけるように，金秊洙は1927年10月専務職を辞任し，平理事になったため，専務職は空席になった[22]。

要するに，1920年代後半の京城紡織は金性洙と李康賢の2人体制で運営されていた。金性洙は1928年3月に理事も辞めるが，理事在任中は同じ留学世代であり創業の同士である李康賢に重責をまかせ続けたようである。李康賢は三品事件にもかかわらず会社に残るようになると，「寝食を忘れ，献身的に努力して京城紡織の柱になった」[23]。したがって，この時期の京城紡織の運営は所有者金秊洙の監督のもと，専門経営者の李康賢が総括していたと判断される。これは効率的な体制であった。京城紡織は資金調達，設備増設，販売戦略などに関する合理的な意思決定を行い，それを効果的に実行することができた。

(2) 財務の安定化

このような努力の甲斐あって京城紡織の財務状態は安定してきた。財務構造，すなわち資金調達や運用の構造から財務状態をみてみよう。そのためには，京

第3章　不安な出発　93

図3-2　貸借対照表の構成

貸方（資金運用）		借方（資金調達）	
流動資産	短期金融資産（A）	短期借入金（F）	流動負債
	その他流動資産（B）	その他流動負債（G）	
固定資産	長期金融資産（C）	長期借入金（H）	固定負債
	有形資産（D）	その他固定負債（I）	
	その他投資資産（E）	資本金および剰余金（J）	資本

城紡織の貸借対照表を再構成する必要がある。まず，図3-2の貸借対照表の項目を概観してみよう。

資産は資金を利用したもので，その資金は負債や自己資本から調達される。調達分が使用されるので，資産総計と負債および資本総計が常に同じであることは複式簿記の原理である。資産は現金化の難易度によって大きく流動資産と固定資産に分けられるが，企業は固定資産を自己資本や長期負債として保有することで，財務的安定性が確保できる。

図3-2から，資産総計（A＋B＋C＋D＋E）＝負債および資本総計（F＋G＋H＋I＋J）なので，(B＋D＋E)－(G＋I＋J)＝F＋H－A－Cである。すなわち，

$$(B-G)+(D+E-I-J)=(F-A)+(H-C)$$

まず，この式の左辺のBとGは，それぞれ営業活動の資産獲得額とそのための通常の負債形態の資金調達額を表し，その差額は営業活動に必要な借入額である。また，Dは事業の固定資産蓄積額，Eは投資資産の取得額，IとJはそれぞれ借入金以外の長期負債と自己資本としてのDとEのための資金調達額を表すので，その差額 $(D＋E－I－J)$ は，長期資産蓄積の資金不足額，つまり必要な借入額を表す。左辺の総額は金融資産以外の流動資産と固定資産

図3-3 財務構造（資産構築と資金調達）

区　分	項　目	定義式
営業活動	純運転資本① 其他純営業資産② 小計：純営業資産③	売出債権＋在庫資産－買入債務 現金および同価物の他その他流動資産－借入 ①＋②＝B－G
長期資産蓄積活動	有形資産④＝D 投資資産⑤＝E その他固定負債⑥＝I 自己資本⑦＝J 小計：純自己資本余裕⑧	④＋⑤－⑥－⑦＝D＋E－I－J
金融資産	現金および同価物⑨ 長期性預金⑩ 小計：金融資産	⑨＋⑩
必要な総借入	短期 長期	③＋⑨ ⑧＋⑩
借入現況	短期 長期	短期借入金 長期借入金

のうち借入金で賄われる金額として，借入れの必要性を表している。

　反面，右辺の（F－A）は純短期借入金，（H－C）は純長期借入金を表し，右辺の総額は総借入金から金融資産を引いた純借入金として借入れの現況を表している。（B－G）と（F－A），そして（D＋E－I－J）と（H－C）を比較すると，必要な借入金の規模と適切な期間で借入れが行われたかどうかがわかるので，資金の調達と運用の期間において企業の財務構造の安定性が把握できる[24]。図3-3は，その結果を表したものである。

　図3-3の資産は，資金を運用したものなので（－）と，負債および資本は資金を調達したものなので（＋）と表示する。各項目の合計額が（－）なら資金調達が必要であることを，（＋）なら資金が調達されたことをそれぞれ意味する。

　表3-1は，京城紡織の企業活動を営業活動，長期資産蓄積活動，金融活動に分けて，それぞれの活動に資金がどのように調達され運用されたか，そして外部から借り入れた資金の規模と形態を表している。

　京城紡織が現・先物商品取引を行った第1期は，巨額の運転資本のために巨

表3-1 初期の京城紡織の財務構造

(単位:千円)

		第1期 (1920.3)	第2期 (1921.3)	第3期 (1922.3)	第4期 (1923.3)	第6期 (1925.2)	第8期 (1927.2)
〈借入の必要性〉							
営業活動	運転資本	-515	-234	-14	-27	-93	-149
	借入債務など	362	211	0	1	22	16
	その他純営業資産	-122	-36	4	-3	-6	3
	純営業資産	-275	-59	-9	-29	-77	-130
長期資産蓄積活動	有形資産	-35	-153	-153	-283	-300	-301
	投資資産	0	0	0	0	0	0
	その他固定負債	0	0	0	0	0	0
	自己資本	262	129	117	166	289	401
	純自己資本余裕	228	-24	-36	-117	-10	101
金融資産(現金預金)		-147	-6	-22	-4	-9	-31
借入必要資金		-194	-89	-67	-150	-96	-60
〈借入現況〉							
割引手形		194	7	0	10	21	0
借入金		0	82	67	140	75	60
総借入金		194	89	67	150	96	60

註:①第5期と第7期に関する詳細な資産および負債の内訳はわからない。
　②借入現況の割引手形の満期は1ヶ月、借入金のそれは1年であった。
資料:『東亜日報』1920年5月16日、1922年5月9日、『要録』1921年、1923年、1925年、1927年版。

額の営業資金が必要であったが、そのほとんどは自己資本をもって賄った。割引手形で20万円近くの借入れはあったものの、金融資産を15万円ほど保有していたので、総借入金から金融資産を差し引いた純借入金は5万円にも満たなかった。第2期は、商品のほとんどを売却し先物取引を清算したため、必要な営業資金は大幅に減った。しかし、損失によって自己資本が半分以下に減ったうえに、工場建設に新しく12万円ほどの有形資産投資が行われたため、長期資産蓄積活動の資金余裕が資金不足に反転し、純借入金も8万円を超えた。

第3期は、仮受金形態の資金調達(その実態は株金の払込み)によって必要な借入金が小幅に減ったが、第4期は織機設置による資金需要が生じ、第6期以降は本格的な製品生産および販売活動による運転資本の規模が大きくなり、新しい資金需要が発生した。

第2期は巨額の損失、第4期は設備構築、それ以降は製品生産および販売な

どの営業活動のために借入れが必要だった。しかし，その後自己資本を拡充して借入金を減らしたので，借入れは一時的な流動性不足を解消する役割を果たし，基本的に資金需要は自己資本によって満たされたのである[25]。

　最後に，京城紡織の事業規模および実績に対する借入金の割合をみてみよう。利子および割引料を求め，それを売上額で割った金融費用負担率と，総借入金を総資産で割った借入金依存度を求めてみると，金融費用負担率は生産初年の第5期に7.6％と比較的高かったが，翌年には2.8％と低下し，金融費用が純益増加に大きな負担にはならなかったことがわかる。また，借入金依存度も第2期までの20％前後から第5期の55％へと高まったが，増資が行われた第6期は23％，第8期には12％とさらに低下した。この程度なら，堅実な経営ともいえるだろう。

　一方，京城紡織に適用された殖産銀行の金利は11％台と，同銀行の平均貸出金利とほぼ同じで，時間の経過とともに少しずつ低くなった。エッカートは，「殖産銀行の利率は7～12％であり，もちろん取引先によって異なっていた。京紡が支払っていた12％という利率は，最高のレベルだった」が，「先に引用した利率は高利貸付のものだが，それとは別に『特別低利貸付』という制度があり……京紡は実際に殖産銀行の『特別な』顧客だった」とし，その意味で殖産銀行からの融資は一種の特恵であるとした。そして，その金融は彼が「協力的資本家開発政策」と命名した植民地政策に従ったものとした[26]。

　しかし，京城紡織に適用された金利は当時殖産銀行の平均貸出金利であり，高くも低くもなかった。当時は産米増殖計画のために土地改良事業資金として韓国人地主に巨額貸付けが行われた時期であったこと，貸出金額がそれほど大きくなかったこと，金氏家所有地が担保であったことなどを考慮すると，その貸出を特恵とみなすには無理がある。

　少し早く操業を始めた朝鮮紡織の財務構造はどうだったのか（表3-2）。創立時の払込資本金は125万円であったが，有形資産投資額が大きくなるにつれて払込資本金が増えている。本格的な操業開始から1年が過ぎた第10期末の自己資本は有形資産額470万円の4分の3に当る390万円ほどで，その不足資金

表 3-2　朝鮮紡織の財務構造

(単位：千円)

		第2期 (1919.1)	第4期 (1920.1)	第6期 (1921.1)	第8期 (1922.1)	第10期 (1923.1)
		〈借入の必要性〉				
営業活動	運転資本	0	0	0	-94	-1,020
	買入債務	0	150	0	0	278
	経常純資産	-21	-236	46	-254	20
	純営業資産	-21	-86	46	-348	-721
長期資産蓄積活動	有形資産	-6	-347	-2,151	-4,345	-4,677
	投資資産	0	0	-205	-110	-205
	その他固定負債	0	0	0	0	-52
	自己資本	1,294	1,251	2,501	3,000	3,896
	純自己資本余裕	1,288	904	145	-1,455	-1,038
金融資産		-1,267	-818	-191	-1,006	-241
借入必要資金		0	0	0	-2,809	-2,000
		〈借入現況〉				
短期借入金		0	0	0	809	0
長期借入金		0	0	0	2,000	2,000
総借入金		0	0	0	2,809	2,000

資料：『朝鮮紡織営業報告書』。

100万円余りと運転資金70万円余りなどは社債を発行（200万円）して調達した。

　工場が稼働した1923年頃の京城紡織と朝鮮紡織を比較してみると，京城紡織はまだ増資の払込みが終わる前で有形資産構築資金に比べて自己資本が大きく不足していたため，自己資本に合わせて借入れをしていた。その反面，朝鮮紡織も同じく自己資本は有形資産構築資金に満たなかったが，その不足額は自己資本の半分ほどであった。その点からすると，スタート時点では朝鮮紡織の財務安定性が京城紡織より良かったと言える。しかし，その後京城紡織は増資払込金をもって借入金を償還したので，財務安定性は朝鮮紡織に劣らなくなった。

4．準備完了

　京城紡織の経営陣は資金面の危機を収拾しながら，状況の変化に応じて工場を建設し，設備を備え始めた。まず，1919年末に1万6千円で購入した永登浦駅前の5万坪の敷地に，1920年夏から総工事費11万5千円で工場を建設し始めた。

　続いて，1922年夏，豊田織機に力織機100台を発注し，同年秋にその設置を完了し，試験稼働に入った。織機100台の本体価格は3万9千円で，その他の付属機器および電動装置，ポンプ装置などの諸費用が7万6千円であった。これが不動産他の固定資産のほとんどを占めた。これは朝鮮紡織の設備に比べると小規模なものであった。

　朝鮮紡織はイギリス製の紡機1万5,200錘および付属機械と，豊田式織機608台を備えており，操業開始の決算期である1922年7月末の機械器具金額は234万6,241円と，京城紡織の約20倍であった。

　機械設置以降，固定資産の構成は変わった。第3期までは固定資産のほとんどが土地と建物などの不動産であったが，織機設置が終了してからは不動産と機械器具がほぼ同じ比重を占めるようになった。

　京城紡織の販売は好調で生産が追いつかなくなると，1924年末は織機20台を追加発注し，1925年に設置を完了した。また，1927年7月には織機104台の追加増設を決定し，1928年末に設置を完了した[27]。稼働初期の京城紡織の織機台数は，同時期の朝鮮紡織の500台の5分の1にすぎなかったが，1928年末にはその3分の1を超えるようになった。

　設備増加とともに人材養成にも力を入れた。会社設立当時，京城紡織には李康賢のほかに玄徳榮，柳德浩，崔士烈などの技術者が在籍していた。玄徳榮は京城高等工業学校の前身である京城工業専門学校染色科の第1回卒業生（1918年3月卒業）であった[28]。柳德浩も玄徳榮と同レベルの学歴の所有者と推定され，二人とも京城織紐で採用されたものと思われる。

図3-4 京城紡織固定資産の推移

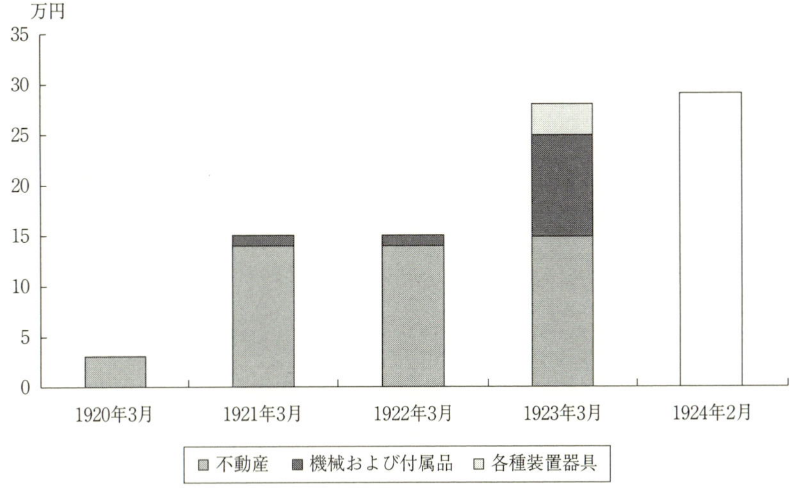

(万円)

横軸: 1920年3月、1921年3月、1922年3月、1923年3月、1924年2月
凡例: □不動産　■機械および付属品　□各種装置器具

註：1924年2月末の固定資産の内訳不明
資料：『東亜日報』1920年5月6日, 1922年5月9日,『朝鮮銀行会社組合要録』1921年, 1923年版。

　織機の発注に当って京城紡織は，玄徳榮と柳徳浩を豊田織機に送って織機操作法を学ばせた。柳徳浩は4ヶ月間の研修を経て1920年2月に，玄徳榮は8ヶ月間の研修を経て同年6月にそれぞれ帰国した。二人とも1920年代末まで工務担当として勤務したことが確認されている[29]。その他汽缶手金萬善は1920年3月から8ヵ月間日本で汽缶操作研修を受けて帰国した。彼らの帰国によって，工場稼働に必要な最小の人材が確保されることになった。1919年10月～1921年3月まで京城紡織の技術員養成費は1,200円にも達していた。

　本格的な稼働に伴い京城紡織は，1923年は尹柱福（京城高工紡織科第1回卒業生），1924年は柳鴻（京城高工紡織科第2回卒業生）を技術者として採用した。尹柱福はすぐに会社を辞めて九州帝国大学化工科に進学し卒業したのち，金季洙の中央商工を経てのちに京城紡織工場長を歴任した。柳鴻は1933年頃まで勤務していたことが確認されている[30]。

　京城紡織は，京城織紐の小幅織物の従業員30～40人を職工として採用した。しかし，彼らに広幅織機の操作技術を新しく習得させることは容易ではなく，

図3-5　工程別組織図

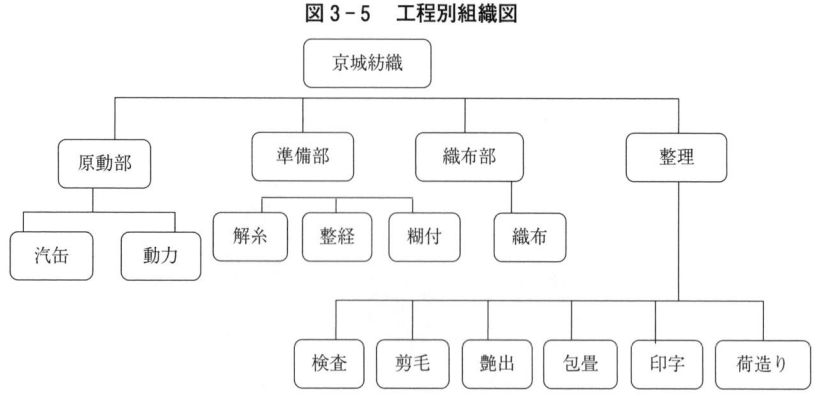

```
                        京城紡織
        ┌──────────┬──────────┼──────────┬──────────┐
       原動部       準備部      織布部       整理
      ┌──┴──┐  ┌───┬───┬───┐   織布    ┌──┬──┬──┬──┬──┐
     汽缶  動力 解糸 整経 糊付          検査 剪毛 艶出 包畳 印字 荷造り
```

資料：『毎日申報』1930年11月9～10日。

豊田織機から派遣された日本人熟練工の助けを借りて6ヶ月間の研修を経てようやく操業が可能になった[31]。

　会社創立から4年後の1923年4月，初の製品（事実上試作品）生産が行われ，同年8月から製品生産が本格的に軌道に乗った。これは三品投機の失敗にも一因があるが，基本的には技術者，職工の機械操作および品質管理の技術習得に長い時間を要したことによるところが大きい。しかし，織機導入から製品生産に長い時間を要したのは，京城紡織のみの事情ではなかった。朝鮮紡織も機械設置から操業開始までほぼ1年を要した[32]。朝鮮紡織では日本人技術者が韓国人職工を指揮・訓練に当ったが，京城紡織では朝鮮人技術者が日本人技術者から訓練を受けて再び韓国人職工を訓練させていた。このような二段階の訓練課程を考慮すると，京城紡織の製品生産の所要時間は決して長いとは言えない。

　初期の京城紡織の工場組織は原動部，準備部，織布部，整理部の4部に分けられていた。工程別組織構成は図3-5に示した通りである。

　すべての機械に原動力を供給する原動部は汽缶と動力に，準備部は原料糸を経糸と緯糸に分ける解糸，織布のために経糸を並べる整経，糸に糊をつけて強度を高める糊付けの3つの係に分けられていた。織物を製織する織布部は，1930年頃には幅36インチの織機1台に2,060の経糸がかけられ，1台当り10時

間ごとに1疋半（180尺）を生産した。

　最後に整理部は，布木の検査，織物の表面の毛玉を処理する剪毛，温度と湿気で布木を圧着し乾燥する（一種のアイロンかけ）艶出，布木を綺麗に畳む包畳，商標印刷の印字，疋単位に束ねる荷造りの6つの係で組織されていた。

　京城紡織の経営陣はこのように技術面の準備作業のかたわら，経営の安定確保のために総督府から政策的支援を得ることにも力を入れていた。

　1920年代初めは三・一独立運動の勢いがまだ冷めない時期で，韓国人の間では韓国人本位の産業政策に対する要求が強まっていた。商工業発達のために補助政策樹立，補助金支給，保護関税導入などを総督府に求める声も大きかった。たとえば，『東亜日報』は1921年4月18日の社説に，「韓国人の企業競争力が貧弱で経営リスクがあるので，また万が一欠損が生じるとその産業が発達する時まで韓国人の産業施設が自立自営する時まで政府から相当な補助金を支給しなければならない」とし，日本の植民地政策を果敢に批判し，韓国人本位の産業政策および経済建設などを求める論説で紙面を埋め尽くしていた。

　このような要求は朝鮮紡織が補助金を受けていることに刺激を受けたものであった。朝鮮紡織は当初自社所有の棉花畑で生産した棉花をもって，紡績と織布を行う構想だったが，そのための駅屯土の払下げや未墾地の買入れが予定通りに進まなかったために，総督府が補助金を支給することになっていた。総督府は「会社が工場建設に着手する営業期から起算して向後三年間会社の払込資本金に対して年六％を補助金として交付する」とし，工場建設が開始された1920年上期から補助金を支給していた。三・一運動によって民族意識が一層高まっていた韓国人たちは，韓国人企業にも補助金を支給することを要求した。

　『東亜日報』の要求は京城紡織の経営陣の望みでもあった。総督府が韓国人本位の産業政策を展開すると，韓国人企業の代表格である京城紡織がその最初の受恵者になるはずだったからである。

　この論議の延長線上で，1921年7月30日に開かれた朝鮮人産業大会創立大会では，9月に開催される「朝鮮産業調査委員会」に提出する建議書を作成し，朝鮮人本位の産業政策の確立と，商工業発達の保護政策採用を総督府に申し出

ることを決めた。大会の委員長には朴泳孝，委員として宋鎭禹，張徳洙，朴容喜，李康賢，金性洙が参加しており，委員28人の中，6人が京城紡織関連の人々であったので，大会は多分に京城紡織のための会議であった。

京城紡織は1922年6月，総督府に「日本人資本家の手で釜山に設立された朝鮮紡織会社に総督府から株主配当の年七％に達する補給金を交付するようになっているので，同一性質の事業を経営する京城紡織会社にも朝鮮紡織の例に倣って補給金の交付を希望し，会社当局者は総督府当局と累次交渉した結果，関係当局の了解のもとに正式に請願書を提出」し[33]，朝鮮紡織と同じく払込資本金に対して年7％の補助金支給を要請した。1ヶ月後の『東亜日報』の社説には，日本人紡織会社である朝鮮紡織に補助金を支給するなら，当然韓国人紡織会社である京城紡織にも補助金を支給するべきであるとの趣旨の社説を掲載し，京城紡織を援護射撃した[34]。

「我々の具体的な提案は何なのか。……朝鮮人の生活を標準としてその産業の政策を決めると同時にその政策のために予算を編成すること，言い換えると朝鮮人の農業はもちろん将来発展する朝鮮人の商工業もまた奨励することを求める。……我々は総督府が朝鮮人のこの事業を補助金の形式，あるいはその他金融上の便宜を図って援助保護することが必要であり，その任務として当り前のことと認定する」[35]。

総督府は「京城紡織の内容を詳細に調べた後，有望と判定し，大正二年度予算に計上し」，12月末に大蔵省との交渉を終え，ついに12月29日補助金支給計画を会社に通知した。金季洙は，「朝鮮人経営の工業会社に補助金が計上されるのは今回が初めてで……翌月中旬から作業を開始するが……補給金が確定されると五年間継続されるので，今後事業の進行とともに拡張し，自作自給の一助になることを期するところ」であると述べた[36]。

京城紡織が製品を初めて生産した1923年会計年度（1923年4月〜1924年3月）の事業支援として，補助金支給の申請から2年が経つ1924年3月に初めて

京城紡織に補助金が支給された。この支援金は，京城紡織の製品生産に伴う損失を総督府が補塡するとの意味をもっていた。

朝鮮紡織に対する補助金は当初の覚書通りに3年6ヶ月（7つの決算期）間支給され，操業開始から1年後の1923年初に中止された。それから1年後に京城紡織は初補助金を受けたのである。しかし，1923年末に起きた朝鮮紡織の火事による操業中止を契機に1924年下期から朝鮮紡織への補助金支給が再開され，1930年恐慌対策として財政緊縮を施行するまで続けられた。

両社に対する補助金は，基本的に朝鮮の綿紡織業の成長を支援するものであった。いいかえると，朝鮮の各種産業の発達をはかっていた総督府にとって，両社に対する補助金支給は，競争力がない植民地の新興企業の自立をはかる政策的支援の意味をもっていた。

このようにして京城紡織は，製品販売の準備を終えた。しかし，その準備過程において，京城紡織の経営陣は，それ以前や同時代の他の韓国人企業家とは異なる様相をみせていた。まず，彼らは確固たる事業意志をもっていた。払込資本金の半分を失う致命的な失敗にもかかわらず，株主や役員，そして親を説得し，事業を継続する強い意志をみせていた。

二つ目に，彼らは会社の堅実な財務的基礎を構築した。それまでの韓国人会社の出資者は出資金の払込みをしなかったり，過度な高額配当として会社の資金を引き出したりして，会社は財務的に弱い場合が多かった。しかし，京城紡織の経営陣は必要な事業資金を払い込み，必要な時には借入れを通じて資本金の追加払込みを行い，必要資金を調達した。これは，確実な資本力をもつ金氏家が会社の大株主として登場したために可能になったのであった。

三つ目に，彼らの素質は当時の韓国人のなかでも最上のものであった。金性洙の留学生活を通して形成された人的ネットワークによって構成された京城紡織の経営陣は，企業経営の経験が少ないことを除くと，非の打ち所のない最高のエリートたちであった。経済学，政治学，法学，工学などの多様な知識的背景をもち，実践力と責任意識をもっていた。

四つ目に，彼らは先進技術をきちんと学習していた。京城紡織は日本と朝鮮

の高等工業学校卒業者を確保し，彼らを日本に派遣し，体系的な技術教育を受けさせた。

　五つ目に，彼らは政府に対する交渉力，社会に対する宣伝能力に優れていた。援軍の役割を担う新聞社を通じて自らの要求を総督府に提出し，また一般社会に訴えることができた。

　これらの要素は他の韓国人企業では部分的にしか見られないもので，京城紡織が本格的に運営されると，これらの要素は決定的な差を生み出した。

　しかし，第三者の立場からみると，京城紡織のこのような革新的な側面はようやく芽が出たばかりにすぎなかった。京城紡織のスタートは，不安そのものであった。日本製品と朝鮮紡織の製品が支配している市場で京城紡織は生き残れるのかと，多くの人々は疑懼の念を抱いていた。京城紡織の経営陣はこの問いにどのような解を出したのだろう。

1) 『毎日申報』1919年2月20日記事。
2) 金容燮「韓末・日帝下の地主制研究事例4」，227頁，Eckert (1991), Chap. 2（小谷まさ代訳『日本帝国の申し子』，第2章）。
3) 金容燮「韓末・日帝下の地主制研究事例4」，223頁，Eckert (1991), p. 38（小谷まさ代訳『日本帝国の申し子』，67頁）。
4) 総督府は特別な理由もなく事業計画書を数回返却して修正したのち，再び提出させた。京城紡織『京城紡績五十年』，1969年，李熙昇の回顧。
5) 京紡『京城紡織五十年』，趙璣濬『韓国資本主義成立史論』，493頁，仁村紀念会編『仁村金性洙伝』，164～165頁，東亜経済時報社『朝鮮銀行会社組合要録』，1921年版。
6) Eckert (1991), pp. 76-77（小谷まさ代訳『日本帝国の申し子』，108～110頁）。
7) 京紡『京城紡織五十年』，157頁。
8) 東亜経済時報社『朝鮮銀行会社組合要録』，1921年版，42頁，朝鮮紳士録刊行会『朝鮮紳士録』驪江出版社，1931年，山本條太郎翁伝記編纂会編『山本條太郎伝記』。
9) ここでは後日第6期に貸損償却処理された先物取引と関連した未収商品代13,275円（日本名古屋の荒川合名会社に対するもの）は含まれていない（『京紡重役会議禄』，1925年3月2日）。
10) 「綿糸織物正体，投機過度の弊」『毎日申報』1920年8月31日。

11）京紡『京城紡織五十年』，58～59頁，仁村紀念会編『仁村金性洙伝』，168～169頁，Eckert (1991), p. 79（小谷まさ代訳『日本帝国の申し子』，111頁）。
12）仁村紀念会編『仁村金性洙伝』，170頁。
13）殖産銀行，朝鮮商業銀行，韓一銀行などを割引先とする割引手形は，1ヶ月単位で借入れを償還していた。
14）『重役会議録』1920年7月2日。
15）『東亜日報』1955年2月25日（韓国語）。
16）京紡株式会社『京紡六十年』，1980年，73頁（韓国語）。
17）趙璣濬『韓国企業家史』，195頁。
18）京紡『京城紡織五十年』，158頁。
19）京紡株式会社『京紡七十年史』，1989年，74頁，76頁（韓国語）。
20）金季洙『財界回顧1』，83頁。
21）1924年11月7日の第27回重役会における決定事項。『京城紡織重役会議録』。
22）1927年10月20日の第34回重役会。
23）仁村紀念会編『仁村金性洙伝』，248頁。
24）朴時昊『エテック企業信用分析技法』ディルモアグローバル，1998年，第4章，第5章（韓国語）。
25）第4期に7万円ほどの追加納入にもかかわらず自己資本が5万円ほどしか増加しなかったのは，当期に約2万円の損失を被ったためで，第6期に追加納入が8万円であったが自己資本が第4期末に比べて12万円も増加したのは，第5期～第6期の純利益2万7千円と，3万6千円の補助金による（その一部は配当金として消えた）。
26）Eckert (1991), p. 92（小谷まさ代訳『日本帝国の申し子』，126～128頁）．
27）『京城紡織重役会議録』。
28）『京城高等工業学校一覧』，1936年，56頁。
29）柳鴻「私の京紡時節」『社報京紡』240号，1992年12月，18頁（韓国語）。
30）『京城高等工業学校一覧』，柳鴻「柳鴻」。
31）『京城紡織五十年』，176頁，『京紡七十年史』，75頁。
32）『朝鮮銀行会社組合要録』，1923年版。
33）『東亜日報』1922年6月11日（韓国語）。
34）呉美一『韓国近代資本家研究』ハンウル，2002年，437～438頁（韓国語）。
35）『東亜日報』1922年7月16日（韓国語）。
36）『東亜日報』1922年12月31日（韓国語）。

第4章　周辺部において：1920年代

> 従来五千万円という大金が毎年広木のために朝鮮から流出することを心配して織った我々の唯一の広木です。個人の利益においても，民族経済においても，愛して着ましょう！（1928年1月23日の『東亜日報』の太極星標広木［訳注5］広告）

1．デビュー

　京城紡織は1923年1月から原料綿糸を購入し始め，同年4月から生産を開始した。

　主に14番手綿糸が使われたが，16番手が使われることもあった[1]。当時の朝鮮は10，14，16番手の綿糸を輸入していた。10番手綿糸は農家で製織する自家消費用木綿の原料として，14番手は京城紡織や朝鮮綿花などの紡織工場の製織原料として，16番手は京城の染織企業の製織原料として主に使われていた。朝鮮紡織や京城紡織などは14番手綿糸を利用して，大衆消費品である染色加工を施していない生地綿布を生産していた。染織物はそれより高級品であった。

　生産初年である1923年の生産量は3万8,652疋にすぎなかったが，毎年生産は伸び，1929年には19万9,351疋へと5倍以上に増加した。

　『日記帳』および『製品元帳』などからその製品内訳をみると，生産初年の京城紡織は三星標，三角山標，タク標の三製品を生産した。一疋当り原綿所要量がもっとも多い三星標がもっとも厚い製品で，その次が三角山標，タク標の順で，一疋当り原価も同じ順であった。三角山標は総生産量の60％近くを占め，三星標は30％以上を占めていた。タク標は10％にも及ばなかったが，それは4

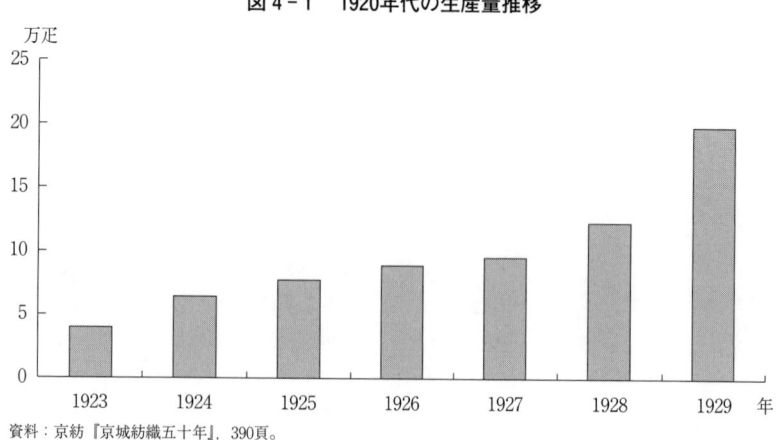

図4-1　1920年代の生産量推移

万疋

資料：京紡『京城紡織五十年』，390頁。

月と6月の2ヶ月で生産が中止されたためである。

　翌年（1924年）は生産製品が6種に増え，その生産量も50％以上増えたうえに，製品構成の偏りも減った。4～5月は龍王，時計，木鐸標の三製品を新たに生産し始め，12月からは不老草標の生産も始めた。三星標は依然として30％を占めていたが，三角山標の減った割合を木鐸，時計標などの類似の新製品が占めるようになった。一疋当り原綿所要量および製造原価からすると，不老草は上級品，三星，三角山，時計は中級品，木鐸は下級品であったので，上級品より中級品および下級品の割合が大きい構成であった。

　1925年から木鐸，龍王，時計標製品の代わりに，太極星，山蔘，天桃標の3つの製品を新たに販売した。1926年は三星標の生産を中止し，山蔘，太極星，不老草などを主力製品として7つの製品を生産した。一疋当り原綿所要量および一疋当り原価からみると，太極星は上級品，不老草や山蔘は中級品，天桃や三角山は下級品に属するので，上級品の比重が拡大し，下級品の比重が縮小したことになる。生産製品のレベルが高くなったのである。設備を120台から224台へと増やして生産量を倍にした1929年も，太極星と不老草の生産比率はそれぞれ30％と依然として大きな割合を占める主力製品であった。

　これらの製品の市場での位置づけを把握するために，当時の綿布市場の構造

第4章　周辺部において：1920年代　109

京城紡織の製品ブランド『東亜日報』1925年9月4日広告

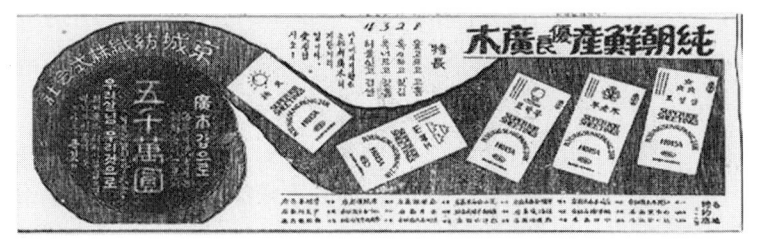

図4-2　1920年代の綿布消費

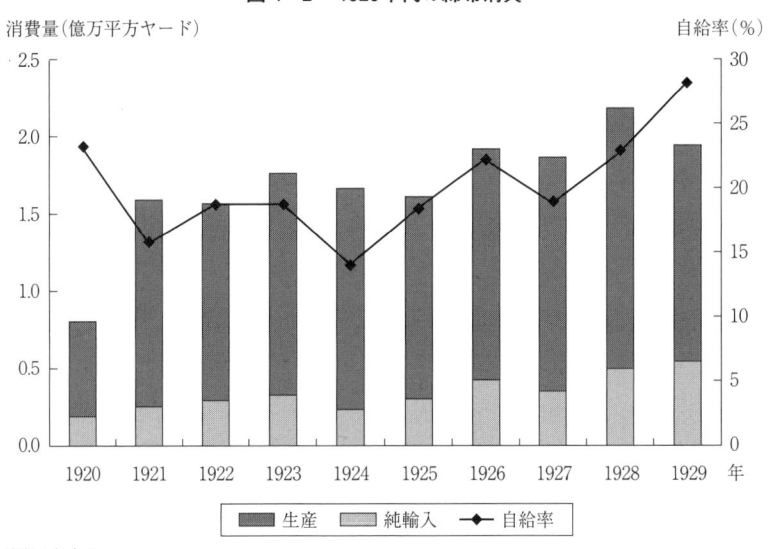

資料：付表12。

をみてみよう。図4-2のように，1920年代の朝鮮の綿布消費量は起伏しながらも1億5千万平方ヤードから2億平方ヤードに増加し，自給率も18％から28％へと増加した。

消費された製品の種類をみると，1920年代前半は生地が圧倒的であったが，それ以降は漂白加工品の消費が増えた。

1920年代初期の朝鮮産品は，一部の都市織物業の生産品を除くと，ほとんど農家の婦人たちが棉花を手紡して在来織機で織った手織白木綿，あるいは紡績

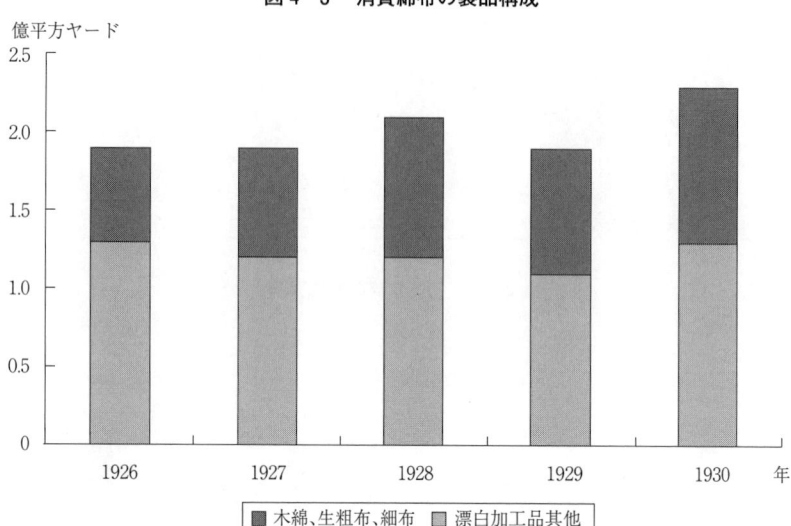

図4-3　消費綿布の製品構成

億平方ヤード

■ 木綿、生粗布、細布　■ 漂白加工品其他

資料：図4-2と同じ。

綿糸をバッタン機や足踏機で織った小幅織物であった。農家の自給用製品と都市織物業の特殊織物は輸入綿織物に駆逐された周辺的消費品であった。

　1920年代初めは生粗布と生細布が輸入品のほとんどを占めていた。しかし，1920年代半ば以降は両製品の輸入量が緩やかに減少する半面，漂白製品と染色製品，その他製品の輸入量が急増した。1920年代末には輸入品のうち生粗布と生細布の比重が30〜40％に減った。消費製品が漂白染色製品中心へと変わっていくなか，それらは朝鮮産品に代替されたのである。朝鮮紡織と京城紡織の生産製品は主に生粗布であった[2]。

　3〜4月と9〜10月に需要が生じる生細布の1921年輸入量は30万反程度であったが，秋から翌年春まで需要が生じる生粗布のそれは184万反とはるかに大きかった。1926年の生細布と生粗布の需要量は年間200万反ほどだが，朝鮮で生産されたのは約35万反にすぎず，残りの165万反は輸入されていた。朝鮮の自給率は20％にもならなかった。主な輸入先は日本で，約30社が関わっていたが，東洋紡績と鐘淵紡績がほとんどを占めていた。東洋紡績はすでに1890年代

から朝鮮への輸出を始め，1923年は生粗布55万反，生細布15万反を輸出し，輸入生粗布130万反の40％以上，輸入生細布30万反の半分近くを占めていた。鐘淵紡績は生粗布11万反，生細布3万反を朝鮮に供給していた。

重目粗布の上級品である17～18ポンドの製品は半細布とも呼ばれたが，東洋紡績の3A製品がその代表であった。ピーク時には40万反も輸入されたが，1923年は20万反ほどが輸入された。この製品は朝鮮綿布市場ではもっとも著名な商品であった。商品名は開港期に輸入されたイギリス製3A標金巾が韓国人の間で人気を集めたことを見た日本人綿糸布商が，東洋紡績の前身である大阪紡績の粗布製品にその商標をつけたことに由来した。3Aは激しい競争を勝ち抜いて，朝鮮で首位を占めるようになった。

しかし，粗布でもっとも需要が大きかった品目は，14～16ポンドの重目粗布であった。1920年以降の不況期に廉価製品の需要が増えると，それまで輸入されていなかった16ポンド以下の製品の輸入が増え，粗布が中心製品として登場し始めた。東洋紡績の煙管標，大日本紡績の軍艦標，佐藤の湖月標，朝鮮紡織の葉銭標が相次いで発売され，大きなシェアを占めるようになった（付表16）。

1920年代の朝鮮紡織と京城紡織の製品はほとんど14～16ポンドの重目粗布であったために，東洋紡績の金剛山，三印，煙管などと直接に競合していた。3A標と朝鮮紡織の鶏龍，京城紡織の太極星は同じレベルの製品であった。京城紡織の製品と3A製品が競合関係にあったと記述されることが多いが，京城紡織の製品のほとんどはそれより低いレベルの製品であった。京城紡織が1926年から同級製品として生産し始めた太極星を生産し始めた。しかし，1921年の3Aの輸入量は約1万9,500梱（＝39万反）であったが，1926年の京城紡織の太極星生産量は2万反を少し上回る程度であった。したがって，当時の京城紡織は東洋紡績と直接的な競合関係にはなかった。本格的な競争が広げられるのは太極星の生産量が6万7千反に達した1929年以降になる。

1920年代後半，生地粗布輸入量は減少する反面，粗布生産量が増加したのは，朝鮮産粗布がそれを代替していたことを表している。

その原因は，朝鮮産品が輸入粗布より安かったためである。1928年末の新聞

記事には,「日本からの粗布輸入は大きく減少し……それに対して激増したのは朝鮮内産品である……主な要因は近来朝鮮内産品の品質の改良がはかられ,今では内地製品に比しなんら遜色なきまで精巧に進みつつあり,ある製品は日本製品を凌駕するまでになったため」で,「従来日本産輸入製品の代替品として生産される朝鮮産品の優勢は顕著である」としている3)。

1924年の京城紡織の生産量は同年朝鮮への粗布輸入量に比べるとわずかなものであった。1926年の生産量は8万3千疋で,粗布輸入量143万疋と朝鮮紡織の販売量35万5千疋の合計額の20分の1にも満たなかったが,その後1928年には24万疋に増えた。粗布市場における京城紡織のシェアも1926年の4%から1929年の12%へと増えた。しかし,朝鮮紡織のそれもやはり1926年の21%から1929年は38%へと増え4),両社とも粗布の市場シェアを拡大し続けていた。

細布輸入量はほぼ変わらなかった一方で,漂白および染色製品の高級品の輸入は増え続けた。漂白および染色製品を含むその他製品の輸入量が1926年の約7千万平方ヤードから1929年には約1億平方ヤードへ増えたのは,「朝鮮内の民度が少しずつ高くなるにつれて嗜好も変わりつづけていたこと」を意味していた5)。

京城紡織は綿織物の市場シェアを1926年1.6%から1929年は3.9%へと拡大し,粗布市場における地位も高くなったが,1920年代末までも依然として小さい割合を占めるマイナープレヤーにすぎなかった。

そうすると,京城紡織の販売実績はどうだったのだろうか。

京城紡織は生産開始翌月である1923年5月から製品を売り始め,1923年は約3万疋,翌年から6万疋,7万8千疋,8万4千疋と販売を増やし続けた。

『日記帳』および『製品元帳』の製品別販売量と金額をみると(付表15),1923年に販売された3つの製品の価格はほとんど差がなかったが,三星と三角山が販売総額の90%を超え,とくに三角山の販売額が半分以上を占めていた。しかし,翌年春からは製品が多様化され特定製品への依存度が低下し,製品間価格差が広がり,製品差別化が進んだ。1925年は生産品目が9種になり,販売量は25%,販売額は23%も増えた。1926年は,主要製品が太極星と山蔘などに

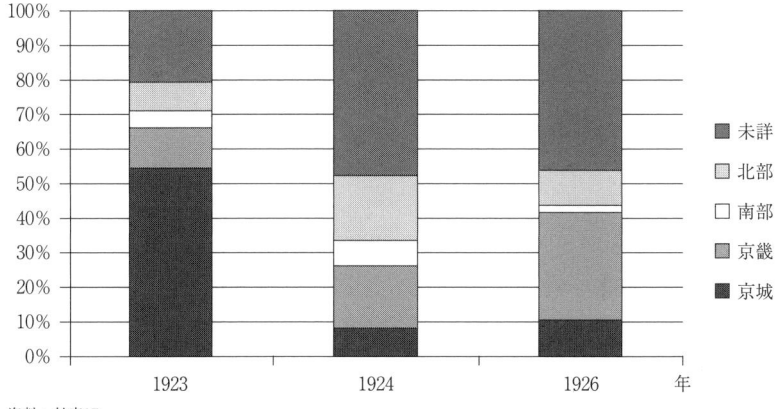

図4-4　地域別販売比重の推移

凡例：■未詳　■北部　□南部　■京畿　■京城

資料：付表17。

変わり，製品間価格差もさらに大きくなった。

このような製品の頻繁な変更は，京城紡織の市場参入が困難であったために，京城紡織が多角的な市場攻略を展開したことを示唆する。

生産量に対する販売量を表す販売率をみると，1924年は80.6％で20％近くが在庫として経営の負担になっていたが，翌年には生産したもののほとんどが販売され在庫負担も増えなかった。第8期にも95％近い販売率をみせ，生産された製品のほとんどが売れていた。新興企業である京城紡織は，どのようにしてこれを可能にしたのだろうか。

その答えを探すために，京城紡織の販路を追跡してみよう。

『日記帳』から第5，6，8期の取引販売先とその金額をみると（付表17），1923年の京城紡織の取引販売先は153店舗で，そのほとんどは小売に近い少ない量を販売しており，総販売量に占める割合も小さかった。153店舗の平均販売額は2,670円であった。販売額の1％以上を占める取引販売先は11ヶ所あったが，その平均販売額は3万6,421円で，その総額は全体販売額の77.9％を占めていた。とくに，河野商店と東洋物産の両社の比重が全体の半分近くを占めていた。

地域別の販売分布をみると（図4-4），京仁地域（とくに京城）を中心に販路を広げ，安城，禮山，平壤にも販路を確立していた。所有主別にみると，日本人商店への依存度が大きく，とくに中田商店と河野商店の販売比重は30％を超えていた。

　1924年から取引販売先が各地に広がり，少数商店への依存度は低下した。売上の１％以上を占める取引販売先は22ヶ所に増えたが，取引量の割合は減少した。そして販売地域も広がり，京城の比重が減少する代わりに，その他地域（仁川，元山，平壤など），とくに北部地方の比重が大きくなった。また，販売の４分の１以上を占めていた河野商店との取引が中断されたため，日本人商店との取引の比重も激減し，朝鮮人商人との取引がほとんどを占めるようになった。

　この状況は1926年以降さらに進んで，１％以上の販売比重をもつ取引販売先は14社に減り，その販売比重も一層低くなった。京城紡織はもっと広範囲の販売基盤をもつようになったのである。20％以上の比重を占めていた仁川布木商組合を除いた１％以上の販売比重をもつ取引先の比重は40％まで下がった。久田商店との取引が開始され，日本人商店の比重は若干増えたが，ほとんどの販売が韓国人商店を通じて行われたことに変わりはなかった。

　1924年と1926年の取引販売先の地域別構成をみると，南部と北部の比重が減る代わりに京畿道など中部地域の比重が増えた。エッカートは，「京紡は……東洋紡その他の日本企業の市場となっていた半島南部の裕福で人口も多い地域から意図的に手を引いた。そして自社製品の市場を朝鮮北部，とくに平壤や元山あたりに求めたのである」として，意図的に南部市場を放棄し，北部地域へ集中したとしている。しかし，初期の京城紡織製品が南部で販路を広げられなかったのは確かであるが，エッカートが指摘するように北部地方も主な市場ではなかった[6]。

　販売実績をみると，時間の経過とともに京城紡織の販路が拡張されたことは確かである。しかし，京城紡織社史の叙述や当時の関係者たちの回顧談では，初期の京城紡織の製品販売は困難であったと叙述されている。たとえば，「東

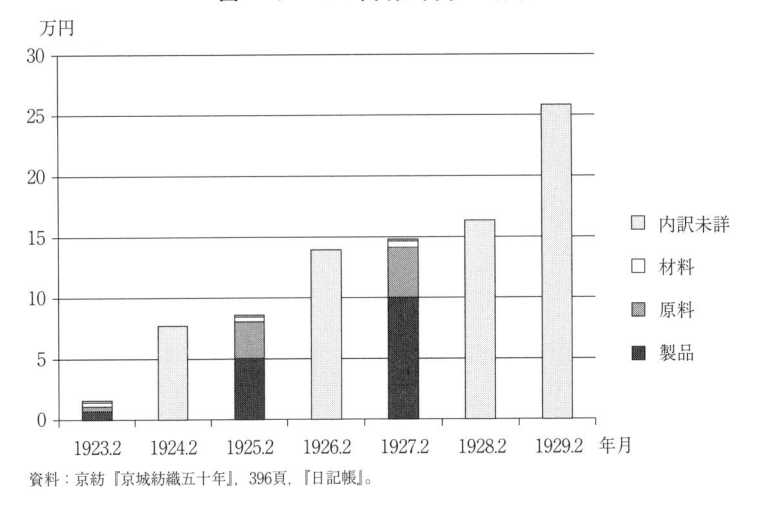

図4-5 1920年代在庫資産の推移

万円

凡例：内訳未詳／材料／原料／製品

1923.2　1924.2　1925.2　1926.2　1927.2　1928.2　1929.2　年月

資料：京紡『京城紡織五十年』，396頁，『日記帳』。

洋紡績の3A標広木が南韓地方をほぼ独占し，朝鮮紡織も重要都市に確固たる基盤をもっていたので，そこで製品を売ることは不可能に近」く，京城では1年間でわずか500疋しか売れず，「鐘路布木商に出向いて『我らの力でつくった広木なので売ってください』とお願いをし，品物を受けてもらったが，品物を求める人がいなかったので積んだままであった」としている[7]。

財務諸表をみると，第4期末〜第9期末までの在庫資産，とくに製品在庫が増加している。1925年2月末の製品在庫は5万円を超え，1927年2月末には9万8,949円に膨れ上がった。その後の在庫資産の増加も，ほとんどは製品在庫の増加によるものであった。

しかし，1927年2月の製品在庫額9万8,949円のうち，京城紡織製品の在庫額は6万974円で，2年前と比べて1万円ほどの増加にすぎなかった[8]。1925年2月と1927年2月両方の製品在庫額は総資産の12%を占め，資金負担ではあったものの，急速に増えたのではなかった。また，その絶対額は年間販売額に比べてそれほど大きくなかったので，製品が売れずに在庫が累積されたとは言い難い。また，押し出し式販売による販売債権の累積もなく，当座資産金も2

万円台で推移していた。

　生産を開始してから在庫は増え続ける一方，製品も売れていた。その原因は何なのか。また，製品販売が困難であったという叙述はどのように解釈するべきなのか。

2．ニッチ市場を求めて

(1)　戦略

　朝鮮紡織は棉花および綿糸布の日本国内流通網をもつ専門商社であった東洋棉花に販売を委託していたために，販路の開拓や販売代金の回収などに困難はなく，棉花も東洋棉花を通じて買い入れたので，原料代金の支払いにも大きな便益を得ていた。

　反面，京城紡織は東洋棉花のような巨大商社はもちろん朝鮮各地の有力綿糸布商さえもその製品を取り扱おうとしなかったうえに，取扱期間も1年から2年と短かった。京城紡織の取引販売先名簿（付表17）と朝鮮各地の主要綿糸布商名簿（付表18）を比較してみると，京城紡織の取引販売先には河野商店，中田商店，安井商店，久田商店などの日本人商店のみが主要綿糸布商として名を連ねている。

　ほとんど日本人であった主要綿糸布商が京城紡織の製品を取り扱わなかったのは，京城紡織の製品の品質やブランド認知度が劣っており，販売マージンが少なく，京城紡織が韓国人企業であったためであった。しかし，朴承稷（現斗山グループの創業者）や白楽元（大昌織物）のような京城の代表的な韓国人布木商も，京城紡織の製品を取り扱おうとしなかった。彼らと京城紡織の取引は少なく，その取引額は京城紡織の売上高の1％にも満たなかった。その根本的な理由は，京城紡織の製品が韓国人消費者から無視されていたためである。金季洙はこれに関しては次のように述べている。

「貧弱な我々の力で作った製品が……朝鮮人によってつくられたとして無視されている……朝鮮人自らがこのような観念をもち,実用や外観美の両方において海を渡ってきた商品に全く遜色がない朝鮮製品になかなか手を出そうとしないのである。それで朝鮮人本位の品が朝鮮人に蔑視され顧みられなくなる……」[9]。

このように主要市場の開拓に苦しむなか,経営陣は現地の韓国人商人のネットワークを活用して,各都市や邑の周辺的商人と接触して販路を開拓する戦略を建てた。そのために,韓国人は「民族企業」の製品を使うべきであると民族感情に訴える一方,韓国人の嗜好に合う製品を生産しようとした。

まず,会社経営陣は1923年から物産奨励運動に積極的に参加し,民族企業であることを広報した。京城紡織は,『東亜日報』などに「朝鮮人は朝鮮人の広木で」というキャッチフレーズの広告を出し,「朝鮮を愛する同胞は生地から朝鮮産を使いましょう」と訴えた。李康賢は京城市内の布木商を招致し,京城紡織の製品が東洋紡績の製品より品質は劣るが,「我らの資本,我らの技術で織ったもの」なので,「無視しないで店頭におくだけでもおいてください」と訴えた[10]。

また,京城紡織の製品が洗練されていないが,朝鮮人の生活習慣,嗜好に合うと宣伝した。次は,1923年8月8日付『東亜日報』に載せた三角山と三星の広告コピーである。

「京城紡織会社で製織する広木は三星標と三角山標の2つの種類がある。三星標は最上等品で製織が精密で地質が堅実で経糸と緯糸が均一で,普通広木より4～5回も洗濯できるので,最上等の広木には三星標を選択するともっとも安心できるでしょう。三角山標は一般的な使用に合わせて製織されたものなので,丈夫で価格も他の同種製品より低廉であり,衣服はもちろん諸般のものに適しています。お店で買い求めるときには,必ず三星標,または三角山標と指定してください」。

〈写真〉

［製品広告］　　　［中央商工の星標ゴム靴広告］　　　［太極星広告］

　同時に，設立趣旨書でも言及したように，綿織物輸入のために毎年莫大な金額が日本へ「流出」していることも強調し続けた。たとえば，1928年1月23日の『東亜日報』に「五千万円という大金が毎年広木のために朝鮮から流出することを心配して織った我々の唯一の広木です。個人の利益においても，民族経済においても，愛して着ましょう」と，太極星標の広告を載せた。
　京城紡織の経営陣は，韓国人消費者が京城紡織の広木を購入することが「個人的にも民族的にも」利益になると強調する一方，韓国人消費者の情緒に符合するホミ［訳注6］，不老草，山蔘，春香，ゼビ［訳注7］など固有土産品や風俗の韓国的イメージの商標名を開発し，より効果を挙げようとした[11]。
　このような活動を通じて会社経営陣は韓国人に「民族企業」のイメージと土産品愛用意識を植え付けることができ，京城紡織は「民族企業」として，その生産品は土産品として愛されるようになった。
　次の問題は，販売網の構築であった。京城紡織は販売初年度には仁川や開成の代表的な綿糸布商店である河野商店および中田商店に多くの製品を送るなど，韓国人，日本人を問わず取引を行っていた。しかし，翌年から韓国人商人との取引に集中し，布木商組合のような地域商人のネットワークを積極的に活用し

た。たとえば，1925年5月9日付『東亜日報』に掲載された広告によると，江界，城津，仁川，清州などの布木商組合や，安城と禮山の地域有志が設立した商会社と特約店契約を結んでいた。特約店契約は，朝鮮産の綿布取引に広く使われていた方式で，販売額に合わせて京城紡織が奨励金を支給するものであった。

1924年から始まった仁川布木商組合との取引は，1926年の総売上高の20％以上を占めるようになった。1922年に出資金5万円で設立された仁川布木商組合は，自らも巨額の製品を取引していた有力布木商の鄭順澤が組合長であった[12]。安城では朴弼秉などによって1919年12月に設立された資本金50万円の安城商事株式会社を通して，元山では興業社と元山布木商組合長の崔秀嶽を通してそれぞれの販路を構築した[13]。

京城には日本人綿糸布商の京仁綿布組合と，韓国人布木商の京城布木商組合の2つがあった。前者の京仁綿布組合は1918年5月に設立され，共益社，梶尾商店，宮林商店，井手商店，東洋棉花京城出張院，高瀬合名会社京城支店，安盛商店などを会員としていた。また，後者の京城布木商組合は1918年2月に設立され，金潤冕，太應善，大昌貿易，共同貿易，崔仁成，李昌夏，金允秀などが会員で組合長は朴承稷であった[14]。

しかし，初期の京城紡織は，これら日本人綿糸布商組合はもちろん韓国人組合とも取引ができず，戦略の中心地である京城で販売網を構築するには時間を要した。たとえば，1926年の朴承稷商店への販売額は5千円ほどで，当該年の販売額の1％にも満たなかった。

そこで京城紡織は周辺地域から韓国人商人ネットワークに進入してから中心部市場へと販売網を広げようとした。1928年に，京城地域の販売拡張戦略の一環として，「京城紡織マークの広木が世に知られていなかったので，それを宣伝するために京城布木商組合と一手販売契約を締結」し，組合は1年に1千5百隻以上の販売の責任を持ち，その代わりに京城紡織は組合に手数料を支払うことになった。一隻は20疋なので，この契約によると，組合は年間3万疋，30万円ほどの製品販売を代行することになる。京城紡織は，販売利益の共有とい

う販売誘因を提供しながら，商人の間で知名度を高めた。この戦略は相当な効果を得て，消費者の間に京城紡織の製品の認知度が高まっていった[15]。

また，京城紡織は京仁地域外に，まだ日本製品が浸透しておらず，商人と大衆の愛国心，民族主義情緒が強い平安道や咸鏡道地方の市場開拓にも尽力した。平壌，元山などに販売員を派遣して集中的に宣伝を行いながら，各地域の有力韓国人布木商と交渉して強力な販売拠点を確保し，販売実績を向上させた。

しかし，このようなマーケティング戦略のみでは十分ではなかった。なぜなら東洋紡績や鐘淵紡績は数十年にわたって構築した強力な販売網をもっており，また競争企業である朝鮮紡織も長鼓や葉錢など韓国的イメージの商標名を使用して韓国人消費者にアピールしたためである。京城紡織の製品は品質や価格面においても競争力をもつ必要に迫られた。

そこで京城紡織は低価格戦略を打ち出した。京城紡織製品の価格を朝鮮紡織および東洋紡績のそれと比較してみよう。しかしその前に，京城紡織の製品は同じレベルの商品の中でも厚いので，高いことが正常であることを念頭に置いてほしい（付表19）。1926年の太極星，不老草などの価格は，朝鮮紡織の同級製品である鶏龍，長鼓よりはるかに高かったが，1929年にはその開きが大きく縮まり，京城紡織の製品が相対的に安くなった。ただし，東洋紡績の製品のほうが若干安く，京城紡織の価格メリットはなかった。

京城紡織がこのように価格を低くすることができたのは，生産のノウハウの蓄積と生産性向上によるものである。

(2) 学習と生産性の向上

生産ノウハウの蓄積を通して生産性が向上したかどうかをみるために，製造原価の推移をみよう。『日記帳』には毎月の製品別生産量，原料・材料・燃料の所要量やその金額，工賃と工場経費があるので，製品別および全製品の平均製造原価を計算することができる。

まず，製品一疋当りの製造原価は1923年の10.90円から翌年の12.69円へと上がったが，1926年には9.33円へと減少した。これは原料が製造原価の80％以上

を占める綿紡織業の製造特性上，原料価格の騰落の影響によるところが大きかった。1923年と1926年を比べてみると，原料単価が8.9円から7.5円（-14.1%）へと大幅に下落したにもかかわらず，一疋当り原料費の比重はむしろわずかであるが高くなった。それは工賃が大幅に1.1円から0.8円へと下落したためである。1924年の一疋当り工賃は前年より0.2円下落し，1926年には1924年より0.1円も下落した。

　一疋当り工賃の下落は賃金下落と労働生産性向上の2つの要因が考えられるが，1923～1926年の京城の労賃指数は6%しか下がっていないことを考えると[16]，賃金下落の影響はそれほど大きくなかったと思われる。また，地域内の一般労賃の推移と異なって京城紡織は職工の賃金を削減しなかった。1926年5月7日に起きた京城紡織のストライキも職工たちの相助会結成が発端で，賃金引上げは要求条件ではなかった。

　したがって，一疋当り工賃の下落は労働生産性の向上で説明できる。京城紡織の職工数，とくに織布部の職工数の統計がないので，間接的な推論しかできないが，織機一台当りの年間生産量は1923年の387疋，1924年617疋，1927年は804疋へと一貫して増えている。織機104台を増設したために，1928年の織機一台当りの生産量は減少したが，翌年には885疋へと再び増加した。

　また，京城紡織の職工一人当り織機担当台数をみると[17]，1920年代後半に担当織機台数が増え，1928年は2台から4台へ，また4台から8台へと増え続けた。職工一人当りの生産量は増えたが，従来の請負制（成果給制）から日給制へと賃金制度を変えたため，実質的な労働条件は悪化し，織布工のストライキの原因にもなった[18]。

　このように職工一人当り担当織機台数が増え，織機一台当りの生産量が増えたのは，生産ノウハウが蓄積されたためである。金季洙はその状況を，「1923年初めから製織を始めたが，朝鮮において初の試みであったので職工の経験がなく，作業というよりは職工養成であった」と回顧している[19]。

　労働生産性の向上を通じて製品当りの工賃を大きく節減し，製造原価を下げ，製品価格競争力をもつようになった京城紡織は，民族主義情緒と韓国人布木商

ネットワークを活用しながら，韓国人嗜好に合う廉価製品を生産し，市場開拓に成功した。生産初期は在庫が少し増えたが，これは正常なレベルを大きく超えるものではなかった。

しかし，初期の取引販売先の頻繁な変更から確認できるように，販路の安定には時間を要した。ほとんどが日本人であった主要綿糸布商は，京城紡織の製品を取り扱おうとしなかっただけではなく，韓国人有力綿糸布商も同じであった。その代わりに小売業中心の韓国人商人が京城紡織の製品を取り扱っていた。初期販売の困難は取引販売先がなかったためではなく，主要日本人卸売商ではなく韓国人小売商との取引が行われたうえに，取引先が頻繁に変わるなど販路が不安定だったためである。

3．生き残る

(1) 収益性

京城紡織は生産ノウハウを蓄積しながら着実に販路を広げていったが，後発企業の不利さと外部の市場環境の悪化によって，収益を大きく伸ばすことはできなかった。

収益性の評価には売上高と諸費用が必要であるが，京城紡織の社史にある年度別損益計算書には1920年代に関する売上総利益以下の項目のみで，それらを把握するにはデータが不十分である。それで『日記帳』や『製品元帳』から売上高および原価，販売管理費，営業外費用と営業外収益のそれぞれの細部項目を計算し補完した（図4-6）。

京城紡織は生産初年に1万8千円の赤字を出したが，1924年と1925年はそれぞれ2万5千円と6万4千円の純利益をあげた。とくに第2次年度である1924年は，1919年の先物商品と関連した未収商品代金1万3,275円と破産した白山貿易株式会社の100株の5千円などを含む1万9,125円を償却したので，償却前の利益金は4万5千円ほどであった。

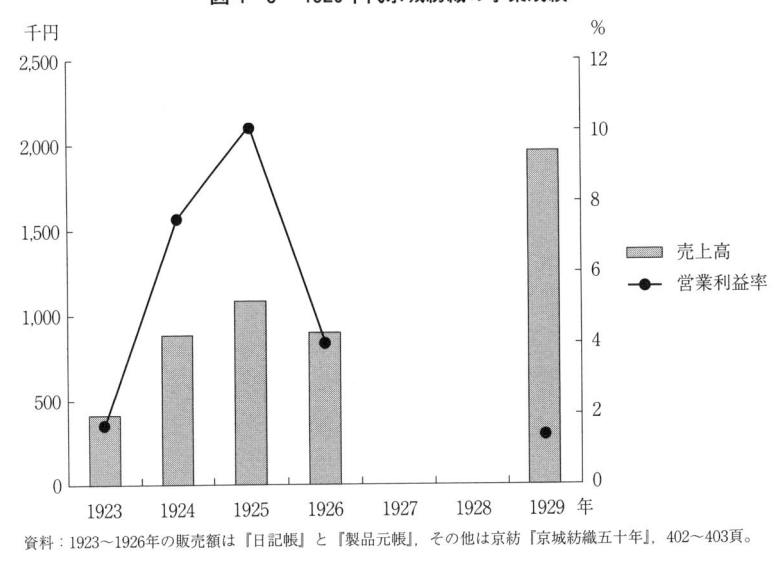

図 4-6　1920年代京城紡織の事業成績

資料：1923～1926年の販売額は『日記帳』と『製品元帳』、その他は京紡『京城紡織五十年』、402～403頁。

　しかし、その後の収益性は低下し、第8期（1926年）～第11期（1929年）の間はそれぞれ169円、2,470円、7,870円、1万2,891円の純益を計上しただけである。それは販売総利益が減少したうえに、販売管理費と営業外費用が大きくなったためである。1926年の販売総利益は10万円ほどで1924年のそれとほぼ同額であったが、販売管理費は6万4千円で2万7千円も増え、営業利益から営業外損益を引いた純利益は169円にすぎなかった。また、1927年と1928年の販売総利益は8万～9万円とさらに減って、純利益はそれぞれ2,500円、8,000円にも満たなかった。1929年は販売総利益が13万4千円と大きく増えたが、販売管理費も増加し、純利益は1万3千円にすぎなかった。生産初期は12～16％であった販売利益率は、その後減少し続け、1929年は7％となり、販売額経常利益率は1～2％と少なかった。

　京城紡織の収益率悪化の原因は何だろうか。これは京城紡織のみの問題であったのか、それとも朝鮮紡織も同じ状況であったのだろうか。

　まず、収益率の悪化は京城紡織のみの問題ではなかった。この時期には朝鮮

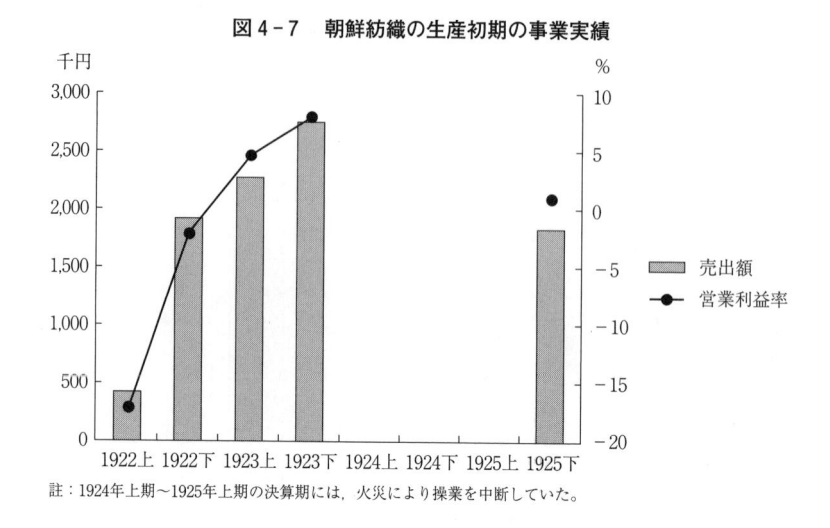

図4-7　朝鮮紡織の生産初期の事業実績

註：1924年上期～1925年上期の決算期には，火災により操業を中断していた。

　紡織の収益も低かった。朝鮮紡織は半年ごとに決算をしていたが，図4-7のように，生産開始年の1922年上期と下期はそれぞれ10万円の赤字を計上した。1923年上期に損益分岐点に達し，同年下期には9万円の純益を出した。しかし，1923年末の火災後，工場を再建し操業を再開した1925年下期は再び7万5千円の赤字を計上している。

　その後，収益性は少しずつ改善され，1926年下期は2万5千円，1927年下期は3万4千円の黒字を出し，1929年下期まで4万～7万円の純益を計上した。しかし，数百万円に上る朝鮮紡織の生産規模を考えるとわずかな金額にすぎなかった。その他の決算期の販売額は発表されていないので正確な収益率はわからないが，1928年の生産額718万円に対する純利益は11万円で販売額純利益率は2％にも満たなかった。販売管理費をその前と同じく4％とし，営業外損益を販売の1％と推定すると，販売利益率は7％程度で京城紡織のそれとほぼ同じ水準であった。

　京城紡織と朝鮮紡織の自己資本収益率（ROE）をみると（図4-8），1926～1929年の朝鮮紡織のROEは京城紡織のそれより決して高くなかった[20]。朝鮮紡織が火災によって操業を中止した1924年と1925年を除く両者のROEは

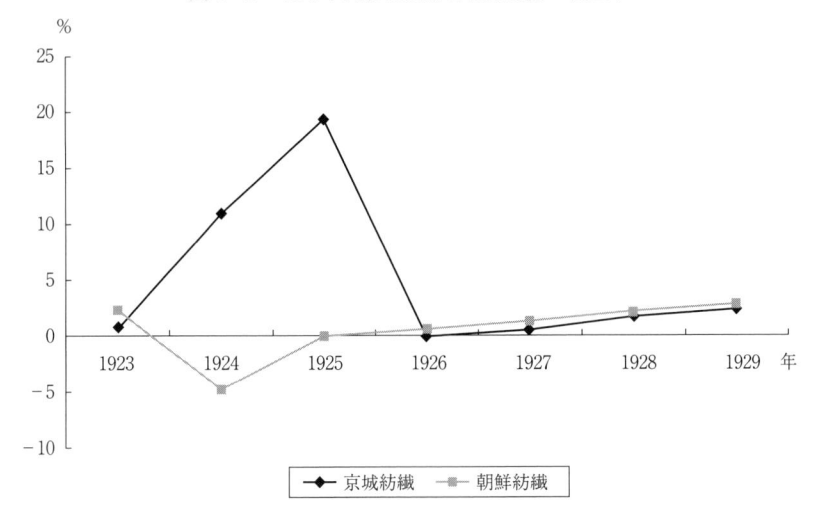

図4-8　1920年代京城紡織と朝鮮紡織の収益率

凡例：◆ 京城紡織　■ 朝鮮紡織

ほぼ同じである。

しかし，朝鮮紡織は第一次世界大戦直後に建物や機械設備を行い減価償却の負担が大きかったので，操業初期は減価償却費を計上しなかったが，1925年上期は資産の再評価を実施して土地評価額89万7,712円をもって，建物34万2,469円，機械器具61万1,054円，総額95万3,523円の減価償却費を一括計上した。それによって火災以前の1923年7月決算期の機械器具金額242万円は1924年7月決算期に130万円へと大幅に減少し，減価償却負担がなくなった。固定資産を一括償却し，毎期に減価償却を反映する必要がなくなった朝鮮紡織は，1931年7月の第27回決算まで減価償却費を計上しなかった。

朝鮮紡織は設立から1931年7月までの16回にわたる決算において総額27万円（一期当り平均1万6,814円）の純利益を出したが，資産再評価の差益を引くと62万円の赤字である。第15回決算期に計上された減価償却費の3分の1のみを計上しても，火災直前の建物や機械器具の金額402万円に対して毎年5％の減価償却率を適用しても赤字になる。

京城紡織も同じく減価償却費をほとんど計上しなかった。生産開始1〜2年

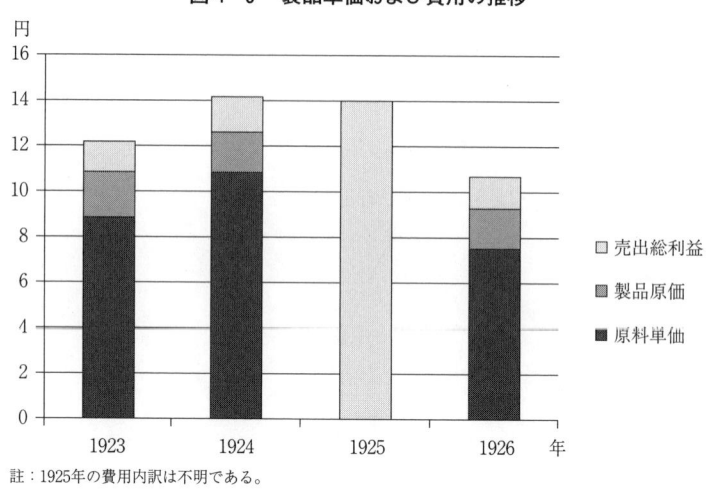

図4-9　製品単価および費用の推移

縦軸：円（0〜16）
凡例：
□ 売出総利益
▨ 製品原価
■ 原料単価

横軸：1923, 1924, 1925, 1926　年

註：1925年の費用内訳は不明である。

目に計上した1,580円，1,786円の減価償却費は機械器具金額の1.5％にも満たないものであった。

　このように減価償却費を反映すると，両社は1920年末まで事実上赤字であったので，低い収益性は朝鮮の後発紡織企業に共通する問題として，新興の朝鮮綿紡織工業の構造的な脆弱さからその原因を探るべきである。

　1920年代の朝鮮綿紡織業の収益性が低かったのは，朝鮮産綿製品が輸入綿製品と農村家内生産綿織物の両者から挟撃されたためだとする説明があるが[21]，それは事実ではない。まず，朝鮮産綿製品は輸入製品市場を侵食し，生粗布の輸入量は1926年6,000万平方ヤードから1929年3,340万平方ヤードへとほぼ半分に減った。また，農村家内織物業も萎縮し，朝鮮の木棉生産量は1926年3,130万平方ヤードから1928年2,250万平方ヤード，1930年2,140万平方ヤードへと30％ほど減少した。輸入製品と朝鮮産機械製商品が家内織物市場を侵食し，機械製商品市場においては朝鮮産製品が輸入製品を代替したのは明らかである。したがって，朝鮮綿紡織業の低収益性の原因は生産主体の競合関係ではない。

　京城紡織の製品別販売単価，製品原価，原料綿糸の単価の推移をみると（図

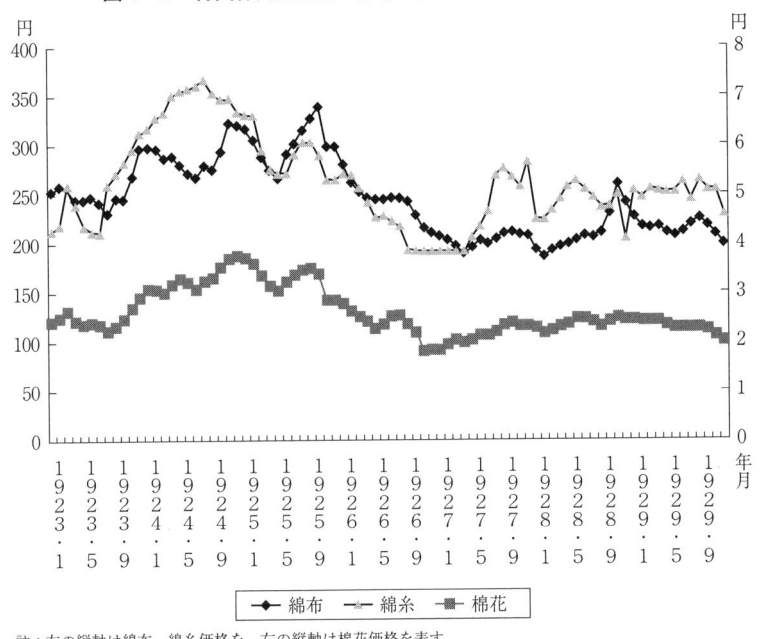

図4-10 綿関係商品価格の推移（1923年1月～1929年12月）

註：左の縦軸は綿布，綿糸価格を，右の縦軸は棉花価格を表す。
資料：朝鮮総督府財務局『朝鮮金融事項参考書』，1939年版。

4-9），一疋当り販売単価は1923年の12.18円から，1924年14.23円へと上昇したのち，1925年13.95円，1926年10.71円へと下落したが，売上利益（＝販売価格－販売原価）は1923年2.11円，1924年1.54円，1926年1.29円へと減少し続けた。

つまり，製品価格の変動によって京城紡織の収益性は変動していたのである。初期の朝鮮綿紡織業の低い収益の原因もここ，すなわち，綿製品価格の変動にある。

図4-10は1923年1月から1930年12月までの綿布および綿糸製品の代表的な商品（東洋紡績の3A製品，鐘淵紡績16番手）と棉花の月別価格推移である。

東洋紡績の3A綿布価格は騰落を繰り返しながらも，1923年夏以降1925年10月までは上昇していたが，その後1927年春まで50％近く暴落した。そして1928

年秋の一時的な反騰を除いて4年間そのレベルを維持していたが，1929年10月から再び暴落した。16番手綿糸価格および綿花価格も類似した推移をみせている。

このように製品価格が下落傾向である限り，織布および紡績企業の収益性は悪くならざるをえなかった。原料に対して製品の加工度が低い京城紡織のような織布企業は，原料の綿糸価格が綿布価格の75%以上を占めており，原料価格が下落してもマージンが少なくなるので，固定費および工賃などを賄うことが難しくなる。1924～1925年の京城紡織の高収益性は，綿布価格が1925年末まで高く推移したことによる。朝鮮紡織のような紡績紡織兼業企業も京城紡織よりは程度が低いが，綿布価格の下落によりマージンが減り，固定費および工賃を賄うことが難しくなっていた。

それに京城紡織と朝鮮紡織などが生産した朝鮮産粗布は，未熟練職工の製織による品質問題や低い認知度によって，日本産輸入品より低く価格を設定せざるをえなかった。朝鮮産粗布の価格は，日本産の同級製品より一疋当り1円以上も安かった[22]。

また，朝鮮の紡織企業の原料であるアメリカ綿とインド綿は日本から移入されるので，運賃などにおいて日本の紡績企業より不利であった。朝鮮で繰綿工場が稼働し始めたのは1920年代後半で，原料や生産条件において日本より相対的に不利であった。とくに，原料綿糸が販売原価に占める比率が80%を超えていたため，京城紡織のように織布のみを行う企業はさらに生産コストが高くなり不利であった。

韓国人職工の賃金は安かったが，その生産性はとても低かった。このような低い生産性は韓国人職工の賃金の安さを相殺してしまった。単位当り工賃は日本の紡織企業より朝鮮の紡織企業が高かったという見解さえある[23]。

劣悪な市場環境は，朝鮮の綿紡織企業が製品価格の暴落の影響を直に受ける重要な要因で，生まれたばかりの朝鮮の企業は厳しい市場環境に直面していたのである。

図4-11　1920年代京城紡織と朝鮮紡織の補助金受領

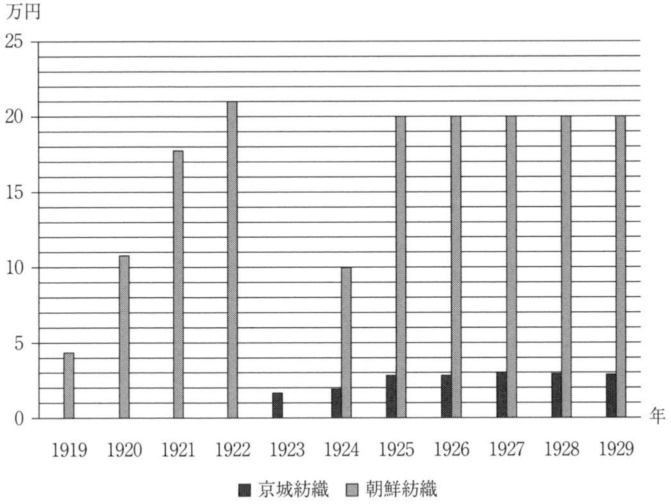

註：補助金は各社の会計処理方式によって支給日以前の決算年度に帰属させた。
資料：京紡『京城紡織五十年』，『朝鮮紡織営業報告書』。

(2) 総督府の補助金

　このような厳しい環境の中でも経営を維持することができたのは，総督府の補助金があったためである。京城紡織は1932年を除く1923年から1934年まで総額25万6千円の補助金を総督府から受け，とくに1920年代は年平均2万5千円の補助金を受けていた。同じく補助金を受けていた朝鮮紡織は，1919年下期から1930年上期まで19回にわたって総額173万8千円の補助金を受けており，1919年下期〜1930年上期の11年間の年平均補助金は15万8千円であった。このように両社の年間補助金受領額には大きな差があった（図4-11）。

　朝鮮紡織への補助金が京城紡織の5〜6倍になるのは，1920年代の朝鮮紡織の払込資本金が京城紡織の約10倍で，朝鮮紡織の生産額が京城紡織のそれより遙かに大きかったためである。払込資本金と補助金のみを比較してみると，むしろ京城紡織の方が優遇を受けたことになるので，総督府からの差別があったとは言えない。

両社は補助金を株式配当に充てた。補助金が支給された決算期に関する未処分利益剰余金の規模、およびその処分内訳をみてみよう(付表20)。京城紡織は、25万円の補助金を受けた決算期に約25万円ほどの純利益を上げ、前期繰越損15万円を補填すると総未処分利益剰余金は35万円に達していたが、株主配当金として38万円が社外に流出した[24]。朝鮮紡織は174万円の補助金をうけた決算期に27万円を超える赤字を出し、未処分利益剰余金が146万円であったが、株主配当金143万円、役員賞与金7万5千円など150万円が社外へ流出した。その期間の当期純損失を補填した残りの補助金を全額株主配当金として支出して、未処分利益剰余金の社外流出率は103％にも達した。

なぜ、両社はこのように利益金全額を配当に充てたのだろうか。それは1930年代前半まで京城紡織の社内留保の必要性が小さかったためである。初期の京城紡織は生産、増産、設備拡張よりは販売がもっとも大きな問題であった[25]。したがって、事業拡張に伴い間歇的に増資を行っていたので、毎年発生する剰余金は配当に回して、設備拡張には株金払込を充当していた。

また、当時の日本企業が毎年配当する慣行も影響していた。1920年代日本の110～150の主要企業の配当性向(株主配当金を当期純利益で割ったもの)は70％内外であった[26]。純利益の3分の2以上を株主に配当したのは、財閥コンツェルン形態の企業支配構造によるものであった。たとえば、血縁集団が三井合名という持株会社を構成し、その持株会社が多業種にわたる子会社をもっていた三井は、持株会社が新会社を設立して新事業に進出する場合、出資金は既存子会社の配当金収入をもって調達するのが一般的であった。そのために戦前日本の財閥系大企業の配当性向はとても高かった。京城紡織はコンツェルン体制には属していなかったが、大きくは日本資本主義に属していたため、そのような配当慣行に従ったのである。

しかしエッカートが指摘したように、この定例的な補助金支援がなかったら京城紡織は生き残れなかったのだろうか。また、総督府の補助金は「1920年代の朝鮮の紡織工業において決定的」なもので、当時の京城紡織および朝鮮紡織の経営は「補助金経営」とよんでいいのだろうか[27]。

京城紡織は，三品投機から生産開始までの累積欠損を操業開始直後の営業純益をもって補った。同じ時期の朝鮮紡織は累積欠損を出したが，借入れが必要なほどではなく，帳簿上では損益分岐点を超えていた。補助金は京城紡織と朝鮮紡織の赤字を補ったのではなく，少ない純益を補充し安定させ，配当を可能にした。したがって，1920年代の補助金がなかったとしても，両社の存立は十分可能であった。

つまり補助金は配当に使われ，株主たちに経営が不透明な事業を継続させる誘因を提供したのである。金秊洙は1927年，払込資本金の7％に当る補助金をもって，「現状を維持している」とし[28]，斎藤総督が日本に帰還する際は補助金支給に関する感謝の手紙とプレゼントを贈っている[29]。しかし，京城紡織にとって補助金はあくまでも副収入にすぎず，補助金なしでは会社が生き残れなかった，あるいは，補助金が1920年代経営の中心問題であったとみるのは，間違いである。

また，補助金支給を韓国人ブルジョアジーに対する支援および懐柔策として解釈するのも適切ではない。日本財閥系資本が設立した朝鮮紡織も巨額の補助金を受けていたためである。前にもふれたように，低い収益性に悩まされていた1920年代の両社に，この補助金は朝鮮の産業を発展させる政策の一環として支給され，朝鮮の紡織企業が日本の企業に対する競争力をもつまでそれを支える役割を果たしたのである。

補助金が必要であったのは，植民地の新興紡織企業が予測しなかった劣悪な市場環境に直面したためである。1910年代の綿紡織好況を背景に出発した朝鮮紡織と京城紡織は，設立直後から綿紡織の不況に直面し，1910年代の好況の恩恵を全く受けられなかった。植民地の新興紡織企業がこのような状況に耐えるのは，容易ではなかった。京城紡織と朝鮮紡織は大きな赤字を出さず存立可能だったが，事実上の無収益の状態が長く続いていた。補助金は植民地の新興紡織企業が予期しない劣悪な市場環境に直面し，困難であった時期に最小限の配当を可能にし，両社の投資家たちを安心させたのである。

(3) 移入税の保護効果

　新生紡織企業に対する保護装置として補助金よりもっと重要な役割を果たしたのは，移入税であった[30]。1920年8月の移入税存続措置によって実綿および繰綿に対しては従価の5％，綿糸は従価の5％，そして綿織物に関しては従価の7.5％の移入税がそれぞれ賦課されていた。しかし，1923年から移入税は綿織物のみに賦課され，1927年4月から税率が5％へと引き下げられ，1937年3月まで維持された[31]。

　日本は韓国併合の際に，日本と朝鮮の移出入に外国との輸出入と同じ関税を賦課し，10年後の1920年8月に撤廃する方針であった。日本は1920年8月，すべての移入税を撤廃したが，朝鮮総督府は租税収入の28％を占める移入税を撤廃できず，制令第19号〈朝鮮に移入される品物の移入税などに関する件〉をもって撤廃を延期した。その後他の財源が確保されると，1923年から移入税収入を半額に減らし，酒精，酒精含有飲料，織物の三つの品目を除く全品目の移入税を撤廃した。そして1927年日本で綿織物の消費税が廃止されると，総督府は移入税の3分の1減税（従価の5％へと改訂）を断行した。

　綿織物に対する移入税は，朝鮮の綿織物価格を日本のそれより高くし，朝鮮紡織と京城紡織の採算性に大きく役立った。実綿と綿糸，綿織物のすべてに移入税を賦課すると原料価格も高くなり保護効果は少ないが，1923年から綿織物のみに移入税が賦課されると原料価格は同じなのに製品価格が高くなるので保護効果が大きくなった。

　京城紡織の製品原価と利益が多様な移入税制度によってどのように変化したのかをみてみよう（付表21）。移入税がないと，製品原価はそのままで製品価格のみが7％ほど低くなるので売上総利益は半減する。そして綿布に7.5％，綿糸に5％の移入税が賦課されると，売上総利益は製品当り4円ほど減少することになる。つまり，7.5％と5％の移入税は，京城紡織の売上額にそれぞれ7.0％と4.8％の保護効果をもつのである。

　それでは実効保護関税率をもって実際に移入税が綿紡織業をどれほど保護し

たのかを見てみよう。関税が最終財のみに賦課される場合と中間財にも賦課される場合は，関税の保護効果が異なる。最終財と中間財のすべてに関税が賦課される場合より最終財のみに関税が賦課される場合の方が中間財を安く調達できるので，関税賦課の保護効果が大きい。最終財と中間財それぞれの関税賦課の如何をすべて考慮して計算した保護率が実効保護関税率である。

実効保護関税率は綿糸，綿布の両方に移入税が賦課されると14.4％であるが，綿布のみに賦課されると28.3％（1923～1927年の移入税率は7.5％）と18.9％（1927年以降の移入税率は5％）と高かった[32]。このように実効保護率が高いのは，綿織物価格に中間財（綿糸）が大きな割合を占めるにもかかわらず，最終財（織物）のみに関税が賦課されたためである。

実際に朝鮮の綿布相場は，移入税や運賃によって日本の相場より10～30％ほど高かったので，移入税によって朝鮮紡織と京城紡織の採算性は大きく改善された[33]。

もし輸入綿織物に7.5％（のちに5％）の税金が賦課されなかったのなら，朝鮮紡織および京城紡織はさらなる価格引下げの圧力を受けただろう。1926年9月14日の『東亜日報』には，移入税が半減されると3A一反当りの価格が42銭引き下げられると分析した記事が載っている。それと同レベルの太極星標の一反当りの販売価格は12円47銭であったので，移入税がなければ11円60銭台に価格を決める必要が生じる。そうすると製造原価が10円80銭であったので，その差額の80銭で販売管理費および金融費用などの諸費用を補わねばならないことになるが，それは不可能であった。

つまり移入税がなければ，京城紡織や朝鮮紡織は赤字を免れなかっただろう。1920年代後半の京城紡織の売上総利益率は10％に満たなかったので，移入税がなかったと仮定すると，販売価格を少なくても5％引き下げる必要があり，そうすると売上総利益率は5％ほど減るが，販売管理費および営業外費用は売上額の10％を超えるので，売上対比5％の損失が生じることになる。補助金でこの損失を埋めると，配当は行えず，株主および経営陣は事業継続の誘因をもたなかっただろう。

移入税は輸入を防ぐほど高くなかったので，積極的な保護機能を果たしていない。しかし，財政関税にもかかわらず，保護関税の役割も果たし京城紡織および朝鮮紡織を赤字から救ったのである。

　1919年に中国人綿紡績業を保護するために綿製品輸入税を3.5％から５％へと引き上げるのに止まった中国に比べると[34]，5〜7.5％の移入税率は決して低いものではない。したがって1927年に移入税率を2.5ポイント引き下げたことをもって，日本は朝鮮の産業発達に興味がなかったと解釈するのは焦点がずれている。移入税の引下げより，移入税存続の事実が重要である。

　日本が移入税の完全廃止を通して朝鮮と日本を一つの経済圏に完全統合する原則をもっていたにもかかわらず綿布移入税を存続させたのは，総督府が本国政府の政策とは異なる植民地固有の利害関係を政策に反映したためである。総督府は財政収入確保や朝鮮の紡織産業保護のために，移入税を存続する必要があった。

　このように出発はしたものの，まだ利益らしい利益を出していなかった京城紡織は一日でも早く収益力を高めることが急務で，そのためには市場環境の好転と生産性の向上が必要であった。京城紡織は以降それを達成できたのだろうか。

1) 番手は糸の太さを表す単位である。単位重量１ポンド当りの長さが840ヤードのものを「一番手」といい，糸の太さが細くなると番手数が大きくなる。
2) 生粗布の標準は，12〜16番手の短糸を利用して製織した幅36インチ，長さ40ヤードの一疋重量13.5ポンドの製品であった。韓国人の好む粗布は14番手の経糸，16番手の横糸で織った一疋重量13ポンド程度の製品であった。生細布は経糸，横糸すべて20〜25番手程度の短糸を利用して平織したものである。幅34〜45インチ，36〜50ヤード程度が一疋＝一反であるが，一疋当り重さは12〜14ポンドであった。これは高級品としてほとんどが上流層で消費され，季節的には春，秋の3〜4月，9〜10月にもっとも需要が多かった。
3) 『京城日報』1928年11月18日（韓国語），川合彰武『朝鮮工業の現段階』東洋経済新報社京城支局，1943年，101頁。
4) 朝鮮綿糸布商連合会『朝鮮綿業史』，1929年，226頁，慶尚南道『慶南の棉』，

1931年，140頁。
5)『京城日報』1928年11月19日（韓国語）。
6) Eckert (1991), pp. 172-173（小谷まさ代訳『日本帝国の申し子』，225～227頁）．
7) 金季洙『財界回顧1』，64頁，『彗星』2(1)，開闢社，1931年1月，112頁（韓国語），李煕昇「私の履歴書12」『韓国日報』1975年11月20日（韓国語）。
8) その残りは詳細な内訳がわからない小幅製品で，それを借方と貸方に同時に記載した『日記帳』の記載方式を参考すると，それは京城紡織で生産された製品ではなく他企業から買い入れて販売した商品と判断される。
9) 金季洙「今日に至るまで」新民会『新民』1927年5月号，55頁。
10) 金季洙『財界回顧1』，64頁。
11) 三角山，白頭山，三星などの商標を使っていたが，日本ですでに登録されていたために使えず，李康賢と柳鴻が「太極」，「太極星」などの商標を創案した。柳鴻『柳鴻』，107～108頁。
12)『朝鮮人会社大商店辞典』副業世界社，1927年，151頁。
13)『要録』1925年版，畑本逸平編『咸鏡南道事業と人物名鑑』咸南新報社，12頁，『朝鮮人会社大商店辞典』，375頁。
14)『朝鮮の綿布』，31～33頁。
15) この委託契約を通じて製品販売に自信をもつようになった京城紡織は，後日契約を一方的に破棄し直接販売に切り替え，組合との紛争にまで発展した。「京城紡織マークも一般に知り渡っており，隻数も昨年より増加したので，そろそろ組合を通さずに直接販売できる」ようになった。「組合を通さないと奨励金という付随費用も生じないので，すべての販売利益を会社が独占できる」ようになった。『彗星』2(1)，115頁参照。
16) 京城労賃指数は全国経済調査機関連合会朝鮮支部編『朝鮮経済年報』改造社，1939年，40頁。
17) 朝鮮の紡織業における職工一人当り織機台数は1920年代初めの1台から1930年代初めは4台へと増えた。1930年代初めに日本の紡織会社では職工一人が8台の織機を担当していた。「朝鮮の労銀問題」『朝鮮総覧』朝鮮総督府，1933年，573頁。
18)『京城日報』1928年6月2日（韓国語）。
19) 金季洙「今日に至るまで」新民会『新民』，54頁。
20) 朝鮮紡織の収益性が京城紡織と違って改善の傾向を見せたことは，注目すべきである。朝鮮紡織は操業を開始した第9期から第12期を経て販売総利益率，営業利益率などの収益性が好転していくなか，火災が起こった。その後赤字に転じたが，再び収益性が改善していた。
21) 権赫泰『日本繊維資本の海外進出』，121～127頁。

22）朝鮮綿糸布商連合会『朝鮮綿業史』，87頁。
23）朝鮮綿糸布商連合会『朝鮮綿業史』，88〜91頁；慶尚南道『慶南の棉』，139頁。製品当り工賃は日本の紡織企業より朝鮮の紡織企業の方が高かったという見解がある。
24）このように補助金は配当に充てたことを，エッカートのように京城紡織が受領した補助金を株主資本，借入金などとともに資本調達の一つの形態とみるのは適切ではない。Eckert (1991), Chap. 3（小谷まさ代訳『日本帝国の申し子』，第3章）。
25）1920年代と1930年代初めまでの京城紡織の重役会議録をみると，京城紡織経営陣のもっとも大きな悩みは販売であった。
26）徐廷翼『日本近代経済史』ヘアン出版社，2003年，222頁（韓国語）。
27）Eckert (1991), pp. 81-84（小谷まさ代訳『日本帝国の申し子』，114〜118頁），権赫泰『日本繊維資本の海外進出』，124〜127頁
28）金季洙「今日に至るまで」新民会『新民』，呉美一『韓国近代資本家研究』，438頁。
29）「金性洙書翰」高麗書林編『斉藤実文書』，4-121。
30）日本の植民化の対外貿易は日本，台湾など帝国内地域間の移入，移出と帝国外の国との輸入と輸出によって構成されていた。
31）朝鮮貿易協会『朝鮮貿易史』東洋経済新報京城支局，1943年，158，171-173頁。
32）実行保護関税率 $f=(t-a\times r)/(1-a)$，t は最終財の名目関税率，a は商品価値のうち輸入中間財の比重，r は中間財の名目関税率と定義される。t は1927年までの0.075，それ以降は0.05，a は1924，1925，1927年の3ヶ年平均で0.73，r は1923年までは0.05，それ以降は0であった。a の値は『京城紡織日記帳』および『製品元帳』から計算した。
33）『釜山日報』1936年6月12日（韓国語）。
34）宮本又郎［他］編『日本経営史』，182頁。

第5章　中心部へ：1930〜1937年

> 昭和9年度の鮮内生産額は1億平方碼を突破している事は確実で，これを9年度の移輸入総額2億797万余平方碼に比べると鮮内総消費額の約3分の1に過ぎず，今後自給自足の程度に鮮内生産を計るには鮮内紡績界は尚益益発展を約束される立場にあり……。（宮林太司『朝鮮の織物に就て』朝鮮綿糸布商連合会，1935年，13頁）

1．工業化ラッシュ

　日本植民地下の韓国の1930年代は激動のなか幕を開けた。1929年10月にアメリカで始まった大恐慌，1931年9月の日本の満洲侵略などの外部環境の変化とともに，1929年11月に起きた光州学生運動は，学生示威および同盟休学などの引き金となって社会に動揺が広がり始めていた。
　日本経済は恐慌状態に入って物価が大きく下落したが，アメリカとは異なり国民総生産はそれほど減少しなかった。朝鮮の景気を左右していた米価が1930年10月以降急落したことをきっかけに朝鮮では日本より少し遅れて大恐慌の影響が現れた。米価暴落によって農民所得は減少したが，他の物価も下落したので実質所得の減少幅は大きくなかった。ただ，債務者の立場にあった水利組合およびそれに組合費を納めなければならなかった組合員である地主や農民などは，所得減少によって一時的な財務上の困難を経験した。
　恐慌による社会不安に刺激を受けた日本の強硬な軍部は1931年9月に満洲事変を起こし，翌年3月には満洲国を樹立し，ついに1933年日本は国際連盟から脱退した。このような破綻と混乱，激変のなかで新しい時代は幕を開け，朝鮮

では急速な工業化と都市化，経済成長が進められた。日本の中国大陸への拡張は朝鮮経済の急速な拡張チャンスをもたらした。道路および港湾構築，発電所建設などの社会間接資本の拡充も本格化した。帝国内における朝鮮の地位も農業植民地から脱皮し，農工並進体制へ移行し始めた。

その背景には，第一に，1930年代に入ってから日本，朝鮮，台湾を含む日本帝国内の安定的な米の需給が実現し，朝鮮で積極的に農業を開発する必要がなくなったという事実がある。1914年の日本帝国内の生産量と消費量を基準にすると，1910年代後半や1920年代の消費指数は生産指数より大きく生産が消費に及ばない状態が続いていたが，1931年以降は消費より生産が多いか，あるいは需給均衡状態であった。

それによる米価安定は，日本政府および朝鮮総督府に朝鮮農業重点主義の必要性を否定させ，日本帝国議会は日本農民の不満を代弁し，朝鮮総督府に産米増殖計画の中断を求めると同時に，大蔵省にその資金供給の中断を求めた。そのため朝鮮総督府は，当初17年計画であった産米増殖計画を14年目の1934年7月をもって正式に中断し，土地改良事業補助金や低利資金支援を大幅に減らした。このような米価の下落および政府支援の減少は，農業投資の魅力を大きく減らした。

第二に，工業部門を中心とした日本資本の大挙進出である。日本国内では恐慌対策として産業統制が強化され，深刻な生産過剰問題を緩和するために1931年重要産業統制法が制定・施行され，カルテルを用いた生産統制が行われた。設備拡張，操業率などにカルテル統制を受けるようになった大企業は，統制から逃れる新しい事業基地を求めていた。そのような大企業にとって工場法や重要産業統制法などが施行されていない朝鮮は「資本の楽土」であった。

新しい産業開発の方向を模索していた朝鮮総督府は，本国の工業資本に対して積極的な誘致活動を展開した。1930年宇垣総督は，日本本土を精工業地帯，朝鮮を粗工業地帯，そして満洲を農業地帯とする分業構図論を提唱し，理論的根拠を提供した。そして総督府は電力開発，土地価格騰貴抑制など本国企業を誘致するための具体的な誘引策を打ち出した。

また，日本の金本位制廃止と同時に，総督府は産金奨励政策を実施したので，朝鮮全域で金鉱開発ブーム，つまり「産金熱」が起き，全国の鉱区数は1930年の2,262ヶ所から1937年には7,454ヶ所へと約3.3倍も増えた。実際の採掘程度を表す稼鉱率も1930年の20％から1937年には61％へと高くなった。新設鉱区の多くは金鉱で，金鉱の比重は33％から58％へと大きく拡大した[1]。

1930年代には都市化とそれに付随した都市開発，土地開発も急速に進められ，行政区域上の府は1930年の14府から1940年には20府へと増えただけではなく，その府域も大きく拡張された。また，府の人口は119万人から282万人へと急増し，それらの地域が全国人口に占める割合も5.6％から11.6％へと高くなった。準都市に該当する邑も増えて1930年の41邑から1940年の76邑へ，その人口は74万人から170万人へと急増した。むろん都市人口の増加は，邑・面（村に相当）の地域が市に編入される単純な行政区域の変更（たとえば，1936年に京城の行政区域は2.7倍へ，釜山は2.5倍へ増加した）によるところが大きいが，都市化そのものも急速に進んでいた。

都市化は工業地区と住宅団地の区画を整理する都市計画や，その他の地域開発計画の施行によって進められた。1930年代前半だけで京仁地域，三陟—墨湖地域，平壌と鎮南浦を結ぶ宝山地域，新義州—多獅島地域などの4つの地域開発計画があった[2]。これらの土地開発は地価を上昇させ，投機を招き，再び地価の高騰を引き起こす悪循環をもたらした。

諸般の環境変化および総督府の日本資本の誘致政策は，急速な工業化をもたらした。『朝鮮総督府統計年報』によると，生産総額に占める工産額の割合は1931年23％から1937年33％へと増加したが，農産額の割合は63％から53％へと減少した。工産物付加価値の割合は同期間に8％から12％へ増加したが，農産物のそれは50％から46％へと減少した[3]。

部門別にみると，紡織工業と化学工業の成長が目覚ましかった。綿紡織工業を中心とした紡織工業の生産額は1930〜1937年の間に4倍，電気化学工業を中心とした化学工業の生産額は8倍に膨れ上がり，紡織工業は1937年の工産総額の14.7％，化学工業はその31.8％を占める重要な工業へと成長した。

図 5-1　1930年代綿織物の輸入代替

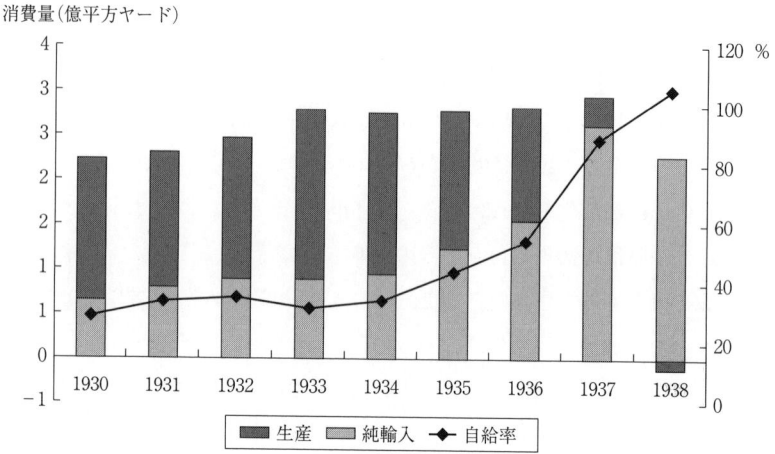

資料：宮林泰司『朝鮮の織物に就て』朝鮮綿糸布商連合会，1935年，91-92頁。

　電気化学工業の中心は電力を利用して硫酸アンモニウム（硫安）肥料およびその関連製品を製造する化学肥料工業で，生産額は1929年まで20万円前後であったが1930年代後半には4千万円へと急増した。これは日本窒素肥料株式会社が鴨緑江の支流である赴戦江に流域変更式発電所を建設し，1930年から硫安を製造する窒素肥料工場を本格的に稼働させたためである。なお，朝鮮窒素肥料の工場のみを見ても化学肥料生産額は急増している。

　電気化学工業は水力資源を土台に急に勃興したが，綿紡織工業は以前から進められていた輸入代替の加速化によって大きく成長した。綿紡績工業の生産額は3.9倍に膨らみ，典型的な輸入代替工業化の様相をみせている。図5-1でみるように，綿織物は1937年に輸入代替が事実上終了し，その供給源は輸入品から朝鮮の生産品へと代替された。

　朝鮮における綿織物の生産量は1930年の6,467万平方ヤードから1937年2億486万平方ヤード，1938年2億2,096万平方ヤードへと3倍以上増加した。反面，その輸入量は1930年1億6,861万平方ヤードから1937年9,298万平方ヤードへと半分近く減り，輸出量は1930年1,083万平方ヤードから1938年1億481万平方ヤ

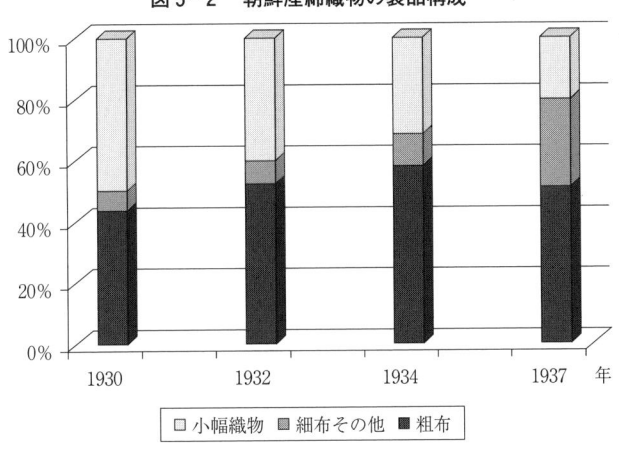

図5-2　朝鮮産綿織物の製品構成

□小幅織物　■細布その他　■粗布

資料：図5-1と同じ。

ードへとほぼ10倍も増加した。綿織物の自給率は1931年31％から1938年は100％へと急増した[4]。とくに，1936〜1938年の3年間の自給率は垂直的上昇に近く，朝鮮の綿布市場は1938年に開港以来数十年間に続いていた輸入依存状態に終止符を打ち，自給率100％を達成するようになったのである。

　生産増加が目覚ましかった品目は広幅織物，とくに粗布であった。図5-2のように，朝鮮産綿織物に広幅織物が占める割合は1931年55.7％から1934年68.5％，1937年79.8％へと上昇した半面，小幅織物の割合は減少した。これは，朝鮮の綿織物生産の担い手が農村の副業的織物業および都市の中小織物業から大手紡織工場へと変わったことを意味する。広幅織物に占める粗布の割合は1931年49.6％から1935年64.6％へと増加したが，その後細布および金巾の生産が急増し，1937年は51.0％へと減少した。生産品目も高級化していたのである。

　朝鮮産製品は輸入品の厚手の製品や生地粗布を代替したのち，繊細な漂白・染色製品を代替した。粗布より細布が，生地製品より漂白・染色製品がより高い製織技術を要していたので，このような生産品目の高級化は必然的な発展経路ともいえる。

　このような綿織物生産における変化は，消費市場の変化，すなわち綿織物消

図5-3 消費織物の構成変化

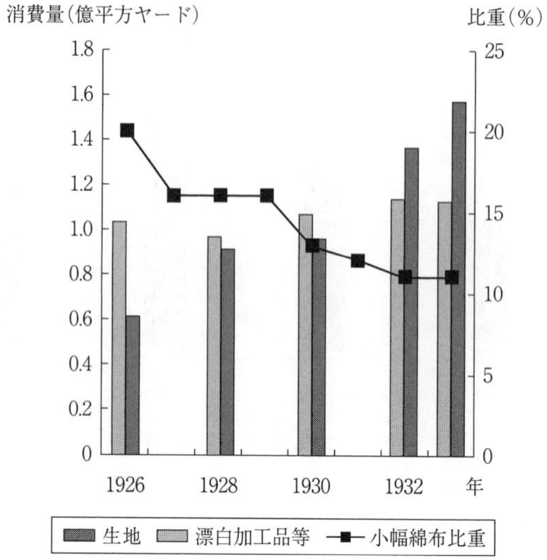

資料：図5-1と同じ。

費の高級化と多様化を反映したものでもある（図5-3）。伝統的な小幅織物から広幅織物へ商品代替が進み，広幅織物でも生地粗布から細布および金巾，漂白・染色製品へと需要は変化していた。広幅織物の割合は1920年代末の85%から1933年には89%へとさらに上昇し，その構成も1920年代後半は生地製品が漂白加工品より高かったが，1930年代初以降は漂白加工品が大きくなった。韓国人の衣服は，従来利用していた加工を施していない綿織物生地から，漂白加工織物へと変わり，綿織物の需要は高級化，多様化した。

朝鮮における綿織物生産の急増は綿糸需要の急拡大をもたらした。朝鮮の綿糸消費量は，1931～1937年の間に3倍以上も増加した。増加した綿糸需要は1930年代前半には朝鮮産品と日本からの輸入品によって満たされたが，後半には朝鮮産品のみで満たされるようになった。図5-4のように，1930年代前半には朝鮮での生産と日本からの輸入がほぼ同じ増加傾向を見せていた。しかし，それ以降は朝鮮国内での綿糸生産が急増したために1937年までの3年間の生産量は約3倍も増えたが，輸入は4分の1へと減少した。その結果，綿糸の自給

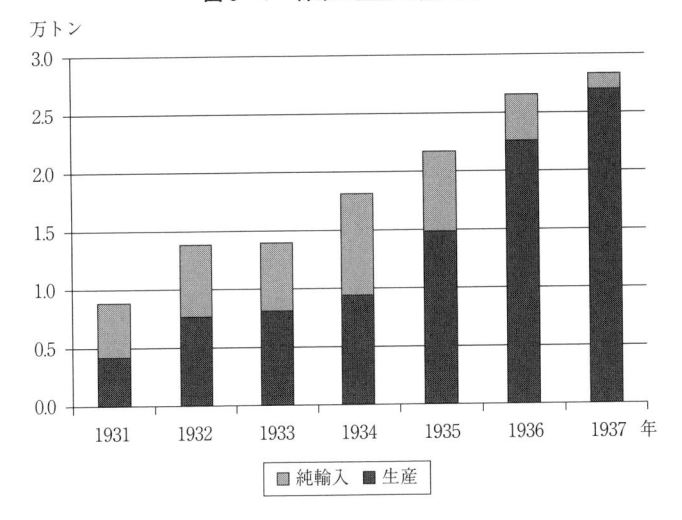

図5-4 綿糸の生産と輸出入

率は1931年47％から1937年95％へと急速に高まった。

綿製品の輸出も増加した。1930年代初めは100万円にすぎなかった綿織物の輸出額が，1937年に1,800万円へと増えた。とくに，1937年は満洲国への輸出が開始されたため，前年に比べて約3倍に激増した。

総督府貿易統計の綿糸布輸出額を朝鮮産製品の輸出とみなし，朝鮮の綿紡織業の動向を説明すると，綿製品の輸出に関する誤解を招く恐れがある。たとえば，エッカートは満洲国の関税引上げにより朝鮮から満洲国への綿布輸出が1930年代半ばから減少したので，京城紡織は満洲への直接投資を行ったとしているが[5]，貿易統計上の輸出額は朝鮮を経由して輸出される日本産品を含んでいた。朝鮮産品の輸出が本格化されるのは1930年代後半からで，1936年の織物輸出量の78％が朝鮮産品であった（付表22）。1930年代初めは朝鮮産品の比重は小さく，ほとんどは朝鮮を経由し輸出される日本産品であったと推定される。

朝鮮産輸出品に占める朝鮮紡織と京城紡織の製品の割合は不明である。京城紡織社史は満洲で不老草標の商品の人気が高く，輸出が活発だったとしているが，満洲の綿布市場調査資料によると，朝鮮紡織の製品が朝鮮産輸出品のほと

んどを占めていた。

　このような輸入代替と輸出増大は、生産能力の画期的な増大によるところが大きい。綿糸と粗布はすべて工場、とくに大手工場で生産されたので、輸入代替と輸出増加は、工場生産の割合が増えたことを意味する。綿織物の工場生産額の割合は、1930年59％、1935年73％、1937年は80％へと増加し続けた。1930年は朝鮮の綿織物の半分を占めていた農家家内生産が、1937年には工場生産へ移行したのである。

　1930年代の綿紡織産業の輸入代替および輸出産業化、工場化をもたらした主役は、東洋紡績と鐘淵紡績に代表される日本の大手紡織資本であった。輸入代替が完了した1938年、両社は朝鮮の紡錘と広幅織機設備の70％を占めていた。

　両社は1932年から朝鮮への進出を検討し始めた。朝鮮総督府の官吏および財界有力者たちが日本の企業に満洲市場進出を見込んで紡績、織物工場の設置を勧誘したためである。東洋紡績は1933年仁川に、鐘淵紡績は1935年光州にそれぞれ工場を建設し、東洋紡績は1937年京城に第二工場を建設した。

　周知のように、すでに朝鮮で市場を確保していた両社が直接朝鮮に進出したのは、日本で実行されていた産業統制を回避するためであった[6]。また、朝鮮における綿紡織産業の収益力向上も、彼らを朝鮮に進出させる大きな要因で、「朝鮮紡織㈱が近年内地とそれほど開きがない状態に到達」したところ、「その結果、朝鮮で紡織業が不適当なものではないとの結果を得、最近内地からいくつかの紡織会社が進出」し始めた[7]。

　東洋紡績の仁川工場は、朝鮮紡織と同じ規模の紡機3万1,488錘、織機1,280台をもってスタートしたが、その後、次々と工場を増やし、1938年は4つの工場の設備合計が紡機16万錘、織機5,300台に達した（図5-5）。

　それに比べると京城紡織は言うまでもなく朝鮮紡織も脇役にすぎなかった。

　しかし、朝鮮紡織は1930年代に入ってから紡錘、織機、繰綿機、撚糸機、人絹織機などの各部門に新しい設備を導入し、1937年末は1929年末に比べ、紡績設備は1.7倍、織機は2倍、繰綿機は4倍に増え、新しく撚糸機、人絹織機、漂白施設なども備えるようになった[8]。それによって、繰綿から染色まで一貫

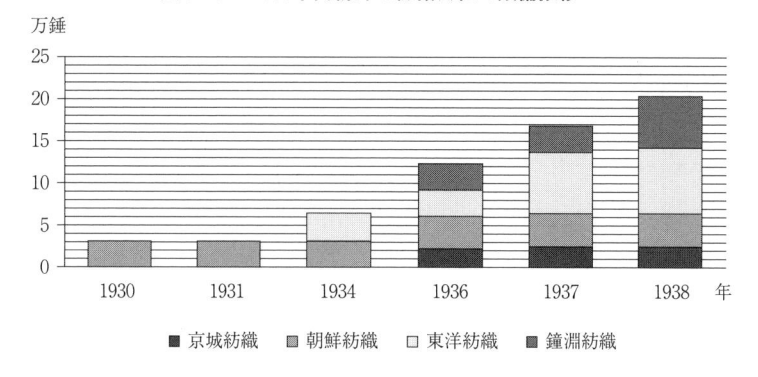

図5-5　1930年代朝鮮の紡織会社の設備推移

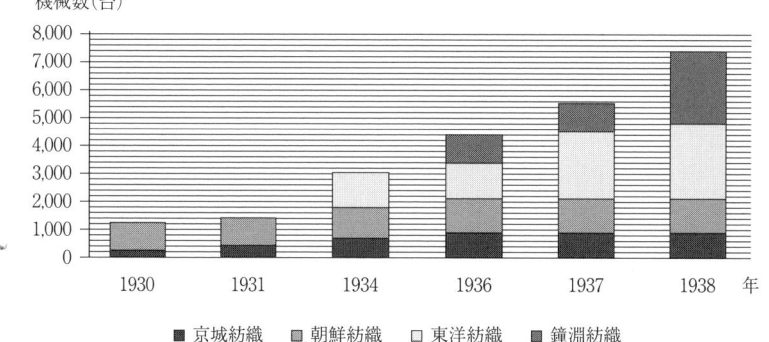

万錘

■ 京城紡織　■ 朝鮮紡織　□ 東洋紡織　■ 鐘淵紡織

機械数(台)

■ 京城紡織　■ 朝鮮紡織　□ 東洋紡織　■ 鐘淵紡織

資料：付表10と同一。

作業を行う完全な綿紡績企業になり，朝鮮に設立された日本の大手紡績資本の工場とも競えるようになった。

このように競争企業が発展する間，京城紡織は何をしていたのだろうか。

2．内実の伴わない拡張

(1)　設備拡張

京城紡織も日本の大手紡績企業に劣らない速度で設備を大きく拡張し，

1930～1937年の間に織機台数は4倍に増え，生産量も急増した。

すでに1920年代末に織機台数を2倍近く増やした京城紡織は，1931年に織機を224台に倍増した。また，1933年4月の理事会において織機224台の増設を決議し，1934年春にその設置を終えた。1930年5月29日の重役会議で常務李康賢は，「朝鮮における綿布の消費額は6,600万円を超えているのに，『朝鮮内の』生産額はわずか2,200万円しかなく，この差は輸入品によって埋められている。わが社の業績はおしなべて順調であり，しかも毎年，需要に対して在庫が不足する事態が頻発している。つまり，わが社の生産は『需要』を満たしていないのである。繊維業界の発展はきわめて明るく，また物価の下落によって建物や設備にかかる費用が20パーセントも下がっていることを考えると，『今こそ』工場拡大の好機である……需要に対応するために，工場を拡大して224台の織機を増設すること」を提案した[9]。

京城紡織の経営陣は輸入品が3分の2以上を占めていた消費市場を，輸入品に圧倒された国内生産の萎縮ととらえるのではなく，国内生産の輸入品代替の余地が大きいと判断し，増設に踏み切ったのである。一見不利と思われる環境の中に明るい展望を見付けだすのは近代企業家の典型的姿勢ともいえるだろう。

また，恐慌によって工事費，機械設備代金が低廉であったことを好機ととらえた。『所有物台帳（1930～1945年）』によると，このころ増設された織機224台の購買総額は3万5,266円で一台当り156円であった。会社設立当時の織機一台当り390円と，1934年の増設織機一台当り298円とに比べると，かなり安く，不景気の最中でも機会をつかむ機敏さがうかがえる。

1931年に導入された織機は従来から使用していた力織機ではなく，1927年に開発された名古屋の野上式自動織機であった。従来の力織機は緯糸が約5分間隔で消尽するうえに，平均30分間隔で縦糸が切れたので，常に職工が織機を見回らなければならず，職工一人の担当織機台数が限られた。日本の紡績兼営織布会社の職工一人当り織機数は1903年の1.17台から1912年の1.12台，1926年の1.36台へとあまり増えていなかった。

自動織機は運転中に緯糸が消尽したり経糸が切れると，それを機械的あるい

は電気的に感知し，すぐに予備のシャトルへ自動的に変換するものであった。自動織機が1920年代に急ピッチで普及した結果，職工一人当りの織機台数は1930年に1.8～2.2台に増え，労働生産性も画期的に増加した。一人当り年間生産量は1909年1.36万平方ヤード，1921年1.79万平方ヤードから，1930年3.09万平方ヤード，1935年は4.96万平方ヤードへと急増した[10]。

このように京城紡織は1930～1934年の間に設備規模を3倍に増やした。その資金の一部を借り入れた結果，京城紡織は全体必要資金の一部を常に借入れに依存することになった。

それまでの借入れは一時的なもので，会社はまず必要な拡張資金を借り入れて，増資を通してそれを返済していた。たとえば，1928年の工場増築および織機増設の際は，1929年1月に殖産銀行から10ヶ年年賦償還で25万円を借り入れ，1931年1月の第4回株金払込をもって全額を返済した。拡張のスタート時点である1931年2月決算期の自己資本は総資本の3分の2以上を占め，負債は買掛金，割引手形，未払い金のみで，利子を負担する借入金のない健全な財務構造であった。

設備拡張が終わる1935年2月決算期の固定資産は従来の2倍に増えていた。その一部は増設された448台の織機およびその付属設備であったが，そのほとんどは紡績工場の敷地として買い入れた始興洞の土地が占めていた。1931年に増設された織機224台の購入金額は3万5千円，1934年の増設織機224台も6万7千円にすぎなかったので，30万円を超える固定資産の増加は主に始興洞の土地によるものであった。それに1933年はさらに在庫資産規模が増え，30万円台であった在庫資産が1934年2月には100万円前後に増えた。

それとともに資金需要も大きくなり，1933年25万円の資本金払込みがあったにもかかわらず，1935年2月は85万円を借り入れた。1931年2月から1935年2月まで借入金は漸増し，1935年2月の借入金依存度は40％と高かった。

しかし，1935年2月は自己資本が100万円を超えていたので，70万円を超える固定資産を十分にカバーしながら，100万円を超える純営業資産も一部カバーしたので，資産と調達資金のバランスは良好であった。しかし，借入金依存

表 5-1　1930年代京城紡織の財務構造

(単位：千円，％)

項　目	第12期 (1931.2)		第13期 (1932.2)		第14期 (1933.2)		第15期 (1934.2)	
	金額	比率	金額	比率	金額	比率	金額	比率
流動資産	468	56.5	803	69.9	755	70.0	1,637	84.3
当座資産	159	19.2	56	4.8	249	23.1	218	11.2
在庫資産	143	17.3	335	29.2	307	28.5	1,074	55.3
その他資産	165	19.9	412	35.9	199	18.5	346	17.8
固定資産	361	43.5	346	30.1	324	30.0	305	15.7
自己資本	769	92.8	779	67.9	807	74.8	1,053	54.2
資本金	750	90.5	750	65.3	750	69.6	1,000	51.5
余剰金	19	2.3	29	2.6	57	5.3	53	2.7
負債	60	7.2	369	32.1	271	25.2	890	45.8
(借入金)	0	0.0	—	—	—	—	—	—

項　目	第16期 ('35.2)		第17期 ('35.11)		第19期 ('36.11)		第21期 ('37.11)	
	金額	比率	金額	比率	金額	比率	金額	比率
流動資産	1,386	65.5	2,025	74.4	4,161	85.9	2,021	46.6
当座資産	240	11.3	495	18.2	640	13.2	730	16.8
在庫資産	1,043	49.3	992	36.4	1,766	36.5	1,178	27.1
その他資産	103	4.9	538	19.8	1,755	36.2	113	2.6
固定資産	728	34.5	696	25.6	682	14.1	2,319	53.4
自己資本	1,062	50.2	1,590	58.4	2,090	43.2	2,100	48.4
資本金	1,000	47.3	1,500	55.1	2,000	41.3	2,000	46.1
剰余金	62	2.9	89.5	3.3	90	1.9	100	2.3
負債	1,052	49.8	1,132	41.6	2,752	56.8	2,240	51.6
(借入金)	855	40.4	855	31.4	1,500	31.0	1,500	34.6

註：比率は総資産対比である。

度が40％に達したことは初めてで，京城紡織が急速な拡張によって借入経営の初期段階に入ったことを表している。

　京城紡織は，1920年の財務危機以来，返済に1年以上かかる大金の借入れは殖産銀行から行っていたが，短期運営資金は金季洙が所有していた海東銀行から行っていた。1934年3～9月の7ヶ月間の利子支払額は4万8千円で，海東銀行が47％，殖産銀行が35％を占めて海東銀行からの借入金が大きかった。

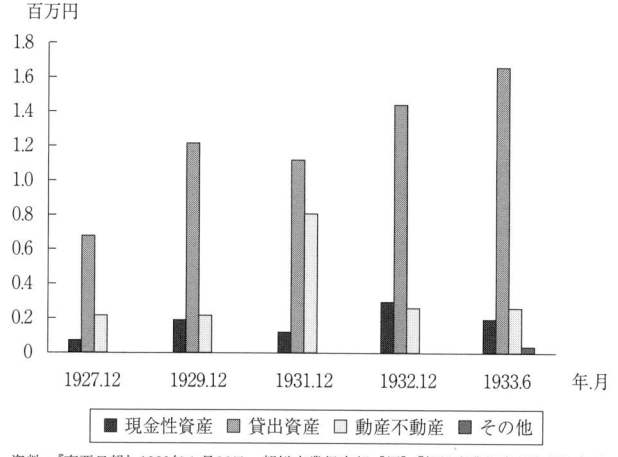

図 5-6　海東銀行の資産推移

百万円／1927.12／1929.12／1931.12／1932.12／1933.6　年.月
■現金性資産　■貸出資産　□動産不動産　■その他

資料：『東亜日報』1928年1月26日，朝鮮実業倶楽部［編］『朝鮮実業倶楽部会報』各号。

したがって，京城紡織が金融面において一貫して殖産銀行に依存していたとするエッカートの指摘は訂正される必要がある。彼は金容完とのインタビューを根拠としているが[11]，一貫して殖産銀行に依存していたのは1930年代後半で，それ以前も同じ状況であったと推測しているだけである。金季洙は経営難に陥った海東銀行を1927年に引き受け正常化させていたので，自らが所有する銀行から借り入れる方がよりメリットが大きかったのは当然である。

図 5-6のように，海東銀行は金氏家が引き受けてから，総資産規模が 2 倍と増え，経営も少し安定してきた。引受け当時は68万円にすぎなかった海東銀行の貸出資産が 6 年後の1933年 6 月末には167万円に，預金残高は1927年12月末の47万円から1933年 6 月末には128万円へとそれぞれ増加した。

それは「金氏家を背景としたいくつかの機関，中央高普，東亜日報，京城紡織，普成専門などの預金を吸収する一方，それと関連した商工業機関への貸出しも掌握するようになった」ためであった[12]。もちろん金氏家系列以外への貸出運営能力，預金誘致力は弱く，貸出資産のほとんどは短期商業金融である手形貸付けで，工場施設資金のような長期貸付けは少なかった。海東銀行の預金

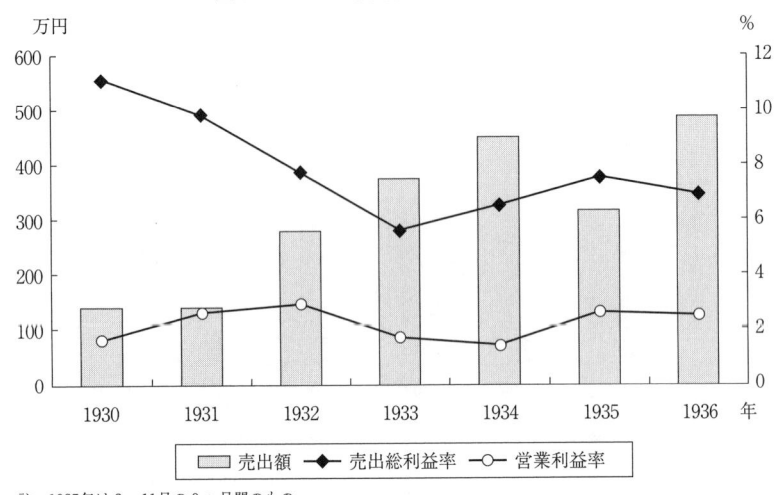

図 5-7　1930年代京城紡織の事業成績

註：1935年は3～11月の9ヶ月間のもの。

は短期誘致の性格が強かったので，1年以上の長期貸出運用には適していなかった。また，貸出総額が150万円に過ぎなかったので，その半分を京城紡織一社に貸し出すのは適切ではなかった。

　したがって，京城紡織は借入規模が小さかった1935年頃まで長期施設資金は殖産銀行から，短期運営資金は海東銀行から借り入れていたが，拡張規模が大きくなるにつれて殖産銀行への依存度を増やしていった。次は事業拡張の成果，事業成績をみてみよう。

(2) 貧弱な中身

　京城紡織の売上高は恐慌の影響で1930～1931年は減少したものの，1932年は倍増し，1933～1934年も二桁の成長をみせ，1930～1936年の6年間の売上げは3.5倍ほど増加した。

　販売数も増え，1936年は1929年の約3.3倍であった。1920年代末に比べ，1930年代は製品価格が下落したが，販売数が増えたため，売上額は増えた。1920年代以来製品価額は下落するが，販売数は急増し，売上額が増加する現象

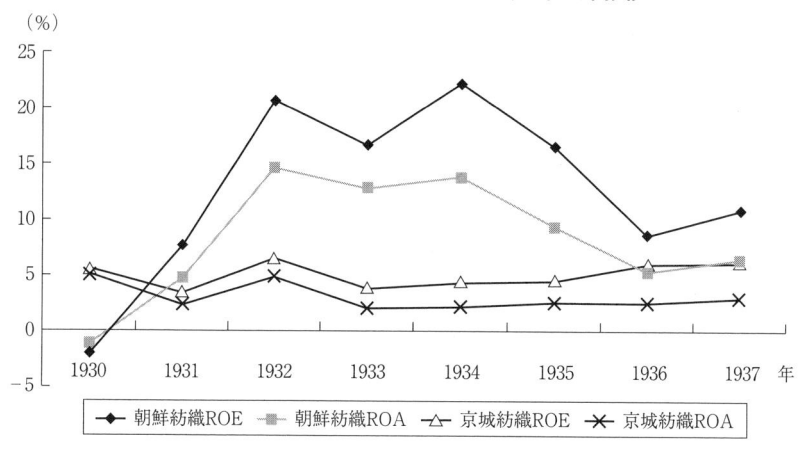

図 5-8　1930年代京城紡織と朝鮮紡織の収益率推移

（グラフ：1930〜1937年の朝鮮紡織ROE、朝鮮紡織ROA、京城紡織ROE、京城紡織ROA の推移）

は続いていた。

　しかし，売上の急増とは異なり，その収益性は改善されなかった。図 5-7のように，売上総利益率は1920年代末の10％前後から1930年代には 6〜7％に減り，売上高純利益率も 1〜2％台と低迷した。ただ，売上高が大きくなったため，純利益の規模も増大し，1930年代初期の 1〜2万円から1930年代後半には10万円を超えるようになった。

　京城紡織が収益性の向上に苦しんでいる間に，朝鮮紡織は収益性を大きく向上させた。朝鮮紡織は1930年に25万円の赤字を計上したが，それ以降1936年を除いて毎年100万円程度の純利益を出していた。1931年の帳簿上の純利益は41万円であったが，150万円の減価償却を勘案すると，他年と同じく100万円台の純利益を計上したことになる。

　両者の開きは図 5-8 の自己資本収益率（ROE），総資産収益率（ROA）の推移からも確認される。朝鮮紡織の ROE や ROA は1930年代前半の飛躍的な上昇後に減少する反面，京城紡織のそれは大きな上昇もなかったうえに，朝鮮紡織よりはるかに少なかった。

　総督府は1930年の恐慌以降，緊縮政策を展開し，朝鮮紡織への補助を1930年

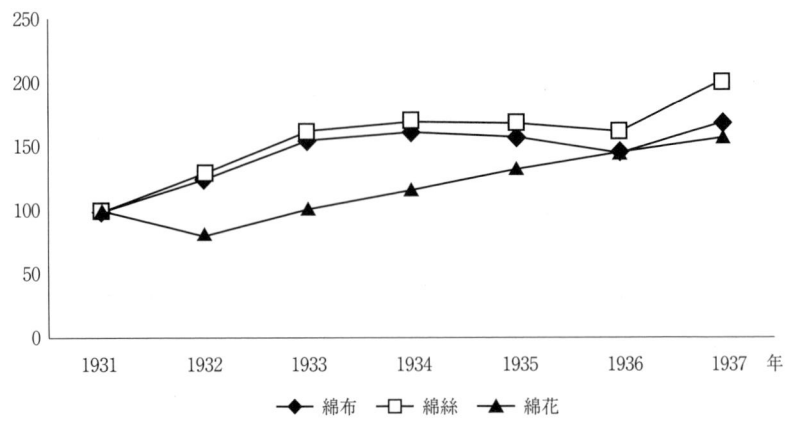

図5-9　綿製品価格の推移（1930年1月～1937年12月）

註：1931年価格を100とした指数。
資料：『朝鮮金融事項参考書』，1939年版。

凡例：◆ 綿布　□ 綿絲　▲ 綿花

　7月付けで打ち切り，京城紡織に対する補助金も中断する計画であった。しかし，京城紡織は経営の困難を理由に補助金の延長を求め，補助金は続けられることになった[13]。

　同時期に新しく朝鮮へ進出してきた東洋紡績，鐘淵紡績も高収益をあげていた。東洋紡績の仁川・京城の両工場は，「諸種の情況が経営上内地に比して有利であったため，その収益は，時には内地の全工場よりも二工場の方が多額に上ったこともあって，一時は東洋紡績のドル箱となって」[14]いた。

　では，何が京城紡織と日本人会社3社との収益性の違いをもたらしたのか。

　京城紡織が織布企業である反面，他の3社は紡績紡織兼営企業であったことが説明の端緒になるだろう。京城紡織は加工度が低い単純織布企業であったが，他の3社は繰綿から紡績，紡織，染色のすべての工程を行っていた。このように一貫工程をもつ企業は市場与件の改善や生産条件の改善によるメリットを単純織布企業より大きく享受できた。

　まず，綿製品の市場環境が紡績紡織兼営企業に有利な方向に変化した。図5-9のように，綿織物および綿糸の価格は1932～1933年の間に急増したが（上昇率60％），棉花の価格は1934年以降から上昇し始める。そのため，1936年

まで綿布と綿糸の価格は，棉花の価格より相対的に高かった。朝鮮紡織や東洋紡績，鐘淵紡績のような紡績紡織兼営企業の製品（綿糸および綿布）価格の上昇率は高くなかったが，原料（棉花）価格上昇率が低かったので，製造マージンが拡大された。しかし，織布のみを生産する京城紡織にとっては，原料（綿糸）価格と製品（織布）価格が同じ比率で上昇するので，製造マージンは大きく変化しなかった。このことが収益面における京城紡織と他の紡績企業との差をもたらしたのである。

輸入品と朝鮮産品との価格差が小さくなったのも，朝鮮の綿紡織企業の収益改善の一翼を担った。大きくかけ離れていた両者間の価格差は1930年代前半に縮み，1933年の輸入製品3Aの価格は157円で，朝鮮紡織の鶏龍は156円と，事実上開きがなくなった。これは輸入品の価格が下がったためではなく，朝鮮産品の価格が上がったためである。日本の綿紡織企業は海外輸出の拡大によって朝鮮市場への関心が薄れたため，綿製品の需給が改善されたのである[15]。

また，職工の能率が向上し，企業の生産性も向上した。1930年の日本の紡織会社の職工一人当り織機台数は8台であったが，朝鮮のそれは4台が最大であった。しかし，1930年代末の職工一人当りの担当織機台数は8～16台，平均10台と高い能率向上をみせている[16]。

また，製品の高級化・多様化も進んでいた。1930年代初めから朝鮮紡織が生産し始めた漂白製品である金鶏龍は，人気を集めていた輸入品の公会党標に匹敵する品質で，その需要は増え続けた。朝鮮紡織の漂白製品と染色製品は1933年の消費量の11.4%，5.8%を占めており，その製品市場が急成長していたため事業展望も明るかった。

紡績3社とは異なり京城紡織はこのような市場与件の変化のメリットを受けられなかった。京城紡織は織布工程のみを行っていたが，その生粗布市場は日々縮小していたためである。設備を拡大し売上を増やしても少ないマージンしか得られず，金季洙の言葉どおりに「日本の紡績会社がとった棉花から綿糸までの利益の残りを輸入」し，それを原料として製織する状況では，綿糸価格と綿布価格が同じ動きを見せる限り，収益の改善は期待できなかった。したが

って，事業を拡張しても内実はさほど変わらなかった。

3. 画竜点睛

(1) 紡績工場の建設

　日々少なくなるマージンに悩んでいた京城紡織の経営陣は，ついに紡績工場の建設を決断した。京城紡織の社史は紡績工場設立の動機を，棉花輸入は免税されたが綿糸輸入は関税が賦課されたので，朝鮮紡織に比べて不利であったためとしている[17]。しかし，それには疑問が残る。前述したように，1923年以来綿織物のみに移入税が賦課されていたので，京城紡織は朝鮮紡織より不利な条件で原料綿糸を調達したのではなく，綿糸を製造する朝鮮紡織に比べて紡績のマージンが小さかっただけで，織物製織においては同じ条件であった。問題は製織工程から大きな付加価値を得にくかったことであった。

　紡績工場の建設は京城紡織の宿願の事業で，1930年代前半にすでにその準備作業として始興洞に工場敷地を購入していたが，金秊洙が社長に就任してからようやく着手された。

　創立以来16年間社長を務めていた朴泳孝は75歳の高齢と健康悪化を理由に1935年3月社長を退いて，金秊洙が社長に就いた。金秊洙は帰国後，地主経営を農場形態へ組織化して，干拓事業を成功させる一方，事業の方向性を見失っていた京城織紐を代表的なゴム靴製造会社の中央商工に改編し，企業経営能力を内外に示していた。そのかたわら，最大株主である京城紡織の経営にも理事として参加していた彼は，京城紡織の社長に就任し経営前面に登場したときには，39歳で経歴15年目のベテランになっていた。

　金秊洙の社長就任とともに，それまで事実上京城紡織の経営を担ってきた李康賢は経営から退いた。韓国で最初に高等工業教育を受けた紡織技術者である李康賢は，京城紡織の設立から1930年代前半まで京城紡織において主導的な役割を果たし，紡織企業として確固たる基盤に乗せるという歴史的な任務を全う

した。会社の所有主である金秊洙が社長として経営権を行使するようになると，李康賢は京城紡織の経営の第一線から退かざるを得なかった。彼の後任には，京城高工および日本の九州大学出身で中央商工の工場長であった尹柱福が就いた。李康賢は1942年まで理事として在任したが，実際の会社経営には関与しなかった。

社長になった金秊洙は理事陣を改編した。7月の株主総会で自身と李康賢，金在洙，崔斗善，高光駿，鄭海鲁などの従来の理事陣に加えて新たに理事3人，監査1人を増員し，朴興植（1903〜1994），玄俊鎬（1889〜1950），崔昌学（1890〜1958），閔丙壽（1900〜？）を選任した。

平安南道龍岡郡出身の新鋭企業家で和信百貨店と和信連鎖店を経営していた朴興植は，当時朝鮮の財界では金秊洙とともにもっとも注目されていた人物であった。彼は16歳の時に鎮南浦で米穀客主業を始め貨物の保管，運送および委託販売，印刷業などで事業の基礎を築いたのち，京城へ上京した1926年から紙販売業に進出し，東亜日報，朝鮮日報など主要な韓国語日刊紙に用紙を供給する業者として成長した。そして韓国人としては初めて百貨店とチェーン店という新しい事業形態に進出し成功を収めた。

1912〜1917年に明治大学法科へ留学した玄俊鎬は，全羅南道霊光郡の大地主出身で，金性洙と同世代の同じ出身背景をもつ人物であった。彼は留学から帰国後，1920年湖南銀行を創立しその代表理事に就いていた。京城紡織の理事に就いた当時，霊光一帯の700町歩を超える耕地で地主経営をしながら，東亜ゴム工業，全南道是製糸，霊光運輸倉庫，朝鮮生命保険などの理事も務めていた。

崔昌学は平安北道亀城郡出身の鉱業家であった。1890年小農の家に生まれた彼は，早くから金鉱探しに出て，義州で見つけた三成金鉱を日本の三菱鉱業に130万円で売却し，富豪になった人物であった。同じく金鉱売却資金をもって朝鮮日報を引き受けた方應模（1884〜1950），慶北奉化の金鉱開発で大きく成功した金台原（1877〜1950）とともに3代金鉱王と呼ばれていた[18]。

1900年生まれの閔丙壽は，朝鮮末の有力家であった閔氏一族の代表格である閔泳徽の孫，つまり閔大植の息子であった。閔泳徽は自身と二人の息子，大植

と奎植の名義で土地を多く所有しており，1912年に二大韓国人銀行の一つである韓一銀行を引き受けて銀行業を営んでいた。彼が1936年の死亡時に残した遺産は，約1,200万円に達するほどの朝鮮第一の富豪であった。閔丙壽はアメリカ留学後，一族が所有していた朝鮮絹織の理事として企業経営に参加していた。

　従来の理事陣のほとんどは金性洙の日本留学時の同窓であったが，新任理事は朝鮮の実業界の代表的な人物たちで構成されていた。これは金秊洙が自身の事業ネットワークを構築していたことを意味する。金秊洙は1940年に朴興植の和信百貨店の理事職に就き，また朴興植とともに織物類の卸売会社である大同織物を設立するなど，金秊洙と新任理事たちはお互いに理事職を交換したり，共同出資の会社を設立して事業を拡張していった。

　また，新しい理事陣は植民地期の韓国社会が市場経済社会になったことを端的に表している。閔丙壽は伝統社会の最上層部出身で，玄俊鎬はそれより下，金秊洙はより下の地方両班家出身であった。朴興植と崔昌学は差別を受けた西北人［訳注8］，とくに崔昌学は下層貧農出身であった。わずか一世代前は同じ席に着くことさえ想像できなかった彼らが，同じ席に集まり事業を共に企てるようになったのは身分と血縁によって分断されていた伝統社会が解体され，その代わりに資本を軸とした新しい社会が到来したことを意味していた[19]。

　これで京城紡織の新しい時代の幕が開いた。京城紡織の体制を一新し，かねてからの念願であった紡績工場建設に着手した金秊洙の先決課題は，紡績技術者の確保であった。以前，李康賢は朝鮮織物株式会社にいた朝鮮紡織出身の日本人技術者桐田を招聘しようとしたが，金秊洙は韓国人技術者を起用するとしてそれを拒んだことがあった。金秊洙は，新しい工場長尹柱福の紹介で朝鮮紡織の技術者金奎善をスカウトした。金奎善は，1920年3月京城工業専門学校染色科を卒業し，朝鮮紡織で15年間勤務した技術者であった。

　金奎善は多数の朝鮮紡織の「技術者」を一緒に連れてきた[20]。彼ら「技術者」は専門学校出身の技師級ではなく職工であったと思われる。朝鮮紡織には高等工業学校出身の韓国人技術者が在職していたが，京城高等工業学校出身としては金奎善が唯一で，ほかに東京高等工業学校紡織科出身の具明会（1921年

3月卒業生），蘆鳳鐘（1927年3月卒業生），趙漢鐘（1928年卒業生）などがいた[21]。金奎善と同格の技術者である彼らのことが京城紡織の社史に全く言及されていないことを考えると，彼らが京城紡織で働いたとは思えない。したがって，金奎善が引き連れてきた「技術者」とは，熟練職工だと思われる。ともかく，その「技術者」が京城紡織の紡績施設運転に役立ったことは明らかである。

　金季洙は，金奎善と尹柱福を日本へ送って紡績工場の建設およびその運用を学ばせた。両者は約6ヶ月間，伊藤忠系列の呉羽紡績富山工場，大日本紡績関原工場の最新施設を見学し，技術を学んだ。また，彼らの帰国後，若い技術者を日本に派遣し，当時日本で第2位の紡績設備規模をもつ呉羽紡績で実習を受けさせた。呉羽紡績は後発企業であったが，1929年に最新式設備のハイトラフト紡機を備えていたので，派遣技術者に最新技術を学ばせることができた。

　日本に派遣された技術者のほとんどは，京城高等工業出身の新入社員であった。京城紡織は1925年以降，京城高等工業紡績科の卒業生を採用していなかったが，1933年以降はほぼ毎年1～2人の卒業生を採るようになり，1933年金奭勳（第11回卒業生），1934年陳在洪（第12回），1935年金丙運（第13回），1938年金鐘奎（第16回），柳錘安（第16回），1939年姜昌燮，全孝燮（第17回）などが採用された[22]。金奭勳，陳在洪，金丙運は日本に派遣され訓練を受けた。彼らは高等工業学校出であったが，一般工員と同じく作業を行っていた。現場で業務を学ばせ，将来管理者として育成したのである[23]。

　1934年3月京城紡織は，始興洞に紡績工場の敷地として15万坪の土地を購入していたが，総督府から始興洞の土地への紡績工業建設の許可が下りなかった。日本では重要産業統制法の実施により，生産制限が実施されているなか，朝鮮で新しい工場を設立させるのを躊躇したためである。また，1930年代初めにはすでに東洋紡績や鐘淵紡績の朝鮮工場建設が決定していて，それによって朝鮮の綿糸布自給は可能だったからであった。総督府はその代わりに満洲への工場建設を慫慂しながら多方面における後援を約束したが，金季洙は既存の永登浦工場に紡績工場を建設するように計画を変更した。

　1935年4月15日の理事会において，紡績工場の建設のための増築工事を大林

〈写真〉永登浦紡績工場の建設現場　　〈写真〉京城紡織の永登浦工場（朝鮮戦争以前）

組に36万円で発注することが決まった。1936年2月の重役会議録によると，紡績工場設置の総予算は174万円であった。

　京城紡織は1935年4月から工場拡張工事をはじめ，翌年から紡績機を設置し始めた。豊田織機に400錘のリング精紡機54台を発注し，高島屋商店にリング精紡機10台を追加発注し，1937年末までに25,600錘の紡績設備を誇るようになった（付表23）。

　紡績工場は1936年5月から試運転に入り，8月から生産を始め，10番手，14番手，20番手の3つの綿糸を生産した。それとともに京城紡織は力織機も224台増設し，稼働織機は896台になった。

　こうして京城紡織は「朝鮮四大紡体制」の堂々とした一員になった。京城紡織の設備規模は紡錘や織機台数において朝鮮紡織や東洋紡織，鐘淵紡績などの諸工場の設備規模の85～90％程度であったが（付表10），京城紡績の永登浦工場は，朝鮮にある他の紡績兼営紡織工場に比べても遜色がなかった。

(2)　資金調達

　次に，京城紡織が紡績工場の建設に必要な資金をどのように調達したのかをみてみよう。

　京城紡織は紡績工場の建設資金を自己資本では賄うことができず，借入れに依存していたので，借入規模はさらに大きくなった。金季洙は紡績工場の建設

資金174万円を1935年4月～1936年2月に公称資本金を100万円に増やして払い込んだ。しかし，さらに不足した70万円は殖産銀行から借り入れた。紡績工場設立後，固定資産は230万円であったが自己資本は210万円と固定資産が自己資本を上回り，営業資金も借入に依存せざるを得なくなった。その結果，1937年11月決算期の借入金は150万円にも達していた。

京城紡織は事業拡張に伴って，その財務の安定性は低下した。1930年代初めは自己資本で固定資産と運転資本の両方を賄っていたが，紡績工場の建設からは自己資本が固定資産をかろうじて賄う程度で，運転資本は借入れに依存していた。1930年代の京城紡織の事業拡張資金は自己資本と借入金が半分ずつで構成されていた。

京城紡織は資本金の追加払込みおよび増資を通して自己資本を増やしたので，自己資本のほとんどは資本金で，剰余金は少なかった。1937年までは補助金を含む京城紡織の純利益が少なかったうえに，そのほとんど（93％）を配当や賞与金に充てていた（付表24）。

ここで一つの疑問が生じる。結局増資払込みをすることになる株主たちは，なぜ利益金を社内留保して投資資金として使わずに，別に増資払込みをしたのだろうか。すなわち，株主たちは，なぜ利益金の配当を受けながら，一方では増資にも応じたのだろうか。これは1920年代の状況でもあったが，とくに1934年の第5回払込みは顕著であった。

この問題は最近の企業財務の株主配当の問題と関連する。持分の分散および所有と経営の分離を特徴とする現代資本主義企業の少額株主たちは，企業経営よりは配当と資本利益に興味を持つものである。したがって，企業の経営陣は可能な限り高配当政策を展開するように動機づけられ，必要な事業資金は別の増資払込みを通じて調達するのである。

しかし，当時の京城紡織は高い持分をもつ所有者経営企業であった。所有主は事業拡張に伴う増資計画を熟知していたので，利益金を配当するかたわら，増資払込みを行うのは，煩わしいことであった。

それもかかわらず，この煩わしい方法を採択したのは，すでに言及したよう

に，株主配当が当時の経済の慣行に従っていたためである。1930年中葉の金季洙およびその一家の持分率は75％に達していたうえに，毎年利益配当が行われていたので，その他の少額株主たちは会社の決定，すなわち最大株主の決定に従わざるを得なかった。株主資本の調達は彼らの決定に依存していた。たとえば，1931年1月の一株当り12円50銭の第4回払込みは，払込期限である10日までに95％が，2月までにはほとんどが払い込まれた[24]。とくに株主の基盤が金氏家以外に広がる1930年代中葉以降は，増資および追加払込みがさらに容易になっていった。1935，1936年には金氏家がまず一気に資本金を2倍に増やし，玄俊鎬，閔丙壽，朴興植など当時の財力家たちをはじめとする新しい株主たちを多く迎え入れた[25]。1934年まで減少し続けた株主数が1937年は一気に3倍に増えたのはそのためである。

このような京城紡織の事業拡張の方式は，朝鮮紡織のそれとは対照的である。まず，その期間の朝鮮紡織の拡張規模はそれほど大きくなく，京城紡織の固定資産は6.4倍に増えたが，朝鮮紡織のそれは1.3倍の増加に止まった。1931年1月～1937年11月の7年間，朝鮮紡織は有形資産に約180万円を投資したが，それより投資資産の収得に力を入れた。1934年下期に投資資産は350万円ほど増えたが，それは満洲国の営口紡織と東興紡織の持分を引き受けて経営に参加するようになったためである。

拡張規模は530万円で京城紡織のそれより大きかったが，朝鮮紡織は巨額の純利益があったために自己資本でそのほとんどを賄うことができた。同社は190万円という未曾有の売上総利益をあげた第28期に，すでに自己資本で有形資産を賄えるようになっていた[26]。それ以降1937年11月まで当期純利益のほぼ半分を社内留保し続けたために，剰余金は1932年1月の34万円から1937年11月には445万円へと急増した。第40期に125万円の増資払込みが加わった朝鮮紡織は，増えた自己資本を有形資産の新規投資および投資資産の収得に回して，その余裕資金を運転資本に充て，そのほかの不足分は借り入れた。しかし，総借入金から金融資産を差し引いた純借入金は1937年11月末で自己資本の10分の1にも及ばず，その財務構造は1920年代末とは比較にならないほど好転していた。

表5-2 1930年代朝鮮紡織の財務構造

(単位:千円)

		第26期 (1931.1)	第28期 (1932.1)	第30期 (1933.1)	第32期 (1933.11)	第34期 (1934.11)	第36期 (1935.11)	第38期 (1936.11)	第40期 (1937.11)
営業活動	運転資本	-763	-898	-2,540	-1,688	-2,730	-4,976	-3,892	-5,758
	買入債務	1,206	615	443	123	1,596	3,739	3,169	4,937
	その他営業純資産	100	1,851	1,300	-66	-551	-1,659	-1,758	-1,748
	純営業資産	543	1,568	-797.7	-1,630	-1,685	-2,896	-2,481	-2,563
長期資産蓄積活動	有形資産	-7,087	-5,421	-5,321	-4,003	-4,204	-4,683	-5,035	-4,996
	投資資産	0	0	0	-1,000	-2,333	-3,093	-3,100	-4,533
	その他固定負債	79	106	181	233	290	363	406	448
	自己資本	5,069	5,339	6,150	6,646	7,874	8,691	8,866	10,694
	(資本金)	(5,000)	(5,000)	(5,000)	(5,000)	(5,000)	(5,000)	(5,000)	(6,250)
	純自己資本余裕	-1,940	24	1,010	1,876	1,627	1,278	1,136	1,613
金融資産		-253.6	-1,742	-2,373	-250	-1,942	-182	-255	-449
借入必要資金		-1,650	-150	-25	-5	-2,000	-1,800	-1,600	-1,400
借入金		1,650	150	25	5	2,000	1,800	1,600	1,400
純借入金		1,396	-1,592	-212	-245	58	1,618	1,345	951

　紡績工場設立以来，固定資産が自己資本より大きくなった京城紡織は，自己資本の余裕が日々大きくなる朝鮮紡織の財務安定性に追いつくことができなかった。それは収益力が劣悪だった京城紡織が朝鮮紡織をキャッチアップするために，事業を急速に拡張したためである。収益力が劣る京城紡織にとって急速な成長と安定性は，二兎を追うことを意味した。1930年代に朝鮮紡織がすでに安定化段階に入ったのに対して，紡績紡織兼営企業として拡張しなければならなかった京城紡織は不安定性を甘んじて受けるしかなかった。

　朝鮮紡織は1930年代に紡績および織布部門よりは，繰綿のような前工程および加工工程への投資を通じて設備運営の効率性を高め，1920年代の大規模投資の実を得ることができた。1930年代前半の京城紡織は単純に織布設備を拡張していたため，収益は貧弱であったが，1930年代半ば以降は他の大手紡績企業と肩を並べるほどの紡績工場を建設し，設備拡張に拍車をかけ，1930年代後半にはほぼ同じ生産能力を備えるようになった。

　このように紡績紡織一貫生産企業として格上げした京城紡織は，その後どうなったのだろうか。

1) 朝鮮總督府殖産局『朝鮮鉱業の趨勢』，1935年版，1938年版。
2) 孫禎睦『日帝強占期都市化過程研究』一志社，1996年，272～286頁（韓国語）。
3) 金洛年［編］金承美・文浩一訳『植民地期朝鮮の国民経済計算1910-1945』東京大学出版会，2008年，406頁。
4) 森谷克己「鮮満の紡織工業と繊維資源」大日本紡績聯合会編『大東亜共栄圏と繊維産業』文理書院，1941年，53頁。
5) Eckert (1991), pp. 171-176（小谷まさ代訳『日本帝国の申し子』，224～231頁）。
6) 鈴木正文『朝鮮経済の現段階』帝国地方行政学会朝鮮本部，1938年，9頁，104～105頁。
7) 「重要産業統制法の外地施行に関する座談会」『京城商議月報』1936年7月，5～6頁，『東亜日報』1935年2月7日（韓国語）。
8) 朝鮮棉化同業界『綿業統計』日満棉化協会朝鮮支部，1937年，123～125頁。
9) 『第47回重役会議録』1930年5月29日。
10) 石井正「繊維機械技術の発展過程」中岡哲郎［他］編『近代日本の技術と技術政策』国際連合大学，1986年，127～130頁，姜怡守『1930年代綿紡大企業労働者の状態に関する研究』梨花女子大学大学院博士論文，1991年，70頁（韓国語）。
11) Eckert (1991), p. 90（小谷まさ代訳『日本帝国の申し子』，124～125頁）。
12) 『三千里』三千里社，1935年6月，73頁。
13) 『東亜日報』1931年1月16日（韓国語）。
14) 東洋紡績株式会社『東洋紡績七十年史』東洋紡績，1953年，379頁，曺晟源『植民地朝鮮棉作綿業の展開構造』東京大学博士論文請求論文，1993年，123頁。
15) 川合影武『朝鮮工業の現段階』東洋経済新報社京城支局，1943年，102頁。
16) 「朝鮮の労銀問題」朝鮮総督府『朝鮮総覧』，1933年，573頁，正久宏至「朝鮮紡績業の現状」朝鮮殖産銀行調査部『殖銀調査月報』45号，1942年2月，20頁。
17) 京紡株式会社編『京紡六十年：1919～1979年』，1980年，96頁（韓国語）。
18) 朴興植「財界回顧」『財界回顧2』韓国日報社，1981年（韓国語），『三千里』1933年9月。
19) Eckert (1991), p. 1（小谷まさ代訳『日本帝国の申し子』，22頁）。
20) 金季洙『財界回顧1』，92～93頁。
21) 『京城高等工業学校一覧』1939年版，『東京工業大学一覧』1930年版。
22) 『京城高等工業学校一覧』1939年版。
23) 南齊伝記編纂委員会編『南齊金相浹』ハンウル，2004年，183～184頁（韓国語）。
24) 『東亜日報』1931年1月29日（韓国語）。
25) 京城紡織は新株4万株のうち2万株は京城紡織の既存株主たちに，1万6千株は会社の重役および縁故者にそれぞれ引受権を与えて，残りの4千株は一般公募した。

『京城紡織六十年』, 7頁。
26) 有形資産金額が1年前に比べて160万円ほど減って, 自己資本は30万円ほどしか増えなかったのは, 同社が有形資産に対して150万円の巨額の減価償却を行い, 帳簿上の利益を大幅に減らしたためである。

第6章　絶頂期へ：1938～1945年

> 学生時代から抱いていた私の抱負と理想は，将来立派な実業家になることであった。今もやはりその理想をもって邁進しており，いわば初志貫徹しているつもりである。（1940年金季洙の『三千里』誌インタビューから）
>
> 企業の目的は利潤追求である。京城紡織は企業として今後も利潤を追求していくだろう。会社が高い収益を得ると，その会社は韓国経済のための役目を果たすことになる。私の弟は立派な事業家である。彼は独立のために闘争ではなく，企業を運営しているのである。（1941年金性洙の京城紡織新入社員への訓示）

1．温室で：統制と報償

(1)　戦時統制

　京城紡織が紡績設備を導入し紡績織布兼営企業として本格的に稼働し始めた1930年代後半，日本は大陸侵略を全面化し，アメリカ，イギリスと敵対状態に入った。経済報復措置によって英米経済圏から遮断された日本は，物資，資金，外貨などにおいて全面的な緊縮統制を行わざるを得なかった。綿業では原料綿花の輸入抑制および日本帝国圏域内からの調達，日本帝国圏域内の綿製品消費抑制および円ブロック外への輸出奨励などの措置が施された。それによって，朝鮮の綿工業の原料は輸入棉花から朝鮮産棉花に代替されただけではなく，原料供給量も減って厳しい配給制が実施された。また，純綿製品の代わりにスフ

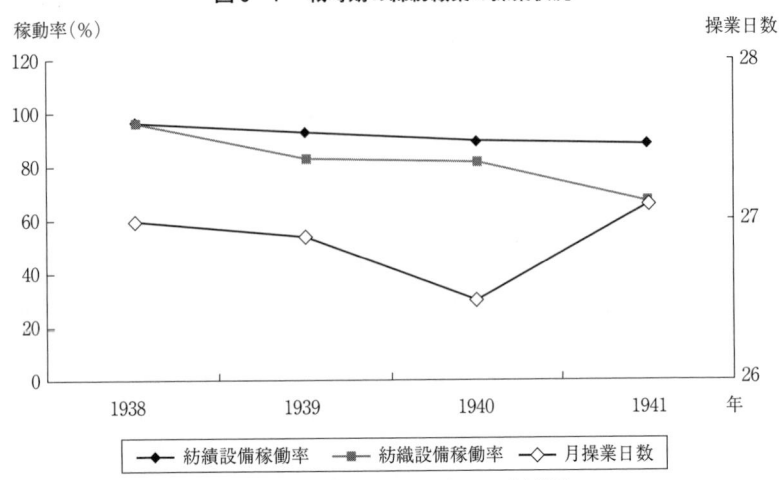

図6-1 戦時期の綿紡織業の操業状況

資料:『朝鮮経済統計要覧』,93頁(原資料は『朝鮮経済』1947年7・8月合併号)。

糸混紡が製織されたうえに,製品の生産量および販売価格,販売所に厳しい統制が加えられるようになった。

企業活動が厳しく制限された結果,綿工業の生産は全般的に委縮した。図6-1のように,朝鮮の紡績設備の稼働率は1941年まで90%に近い水準を維持していたが,紡織設備の稼働率は1940年の80%から1941年の67%へと減少した。原綿消費量も1938年から1942年までに68万ピクルから34万ピクルへと半減した。

綿糸の生産量をみると,1938年の純綿糸の生産量は11万梱で前年度の18万梱より大幅に減少したが,混紡糸の生産が始まり,総生産量は21万梱と前年度よりむしろ増加した。しかし,1939年は統制が強化され,純綿糸の生産量は4万梱と前年の3分の1ほどに激減し,混紡糸の生産増加にもかかわらず,総生産量は18万梱と前年度より減少した。1940年上半期にはさらに減少し7万梱にすぎなかった[1]。

綿織物の生産量も1937年の2億6,200万平方ヤードから1940年は1億4,800万平方ヤードと40%以上も減少し,1941~1942年の間には8,500万平方ヤードへと1937年の3分の1以下に減った。

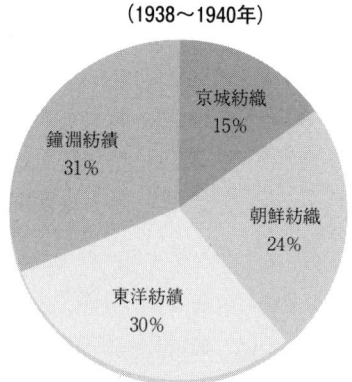

図6-2 綿糸生産の企業別割合
（1938～1940年）

- 京城紡織 15%
- 朝鮮紡織 24%
- 東洋紡績 30%
- 鐘淵紡織 31%

資料：大日本紡績連合会『大日本紡績連合会月報』589号，1941年11月，67～68頁。

 このように綿紡織業界が委縮するなか，京城紡織の操業も縮小され，1938年から綿糸や綿布の生産量は減少し続けた。しかし，製品の構成や業界における会社の地位は改善された。まず，1938年は19番手以下の太糸が生産綿糸の85％以上であったが，1940年上半期は53％に減り，その代わりに細糸の生産割合が増え続けた。朝鮮紡織も20番手以上の細糸の比重が26％から40％へと増加した。京城紡織は他の日系三大紡績会社に比べて太糸の生産割合が大きかったが，朝鮮の紡績業界全体における細糸の割合の増加に伴い，京城紡織も生産の中心を太糸から細糸へと移していった。細糸生産の割合が大きくなるにつれ，製造技術は改善された。京城紡織は細糸から綿布を製織していたが，とくに44番手の細糸は日本の経営者たちもその品質を認めていたほどであった[2]。

 綿糸生産の企業別比重をみると，1938～1939年には東洋紡績，鐘淵紡績の次に朝鮮紡織，京城紡織の順で，東洋紡績と鐘淵紡績の生産量はほぼ同じで，京城紡織は東洋紡績や鐘淵紡績の半分にも満たなかった。しかし，1940年は京城紡織の比重が少し増え，そのぶん鐘淵紡績と朝鮮紡織の比重が減った。2年6ヶ月間の生産量合計をみると，鐘淵紡績と東洋紡績がそれぞれ30％，朝鮮紡織が24％，そして京城紡織が15％を占めていた（図6-2）。東洋紡績と鐘淵紡績

の工場は二つずつ,朝鮮紡織と京城紡織の工場は一つずつあったので,京城紡織は個別工場としては平均規模に達していたのである。

綿糸と異なり綿布に関するこの時期の生産統計は残っていないので,『製品売上日記帳』,『製品元帳』の売上統計をもって,生産の実態を推論してみよう(付表26)。

綿布生産量は変動が激しいものの,概ね減少趨勢をみせていた。販売量は1941年上期と下期のそれぞれ28〜29万疋から翌期は14万疋へと半減し,1943年上期は16〜18万疋までゆるやかに上昇したが,同年下期は23万疋へと急増した。このように変動が激しかったのは,統制下の需給計画や原料調達実績などによって生産量が調整されたためである。

綿布には大きく生地綿布と加工綿布の二つがあった。加工綿布の生産量は生地綿布のそれより多く,価格も高かったために,売上高に占める加工綿布の比重が大きく,全体の60〜70%を占めていた。加工綿布は生地綿布に比べて長い工程を必要とする高級品であり,京城紡織の製品が高級化したことを表している。

一方,販売経路も戦時期に入って変化した。綿糸および綿製品の配給制実施によって,紡績企業は製品を綿製品関連商会社で構成された綿糸布商同盟会に供給することになった。京城紡織は同盟会所属の特殊関係会社を通じて販売することになった。

1930年代の京城紡織は,金秊洙が所有経営しているゴム靴製造会社兼商社である中央商工を通して製品を販売した。しかし,戦時に入って指定された綿糸布商のみを通じて紡績製品を販売するようになると,金秊洙は新しく三養商事と大同織物を設立した。後者は朴興植との合併企業であった。京城紡織は両社を通じて販売を行い,1940年上期は製品の65%,1941年上期は57%,1942年は37.1%を両社によって販売した[3]。また,紡績工業組合と日本軍への販売の割合は高かったが,ほとんどの日本人会社である一般企業への販売は少なかった(付表27)。

エッカートは1938年12月1日〜1939年11月30日の販売手数料元帳に基づいて,

京城紡織の製品の60％以上が三井物産，八木商店，東洋棉花，伊藤忠商社など日本の商社によって販売されたので，京城紡織は販売問題を簡単に解決したと指摘している[4]。しかし，残念ながら筆者は1939年下期の販売関連資料を直接確認することはできなかったので，『日記帳』や『製品元帳』などから1940〜1943年の取引先を確認した。それによると，エッカートの指摘とは異なり，製品の約40％は系列商社に，15％は紡績工業組合に販売され，日本人商社に販売されたのは30％程度にすぎなかった。

戦時統制によって販売網が変わったものの，依然として関係会社を通じた販売が主であったうえに，戦時下の物資不足を考えると販売はそれほど困難な問題ではなかったので，敢えて日本人商社に依存する理由もなかったのであろう。

(2) 高収益

植民地末期に絹織物商業に携わった洪在善は，「当時の商売は品物をどのように買ってくるかが問題で，売るのは気にする必要がないほど品物が不足していて……人絹や絹を問わず五箱を売ると，朝鮮信託会社の四〜五ヶ月の給料になるほどの利益を得た。品物を得るのには苦労したが，それほど楽に儲けられる商売もなかった」[5]とし，物資の確保が最大の問題で販売は困難がなく，むしろ大きく儲けたと言っている。

京城紡織の収益性は，戦時期に飛躍的に向上した。決算期（6ヶ月）別純利益をみると，統制以前の1937年は従来の2倍の6万円台であったが，戦時統制期に入った1938年上半期は22万円，同年下半期は60万円を超え，植民地末期まで毎期60万〜80万円を記録していた。

それ以前は10％にも満たなかった売上総利益率は大きく増え，第23／24期から第33／34期までの6年間に30％台を維持し，とくに第25／26期には45％を計上した。それによって売上高営業利益率と当期純利益率も10〜20％の高い水準を維持していた。

このように収益性が改善されたのは，京城紡織の事業展開や原価競争力が画期的に改善されたからではない。つまり，生産や経営が改善されたためではな

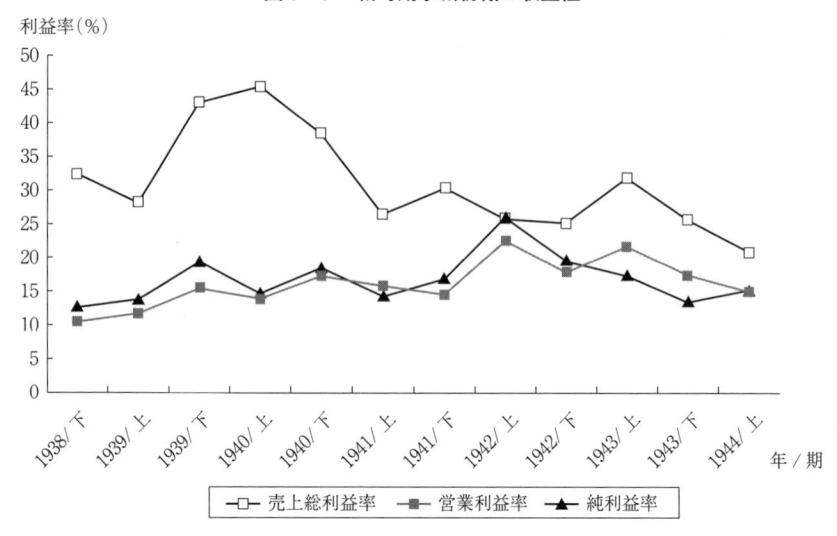

図6-3　戦時期京城紡織の収益性

利益率(%)

凡例：□ 売上総利益率　■ 営業利益率　▲ 純利益率

横軸：1938/下、1939/上、1939/下、1940/上、1940/下、1941/上、1941/下、1942/上、1942/下、1943/上、1943/下、1944/上　年/期

かった。配給された原綿をもって指定された品物を生産・販売していたので，経営能力は問われなかったのである。

　収益性が高くなったのは，綿製品公定価格が生産企業の高収益を保証するように策定されていたためである。供給不足による価格上昇を抑制するために，1938年10月12日「朝鮮物品販売取締規則」が公布され，公定価格制が施行されたが，綿布，綿糸，繰綿の価格引上率がそれぞれ異なったために，綿紡織企業の収益は大きく影響を受けた。

　図6-4のように，日中戦争勃発以降1年間の綿織物価格は供給不足のため，100%以上も暴騰した。1938年10月の公定価格の施行により少し引き下げられたが，1939年9月現在の価格は1937年6月のそれに比べて65%ほど高かった。しかし，その原料になる綿糸の価格は綿織物ほど大きく変動していない。戦争直前の好況および戦時期の人手不足によって賃金などを含むその他のコストも上昇したが，戦時期の綿紡織工業はほかより製品価格が大幅に上昇した。

　京城紡織は繰綿・紡績・紡織を兼営していたので，繰綿および綿糸価格の抑制は不利な措置にみえる。しかし，それは綿糸の外部取引に限られており，最

図 6-4　綿業関連卸売物価の推移

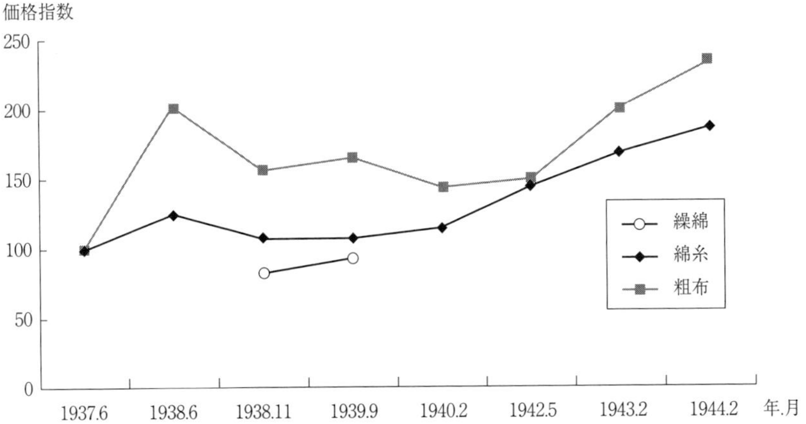

価格指数、縦軸：0〜250、横軸：1937.6, 1938.6, 1938.11, 1939.9, 1940.2, 1942.5, 1943.2, 1944.2 年.月

凡例：繰綿、綿糸、粗布

註：価格系列はすべて1937年6月のそれぞれの価格を100とした指数である。
資料：全国経済調査機関連合会朝鮮支部編『朝鮮経済年報』1940年版, 351〜352頁。1940年以降は『朝鮮総督府官報』。

終製品である織物価格が大幅に引き上げられたので，マージンは大きく増えた。いいかえると，公定価格制下の紡績企業は原料繰綿を安く調達し，製品を高く売ることができたので，高収益をあげられたのである。棉花栽培者の農民に渡されるべき報酬が紡績企業に移転されたともいえる。

　他の繊維工業企業の収益性が大幅に向上したことも価格統制が高収益をもたらしたことを裏付けている。朝鮮殖産銀行の会社事業成績調査資料によると，大手繊維企業の平均自己資本利益率は1936年上／下期の1.7％，13.6％から，1937年にはそれぞれ4.9％，5.3％，1938年には9.2％，14.3％へと高くなった[6]。生産および価格統制下のすべての企業の収益性が高くなったのは，公定価格が企業に有利に策定されたためである。

　しかし，京城紡織の高収益はすべて特恵的な公定価格によるものではなかった。京城紡織が高級品を中心に生産製品の構成を変えたのも，高収益の一つの要因である。

　まず，織物種別公定価格は加工度が高い製品ほど高く価格が策定されていた。

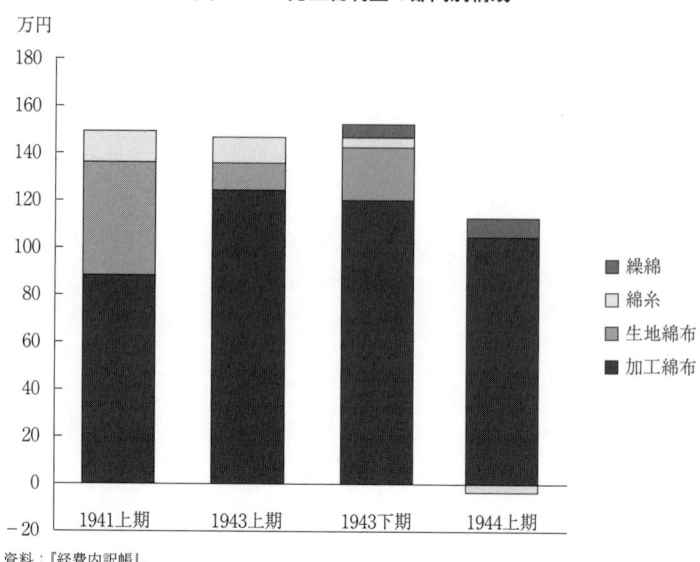

図6-5 売上総利益の部門別構成

(万円)

凡例:
- 繰綿
- 綿糸
- 生地綿布
- 加工綿布

横軸:1941上期, 1943上期, 1943下期, 1944上期

資料:『経費内訳帳』。

　加工綿布の売上総利益率は40％前後で,生地綿布の売上総利益率14〜28％よりはるかに高かった。つまり,生産原価対比の公定価格は生地綿布より加工綿布のほうが高く策定されていたのである。
　京城紡織は綿糸では細糸の割合を大きくし,織物は生地綿布より加工綿布の割合を大きくした。京城紡織の生産綿糸の割合をみると,1938年の20番手以上の綿糸は14％にすぎなかったが,1940年上期は47％へと大きく増えた[7]。また,1941年下期から1943年下期までの加工綿布の売上げは1,327万円と生地綿布の売上げの492万円を大きく上回っていた。
　売上総利益率がもっとも高い加工綿布の売上げが大きかったので,収益のほとんどは加工綿布に依存していた。図6-5でみるように,1941年上期の総利益に占める加工綿布利益の割合は60％ほどで,収益のほとんどを占めている。一方,綿糸販売はほとんど利益がないか,マイナスであった。
　つまり,公定価格のもとで売上原価に対する製品価格が相対的に高く策定さ

れた加工綿布生産に事業の軸を移した京城紡織の戦略が，高収益をもたらしたのである。公定価格という外部環境の好転に応じて収益性が高い製品生産に重点を移して，京城紡織は積極的に収益を極大化させたのである。

　ようやく京城紡織は収益性において朝鮮紡織に追いつくようになった。京城紡織の設備規模は紡績と織布両方において朝鮮紡織の60％程度で，1938～1942年の京城紡織の営業利益は約604万円で朝鮮紡織の約995万円の60％程度であった。すなわち，純利益の規模は設備規模に比例していた。

　京城紡織の自己資本収益率，総資産収益率などの収益率指標は朝鮮紡織より優れていたが，実際の収益性は京城紡織が朝鮮紡織より優れていたとは言えない。戦時統制下，設備規模によって原料の配分や生産量が決定され，同級製品に同一価格が適用されたので，両社の設備当り営業利益はほぼ同じ水準であった。両社の収益率の均一化は，実際の収益力の均等化より，むしろ一律的な戦時統制措置に起因するものである。また，ROEとROAなどの収益性指標において京城紡織が朝鮮紡織より勝っていたのは，朝鮮紡織はすでに安定化段階に入っており，自己資本と総資産が相対的に大きかったためである。

　両社は時間の経過とともに，収益率指標が低下した。これは，戦時下の売上規模の統制によって当期純利益規模が制限される一方，両社とも増資および利益の内部留保によって増加し続けた自己資本を投資資産に廻し，総資産を拡大したためである。とくに京城紡織は，後述するように巨額の増資および借入れを行って大規模投資資産を取得したために，収益率指標が急減した。したがって収益率指標の悪化は，戦時期の紡績織布業の高収益性を否定するものではない。事業そのものは高収益であった。収益率の下落は，事業の急速な拡張を反映したものである。

　京城紡織は韓国人企業の中では抜群の実績を残していたが[8]，その高収益性は自由な企業活動の喪失の代償でもあった。この時期の純利益はほぼ一定で，とくに1940年以降は毎期当り80万円程度に固定されていた。京城紡織はただ総督府が配給する原料で製品を生産し，固定された価格で配給機構へ納品するだけで，原料配給のために総督官吏を相手に交渉をすることを除くと，事実上仕

事らしい仕事はなかった。支配人であった金容完は「営業活動や原綿購買活動はなく，物資配分事務だけで複雑な手続きをするようになり，事業に対する創意力や推進力が生まれるはずがなかった」と回顧している[9]。

同じく金季洙も，「生産者は生産から販売まで自らが決定できることが一つもなかった。したがって，生産者は生産意欲を失っただけではなく，ほぼ賃加工の請負業者にすぎなかった……ゴム工業をはじめとしてその他の工業も事情は同じであった」と回顧している。

原料物資の配分量は戦争の長期化とともに減り続け，京城紡織は朝鮮の紡織事業からこれ以上の発展を望めなかった。もちろん物資が絶対的に不足していたため売上の心配はなく，また公定価格制下で利潤も戦時期以前より大幅に増えていたので，戦時統制体制は京城紡織にとって安穏な温室でもあった。しかし，退屈な温室でもあった。企業家の野心的な意欲（animal spirit）は温室には長くいられず，新しい出口を探すために突進した。

2．大陸へ

(1)　複製増殖：南満紡績㈱の設立

朝鮮でこれ以上の事業拡張を望めなかった金季洙が朝鮮の外，満洲で活路を模索し始めたのは当然のことともいえる。その結果物ともいえるのが，1939年12月に京城紡織の出資で設立した資本金1千万円の南満紡績株式会社（以下，南満紡績と略する）である。

満洲進出は創立趣旨書にも満洲への輸出ヴィジョンを明示するほど，早くからの京城紡織創業者たちの夢であった。金季洙は1921年の満洲視察の際，「我々が生き延びる道は満洲なしではありえない」ので，「いつか満洲で大きく翼を広げてみたい」と決めていた。1930年代初以降，不老草標製品が満洲で売れ始めると，京城紡織の経営陣は真剣に満洲市場の事を考え始めた。とくに朝鮮紡織が1934年営口紡織を引き受けて満洲へ事業を拡張すると，金季洙は満洲

第6章 絶頂期へ：1938～1945年

進出を本格的に検討し始めた。

満洲では綿製品の輸入代替工業化が1920年代前半から始まり，奉天紡紗廠，遼陽の満洲紡績，大連の福島紡績，内外棉会社の錦州工場などが設立されていた。

1934年の満洲国営口紡績股份有限公司と東興紡織の合併の際に，持分を引き受けてその経営に参加した朝鮮紡織は，1932年設立の営口紡績に100万円を出資し，資本金200万円の営口紡紗廠に改編した。営口紡紗廠は合併後営口紡織に改名し，1936年3月現在，紡錘10,368錘，織機350台，職工572人の規模であった。それ以前から満洲地域に鶏龍標と長鼓標などの粗布製品を輸出していた朝鮮紡織は，本格的な事業展開のためにこの会社を引き受けた。朝鮮紡織の投資額は1934年11月末の決算時点で約130万円であったが，1938年11月の決算期には約500万円へと増えていた[10]。

満洲で事業拡張をはかっていた金季洙は，1936年満洲国政府に紡績会社設立許可願を提出し，新設される紡織工場が京城紡織の分工場ではなく独立した紡織会社であることと，会社の資本および工場建設資材や設備は朝鮮から調達することを条件に，翌年9月満洲国政府から設立許可を得た[11]。後者の条件が加えられたのは当時，日中戦争勃発の直後で現地の資金および資材の事情がよくなかったためである。

しかし，日中戦争以降，華北地域に新しい販路が開くと，金季洙は計画を変更し，華北に工場を建設することにした。金季洙は，

「日本軍が破竹の勢いで上海，南京などを占領すると，そこの中国人経営の紡織工場のほとんどは閉鎖状態で織布難は深刻であった。その頃から人気を集めていた不老草標広木が華北一帯でも人気を集め，京城紡織は大きく成長した。それは中国人たちが敵対国である日本製品を忌避したためであった。国際舞台でこのような意図しなかった脚光を浴びるようになり，京城紡織は生産に拍車をかけた。このままなら『朝鮮の京城紡織』ではなく，『東洋の京城紡織』になる日もそれほど遠くないと思えた」[12]。

朝鮮の綿織物の輸出額は1936年600万円を超えたが、1937年は1,800万円、1938年は2,800万円へと増え、京城紡織の輸出も急増し、品切れが続出していた。満洲国の次に中国本土市場が開くと、金秊洙は華北地方に工場を建てることを検討し始めた。

とくに日本軍占領地の工場は中国人から日本人へと引き継がれ、産業の再編が行われていた。当初は、単独投資して河北省通州で工場を建設することや河南省彰徳での豊田織機との合併投資を検討していたが、治安問題で放棄した。また、中国人が経営していた天津の恒沅紡績との合併も検討したが、占領軍特務機関の反対で諦めた。最終的には満洲に新会社を設立することを決め、奉天のすぐ南側の蘇家屯を工場設立予定地として決定した。

金秊洙は満洲国政府と事前交渉を終え、1939年12月に南満紡績株式会社を設立するまで2年もかかったのは、既存企業の引受けの検討や工場建設地の選定に困難があったためである。その間、満洲で京城紡織の製品の売れ行きは好調で、1938年奉天出張所を奉天支店へと昇格させた。

京城紡織は総資本金1,000万円を全額出資し、500万円ずつ2回に分けて払い込んだ。京城紡織の払込資本金と自己資本は1939年11月の280万円、450万円から1940年はそれぞれ500万円、760万円へ増えていた。この規模を考えると、南満紡績の設立は京城紡織にとって実に大きな投資であった。

金秊洙は社長に、崔斗善、朴興植、高元勲、閔奎植が理事に、玄俊鎬と金思演が監事に、実務運営の支配人には郭基鉉が就いた。崔斗善、朴興植、玄俊鎬などの既存の関係者以外に、新しく登場したのが高元勲と金思演であった。

1881年慶尚北道聞慶郡生まれの高元勲は、1910年明治法律学校（のちの明治大学法学部）を卒業し普成専門学校教授、校長を歴任し、1924年以降全南、慶北、平南などの参与官と全北道知事を歴任した人物で、1930年代末当時の皇民化運動と内鮮一体運動に積極的であった。

1896年京城生まれの金思演は、金秊洙と同じ年で、慶応大学を中退し韓一銀行副支配人を経て府協議員、府会議員、道会議員などの名誉職のほか、朝鮮公論社社長、東亜電報通信社長を歴任したのち、1934年4月は朝鮮総督府中枢院

〈写真〉南満紡績正門および機関室

参議に任命され、1939年当時は大規模麴製造会社である朝鮮麴子の社長を務めていた。

王朝末勢道家［訳注9］であった閔氏一族閔泳徽の息子である閔奎植は、1894年生まれの銀行界の人物であった。慶応義塾理財科を卒業した彼は、家業の東一銀行の銀行長を務めていた。

南満紡績理事陣の構成から金秊洙が企業家のみではなく、官僚界の有力人物とのネットワークも構築していたことが窺われる。たとえば、高元勲は韓国人として最高位官僚職にのし上がった人物で当時皇民化運動の中心におり、統制経済下の官僚との協力に大きく依存していた金秊洙は、彼を通じて政府とのパイプを構築した。

南満紡績工場の建設がはじめられたが、正規の経路を通して鉄材やセメントなどの建設資材を得ることはほとんど不可能であった。金秊洙は以前、京城紡織が紡績工場を建設しようとした際に、総督府が始興工場を諦めさせ、満洲での工場建設を勧誘した件を交渉材料にして、満洲での工場建設に必要な資材の配給を求めた。総督府との交渉で、鉄材とセメントの配当が受けられるようになり、それらの資材は蘇家屯まで運ばれた[13]。

南満紡績は1940年春から本格的な建設工事に着手し、17万坪敷地に工場7,800坪、倉庫、男女寮、講堂、食堂、社宅などの1万坪、合計17,800坪の建物が新築された。この工場敷地は京城紡織の永登浦工場敷地の6倍に当るもの

であった。

　次に直面した問題は，設備の調達であった。紡機は豊田織機から3万錘を調達する予定であったが，織機は調達の目途がつかずに難航していた。結局，20年にわたる豊田織機との取引関係とその相互信用により，豊田織機の中国青島分工場から織機を調達することになった。織機を分解し，それを「部分品」として中国から満洲国へと搬入し，ついに1942年，紡機30,200錘，織機1,129台を備えた工場が完成した。これは京城紡織の永登浦工場とほぼ同じ規模の設備で，南満紡績工場は京城紡織のレプリカに等しかった。

　戦時下の物資不足で需要競争が激しかったが，金秊洙は総督府や満洲国などの当局者，日本人企業家との緊密な繋がりをフルに活用し，大工場建設を成し遂げたのである。これは単に，「日本帝国主義者の支援で設立できた」のではなく，「金秊洙が日本帝国主義者の支援を引き出した」とみるべきである。

　工場を建設したものの，工場を稼働させる人力の確保も大問題であった。高級技術者は京城紡織から連れてくるとしても，職工の調達は問題であった。現地中国人を採用して工場を稼働させるのは難しかったので，韓国人を採用する必要があった。しかし当時満洲では，移住してきた農民とアヘン商や売春業者など一攫千金を夢見る流れ者の2種類の韓国人しかおらず，どちらも工場の職工には適していなかった。京城紡織は1942年，京城工場の女工を南満紡績に派遣するかたわら，朝鮮で新たに職工を募集して連れていった。それでも労働力は十分ではなかったため，満洲現地の韓国人の子弟も採用し，総従業員は約1,300人に達した。

　彼は人力確保の手段として工場内に学校を敷設した。敷設学校には6ヶ月を1学年とする4学年制の初等部と，1年を1学年とする2学年制の中等部を設け，それに合わせて職工の契約期間を2年とした。学校では1日4時間授業が行われ，2時間は勤労時間を12時間から10時間へと減らして確保し，残りの2時間は職工が自らの個人時間を割愛して確保した。教師は京城紡織から派遣された職員たちが兼任したが，彼らは大学や高等工業学校を卒業していたので，教師の資質としては十分だった。これで管理社員と職工は「教師と学生」の関

係ともなり，労務管理に役立つようになった。これは後日，韓国の高度成長期に職工が昼間は工場で働いて，夜間は学校で高校過程を履修した「産業体併設学校」と類似したものであった[14]。

職工を確保した南満紡績は1943年から操業を開始したが，その生産や販売は統制される一種の賃加工であった。満洲繊維公司という統制機関が原綿を供給し，生産製品を指定すると，南満紡績はそれを生産し，納品するので，会社の商標や販路はなかった。一ヶ月の生産量は綿糸20番手基準で2,500梱，織物は5万疋程度で，京城紡織は綿糸2,000梱，織物3万疋を生産していたので京城紡織より大きかった。

一方，京城紡織は韓国でも新たな繰綿工場の設立や引受け，染色工場の設立など事業を拡大した。日中戦争勃発以降，外国産棉花輸入がほぼ途絶えると，紡績企業間の原綿確保競争が熾烈になった。総督府は農家が棉花を指定紡績工場だけに販売できる共販制を施行し，各紡績企業には一定地域の棉花買収権を付与した。京城紡織は黄海道南川郡と殷栗郡などの棉花買収人に指定され，繰綿工場を建てた。南川工場は1937年11月に繰綿機10台をもってスタートしたが，1940年には16台を増設するなど拡張し続け，解放時には60台を備えていた。殷栗工場は1939年5月に繰綿機10台をもってスタートしたが，解放時には20台を備えていた。また，1943年には平壌の繰綿企業である三星綿業社を引き受けた。

また，戦時期の服装が国防色と呼ばれる国民服に統一されるにつれて，生地より染色地が必要になったため，1941年は染色加工工場の設立にも着手した。1934年に紡績工場の敷地として購入した始興郡東面禿山里の敷地に染色漂白加工工場を建設し始め，1942年には日本から中古の精錬機3台，浸染機22台，水洗機4台などの中古設備を買い入れた。しかし，戦時下の物資難によって1944年にようやく工場が竣工し，翌年1月から稼働し始めた。400人の従業員で月産4万疋の整備能力をもち，実際に一日400万疋を生産した[15]。

金秊洙は短期間に京城紡織永登浦工場とほぼ同じ規模の工場を満洲に建設しながら，朝鮮では繰綿工場，染色加工工場も建設するなど活発に事業を拡大していた。このような急速な事業拡張は資金調達問題を引き起こした。彼はこれ

をどのように解決したのだろう。

(2) 財務的後押し

　資金調達の実態を究明する前に，資産変動の内訳を把握しておこう。図6-6と表6-1から戦時下の京城紡織の資産構造の変動を追ってみよう。

　1938年11月～1944年11月の6年間，京城紡織の総資産は600万円から3,800万円へと6倍以上も増加した。その一部は1944年下期の中央商工などの合弁によるものであるが，ほとんどは事業の拡張によるものであった。

　資産の内訳をみると，有形資産は1944年の中央商工や東光製糸の吸収合併によって倍になった。南州，殷栗の繰綿工場は大きい規模ではなかったので，1944年以前の有形資産の変動はそれほど大きな影響を及ぼしていなかった。

　反面，運転資本，その他純営業資産，投資資産は急増し，金融資産も増えた。運転資本は在庫資産の増加，とくに1942年以降の在庫増加によって，1938年11月～1944年11月の間に900万円以上も増えた。戦時期のインフレーションによって原料，材料および製品などの在庫資産が増えたうえに，中央商工の合併などによってその在庫資産も加えられたためである。したがって，運転資本の増加は名目上の増加とみるのが妥当だろう。

　その他純営業資産は1939年と1940年にマイナスだったが，1941年からプラスへ転じ，とくに1943年頃から急増した。これは主に仮払金の増加によるもので，仮払金は1943年11月決算期から1千万円を超えていた。一方，投資資産も1939年から急増し，1938年11月の100万円から1942年11月には1,200万円へと激増した。そのほとんどは南満紡績の株式で，京城紡織は南満紡績に出資金のほかに貸出金を支援したので，これが京城紡織の仮払金勘定の増加として現れたのである。

　1939年まで80万円台であった金融資産は1940年には200万円台へと上昇し，終戦まで150万～200万円台を維持していた。戦時期の京城紡織は，主に南満紡績の設立運営と戦時インフレーションによって資産規模が急増したため，資金調達の必要に迫られた。

第6章 絶頂期へ：1938～1945年

図6-6 戦時下京城紡織の資産構築

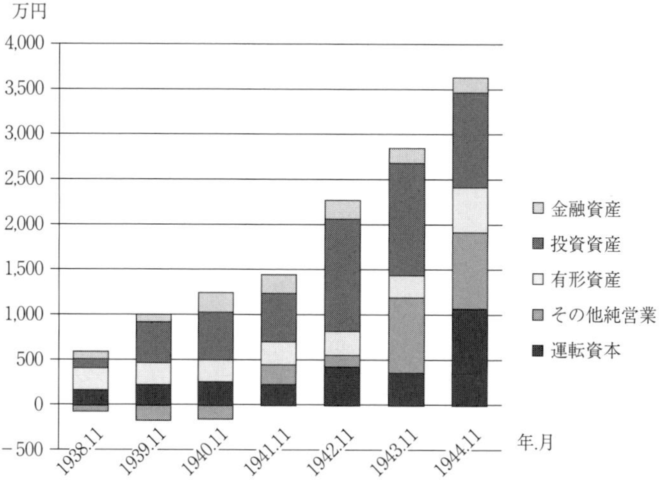

表6-1 戦時下京城紡織の財務構造

(単位：1千円)

		第23期 (1938.11)	第25期 (1939.11)	第27期 (1940.11)	第29期 (1941.11)	第31期 (1942.11)	第33期 (1943.11)	第35期 (1944.11)
営業活動	運転資本	-1,652	-2,315	-2,571	-2,351	-4,384	-3,561	-10,836
	買入債務	102	287	226	140	9	86	0
	その他純営業資産	737	1,641	1,491	-2,193	-1,231	-8,440	-8,288
	純営業資産	-813	-387	-854	-4,530	-5,607	-11,916	-19,124
長期資産蓄積活動	有形資産	-2,551	-2,425	-2,500	-2,567	-2,688	-2,558	-5,068
	投資資産	-988	-4,558	-5,196	-5,352	-12,470	-12,349	-10,492
	その他固定負債	20	150	290	780	1,330	1,043	913
	自己資本	3,650	4,468	7,607	8,290	11,249	11,527	15,199
	(資本金)	(2,800)	(2,800)	(5,000)	(5,000)	(7,500)	(7,500)	(10,500)
	純自己資本	131	-2,364	201	1,152	-2,580	-2,336	552
金融資産		-818	-849	-2,266	-2,054	-2,035	-1,587	-1,698
借入必要資金		-1,500	-3,600	-2,918	-5,432	-10,221	-15,839	-20,269
借入金		1,500	3,600	2,918	5,432	10,221	15,839	20,269
純借入金		682	2,751	653	3,378	8,186	14,251	18,571

　1938年11月と1944年11月を単純比較してみると，総資産の増加分3,200万円は自己資本1,160万円と負債2,040万円で構成されている。しかし，1944年の中央商工などの吸収合併に必要な資金は，実際には新たな調達を必要としなかっ

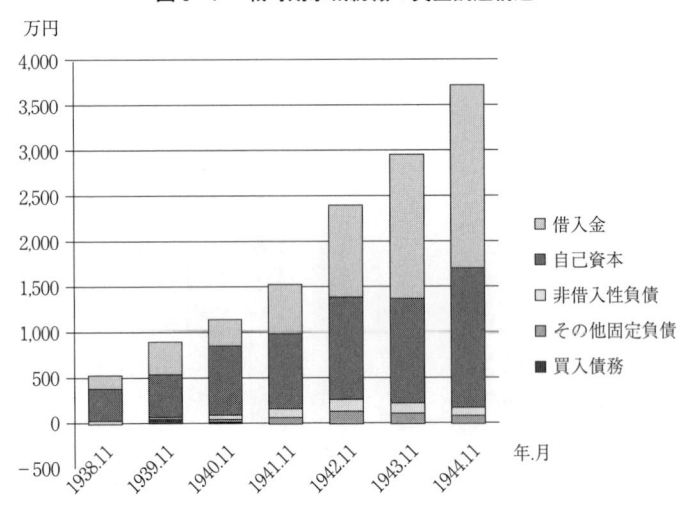

図 6-7 戦時期京城紡織の資金調達構造

（万円、凡例：借入金／自己資本／非借入性負債／その他固定負債／買入債務、年.月：1938.11～1944.11）

た。南満紡績への出資金と貸与金，そしてインフレーションによる運転資本の増加分は実際に調達しなければならなかった。

戦時期の資金調達の構造を表す図6-7をみると，借入金および自己資本によってほとんどの資金は調達されていた。買入債務とその他固定負債の比重は小さかった。

1938年11月末～1944年11月末の間に自己資本は約4.2倍，借入金は13.5倍に増えた。とくに1938年11月は自己資本の40％程度にすぎなかった借入金は，1944年11月には130％と膨らみ，戦時期拡張の主な資金源が借入金であったことがわかる。南満紡績の所要資金2,200万円は，新規借入金1,400万円と自己資本800万円で構成され，ほぼ3分の2が借入金によるものであった。

借入金は1938年11月の150万円から1939～1940年は300万円台へと倍増し，それ以降幾何級数的に増加した。とくに1942年はわずか1年間で500万円近く増え，1943～1944年の間は毎年500万円ずつ増加した。

主な借入先は殖産銀行で，敗戦直前の1945年5月末の借入れの内訳をみると，殖産銀行1,714万円，朝興銀行317万円であった[16]。

自己資本も1938年11月～1943年11月の5年間に，365万円から1,150万円へと約3倍に急増した。この時期の京城紡織の事業拡張のスピードに自己資本の充当が追いつかなかったが，自己資本そのものも急増していた。

790万円近い自己資本増加分のうち470万円が増資払込金で，320万円が利益留保金であった。会社は1940年資本金220万円を追加払込みしたのちに，1942年は公称資本金を500万円に増やしてその半分の250万円を払い込んだうえに，巨額の利益留保もあった。それは戦時期の新しい様相である。この期間の利益累計額750万円から株主配当250万円，賞与金とその他17万円，税金160万円が支出され，残り320万円は剰余金として留保された。

京城紡織は，それ以前は少ない利益金を配当として消化していたが，1930年代の朝鮮紡織のように，戦時期の巨大な利益の40％を留保して拡張資金として利用した。戦時体制下の高収益性は拡張をもたらした要因になったのである。

借入経営体制に入った京城紡織の負債比率は1937年11月の107％から1943年11月末162％，1944年11月末151％へと高まり，自己資本をもって固定資産を賄うことができなくなった。有形資産と投資資産など本来の固定資産のほかに，仮払金のほとんどは南満紡績支援の貸与金で事実上の固定資産であった。1943年11月末の仮払金1,010万円に有形資産と投資資産の合計額1,500万円を足すと，長期資産金は約2,500万円に達し，自己資本不足分は1,200万円を超えた。それに営業活動の不足資金200万円を足すと，1,400万円の借入れが必要であったのである。

このような大規模借入は，朝鮮紡織と対照的であった。表6-2をみると，朝鮮紡織の有形資産は1938年11月末～1944年11月末に500万円ほど増えた。その内訳をみると，機械器具費はほとんど変わらなかったが，不動産が2倍に増え，繰綿やメリヤス工場などの建設中の資産が200万円ほど増えていた。また，1939年3月に設立した綿業関連商社の朝紡商事（最初の払込資本金20万円）と営口紡績への追加出資などの投資資産も同期間に200万円ほど増えた。朝鮮紡織は増えた700万円の固定資産を自己資本で賄っていた。高収益とともに利益剰余金が1937年11月末の440万円から1944年11月末には1,260万円と急増したう

表6-2　戦時期朝鮮紡織の財務構造

(単位：千円)

		第42期 (1938.11)	第44期 (1939.11)	第46期 (1940.11)	第48期 (1941.11)	第50期 (1942.11)	第52期 (1943.11)	第54期 (1944.11)
営業活動	運転資本	-8,012	-8,489	-9,838	-12,084	-18,237	-29,373	-27,600
	買入債務	6,840	8,140	10,360	11,869	17,750	37,000	38,600
	その他営業純資産	-3,032	-3,844	-5,281	-4,302	-3,487	-9,469	-9,594
	純営業資産	-4,204	-4,193	-4,758	-4,516	-3,973	-1,841	1,401
長期資産蓄積活動	有形資産	-4,301	-4,271	-5,026	-6,044	-7,289	-8,425	-9,413
	投資資産	-5,966	-7,226	-7,390	-7,550	-7,677	-8,014	-7,772
	その他固定負債	625	812	1,023	1,318	1,424	1,657	1,908
	自己資本	13,285	15,267	17,534	18,558	19,146	19,763	20,093
	純自己資本	3,643	4,583	6,141	6,282	5,603	4,982	4,816
金融資産		-639	-779	-1,382	-1,766	-1,630	-3,140	-6,217
借入必要資金		-1,200	-389	0	0	0	0	1
借入金		1,200	389	0	0	0	0	0
純借入金		561	-391	-1,382	-1,766	-1,630	-3,140	-6,217

図6-8　戦時期京城紡織の借入金利

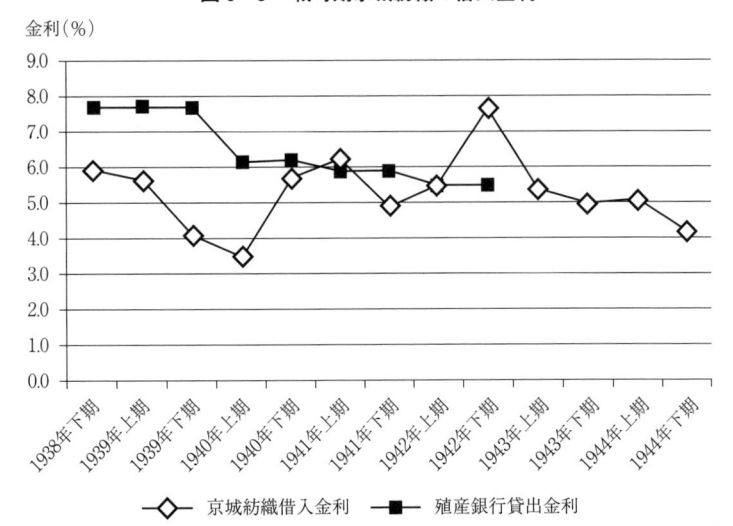

註：京城紡織の借入金利の計算の際，期中平均借入は期首借入金と期末借入金の単純平均。
資料：『経費内訳帳』，『総計正元帳』，『殖産銀行営業報告書』各年。

えに，125万円の増資が行われ，自己資本はこの7年間に総額1,070万円も増えたためである。むしろ自己資本の余裕分は，従来の100万円から1940年代には500万円ほどに増え，400万円を超える運転資金の負担もなくなっていた。朝鮮紡織はすでに1930年末に無借入状態に転じ，1940年代には数百万円台の純金融資産を保有するようになっていた。

戦時体制以前から安定的な財務構造を確保していた朝鮮紡織が事業拡張を円滑に進める一方，紡績工場に次いで南満紡績を設立するなど事業拡張を急ピッチで進めていた京城紡織は資本金の追加払込みや借入れに忙殺されていた。

しかし，京城紡織にとって大規模借入れに伴う金融費用は収益性の負担にならなかった。借入れは植民地期末期，とくに1942〜1944年の短い間に急増したので，すぐには経営の負担にはならなかった。また，京城紡織が負担する借入金利も1930年代中葉以降大幅に引き下げられ，1934年の9％から1937年上期の7.2％，1938年下期の5.2％と減り，その後は4〜5％を維持していた[17]。1938〜1939年の金利は殖産銀行の平均貸出利子率より低く特恵性をもつが，戦時金融統制が実施されると，殖産銀行の貸出はすべて政策貸出となり，京城紡織はその適用対象になったのである[18]。

金融面で政策的支援を受けるようになった戦時体制下の京城紡織の借入金利は，1934年までは殖産銀行の平均貸出利子率より高く，1937年上期から少し低くなる。したがって，戦時期以前の京城紡織はその代価（市場利子率）を払って金融提供を受けたとみられ，京城紡織と殖産銀行の取引のみで京城紡織への政策的支援を強調するのは無理がある。京城紡織が金融面において政策的支援を受けたのは戦時体制下のことで，とくに借入規模が急速に拡大された1942,1943年から政策の特恵が大きくなったと言えるだろう。

3．絶頂，そして崩壊

(1) 事業の一大帝国

　金季洙は南満紡績の設立に止まらず，地主経営会社の三養社を通した満洲での大々的な農場事業，新たなビール会社，山林開墾会社の経営にも乗り出した。

　金季洙は南満紡績設立以前の1935年から満洲で開墾事業形態の農業投資を大々的に進めていた。彼は数回にわたり事前踏査のために三養社の職員を派遣し，その調査結果に基づいて満洲，とくに遼河の河口である営口地方と奉天，吉林の両省の境界にある盤石一帯が米作農業に適していると結論付けた。

　1936年12月，京城紡織奉天出張所の隣に三養社奉天事務所を設置し，翌年2月から本格的な農場助成に着手した。まず，営口地方に朝鮮人移住農民200余戸を募集して，一戸当り荒地3町歩の開墾を任せる天一農場を開設した。2月から着手した水田造りのための立木除去作業は同年秋に完了し，翌年から本格的な農作業を行えるようになった。

　同年9月は，審海鉄道に沿って奉天省の深い内陸地海龍へ進出し，盤石農場を開設した。盤石農場は，220戸を募集して1937年9月から水田造り作業を開始し，2ヶ月で700町歩の開墾を完了した。このように短期間で作業が完了したのは，満洲各地で水田造りの経験を積んだ農民を投入したためである。

　天一農場と盤石農場の水田造り作業の成功によって，金季洙と三養社の従業員は満洲での農場事業に自信をもつようになった。農場開設は続けられ，翌年は近隣の梅河口地帯に梅河農場，輝南地域に蛟河農場を次々と開設して水田造りを開始し，1940年には北の内陸地である吉林省下九台に九台農場を開設した。また，海龍近隣の農場で収穫された稲の収集，運搬，精白，販売などの支援業務のために1938年11月，海龍のすぐ隣の山城鎮に三養社出張所を開設した。

　このように渤海湾の交通要地の港から鉄道に沿って内陸へ進出し，南満洲一帯から満洲国中心部である首都新京を超えて北部地域まで事業を広げた。

表6-3 三養社の満洲農地開墾事業

農場名	所在地	農場開設／農事開始	規模	備考
天一農場	奉天省営口	1937／1938	1,785町歩	
盤石農場	奉天省海龍	1937／1939	700町歩	
梅河農場	奉天省梅河口	1937／1939	380町歩	東光学校に寄付
九台農場	吉林省下九台	1938／1939	400町歩	
蛟河農場	奉天省輝南	1938／1939	400町歩	
茶棚農場	濱江省雙青縣	1943／1944	177町歩	南満紡績従業員の食糧自給
合　計			3,822町歩	

資料：三養社『三養五十年』，1974年，137〜149頁（韓国語）。

図6-9 満洲における事業拡張

三養社は農場を開墾する移住民を募集する際に，一戸当り荒地を3町歩ずつ与え，初年は小作料なしで，住宅・家具・農機具・稲種の購買費，収穫までの10ヶ月分の生活費，医療および教育施設，その他雑費を提供し，それらを収穫の後に償還することにした。梅河農場は，荒地と熟地をそれぞれ1.5町歩，1町歩ずつ提供し，前貸金を少なくした。農民は秋に収穫した稲を売って会社の前貸金を返済し，残りを利益として得た。農民はその利益金をもって他の土地使用権を得るか，三養社の農場で耕作を続けるかを選ぶことができた。三養社農場の小作料率は，3割であった。小作率が朝鮮内のそれ（平均5割）よりも低かったのは，新たに開墾した土地であったがうえに，気候も稲作には向いていなかったので，生産性が低かったためと思われる。したがって，農民が生活を営むためには収穫物を農場3と農民7に配分しなければならなかっただろう。
　問題は開墾後の収穫がうまくいくかどうかである。もし，気候や灌漑水などにおいて当初から収穫が期待できる土地なら，会社は初年の農民に支払う前貸金分のリスクのみを負い，農民は農民なりに初年の生活は保障されることになる。天一農場の農民は，初年に一戸当り880円の収入を得て，前貸金340円を返済して540円の利益を得ることができた。初年から収穫がうまくいった天一農場は，毎年新たに水田を作って拡大を続けて，植民地末期には600余戸，1,785町歩へと拡大した。また，蛟河と九台の両農場も毎年12万〜16万石の稲を収穫していた。
　金季洙はそのほかに，1940年1月には三拓企業を引き受けて，原始林を伐採して農地に開墾する山林開墾事業も始めた。咸境北道の国境都市茂山から50里ほど離れた北間島の和龍県大馬鹿溝の原始林3万町歩が主な対象であった。そこはある韓国人が満洲国政府から山林伐採の許可を得ていたが，資金やノウハウの不足で着手できないままであった。彼から事業権引継ぎを提案された金季洙は，山林開墾事業は木材伐採と農地開墾が兼業できると目論み，それを満洲国貨幣100万円で引き受けた。
　会社を引き受けたのは1月で，すでに開墾のための伐採適期である秋が過ぎていた。それでほぼ1年が過ぎた1941年3月から本格的に開墾を担当する150

戸を募集して移住させた。食糧調達のための部分開墾を行ったのちに，稲作が始まったが，寒い時期が続き最初の3年間は収穫がほとんどなかった。地域に適した農事法を研究開発し，適用した1944年から収穫が得られるようになった。同年秋に伐採した山林を冬の間に集積して，翌年夏の洪水期にそれを筏に組んで豆満江に流し，咸鏡北道会寧に集結させ，製材所に渡す計画で作業は進められた。この事業には300万円を投資したが，同年8月15日の敗戦によって作業は中止し，投資金は回収できなかった。

また金秊洙は1940年3月，経営危機に直面していた韓国人経営の哈爾濱にあるオリエンタル・ビアを満洲国貨幣15万円で引き受け，経営に乗り出した。しかし，この会社はようやく採算がとれるようになると，敗戦を迎えてしまった。

一方，1940年末に財政不足や非正規学校に対する学生の忌避によって困難に直面していた奉天の韓国人中等教育機関東光学校を引き受けて，九台農場を寄付し，施設や教員を拡充し，正規学校の東光中学校へと昇格させた。

これらの事業を総括したのは三養社の奉天事務所であった。奉天事務所は1937年3月に看板をかけて以来，各農場と南満紡績，三拓企業，オリエンタル・ビア，三養商会などの系列会社を指揮・監督するキー・ステーションとなった。これによって金秊洙は「朝鮮の第一の事業家」へと上り詰めた。その一例として，厖大な事業経営のために，拓殖銀行から3千万円を，満洲興業銀行から1,200万円の総額4,200万円を借り入れており，それに肩を並べる韓国人事業家はいなかった[19]。

金秊洙にとって植民地末期の数年間は，事業拡張の絶頂期で「もっともやりがいがある，多事多忙な時期」であった。彼は「絶えず今日は京城紡織に，明日は三養社管轄農場に，明後日は満洲の南満紡績に，そして再び日本へ，中国へと東奔西走」し，そのような「忙しい日々のなかで人生の意義と生きがいを感じて」いた[20]。

その活動の中心地は満洲で，植民地末期の金秊洙の資産の半分は満洲にあった。南満紡績の設備規模は京城紡織より少し大きく，満洲の農場の面積も朝鮮のそれより大きく，三拓企業，オリエンタル・ビアは朝鮮の中央商工や東光製

表6-4　日帝末期の金秊洙の事業の地域別構成

業　種		朝鮮内	朝鮮外
紡績業	企業名 紡錘数 織機台数	京城紡織㈱ 25,600錘 896台	南満紡績㈱ 30,200錘 1,129台
農場経営（水田面積）		長城農場など8つの農場 （約2,500町歩）	天一農場など6つの農場 （約3,822町歩）
その他		中央商工 東光製糸	三拓企業 オリエンタル・ビア

糸と肩を並べていた。

　金性洙は，金秊洙の大々的な満洲投資を「日本人を追っかけて事業をすることはない」と反対した。しかし，金秊洙は「もっとも事業に自信をもつようになり，事業意欲が旺盛な時期だったので，兄の言う通りにしなかった」うえに，「総督府は朝鮮での事業を許可しなかったため，満洲へ進出せざるを得なかった」のである[21]。彼は1943年，満洲の事業に関して，「忍耐強い精神力，抵抗力が強い肉体，気候風土の近似性などからみて朝鮮人の満洲国進出は将来もっと有望であると思われるし，日満両国政府でも満洲国諸民族協和の核心になる日本内地人に準じて朝鮮人を取り扱うようになった今日に至って，その前途はもっと洋々であると言える」[22]と確固たる自信をもっていた。

　当時の満洲は「野望に燃えている軍人と官僚エリート，満洲鉄道会社調査部のような世界最大の頭脳集団，関東軍，満洲軍，馬賊，蒋介石軍，八路軍［訳注10］，韓国独立軍，諜者，アヘン密売者，詐欺師などあらゆる人間群像がチャンスを求めて右往左往していた『東洋の西部』」であった[23]。そこに巨額を投資し事業の一大帝国を建設した金秊洙は，満洲で活動していた野心家たちの最頂点に立っていた。

　しかし，金秊洙は単純な事業家に止まらなかった。いや，それはできなかった。学生時代以来「立派な実業家」になろうと決め，事業家の道を20年近く歩いてきた彼は，事業のために総督府当局者の承認と協力を得る必要があったうえに，実際にそれを得ていた。

「金秊洙の事業観,人生観,金銭観」
　——『三千里』1940年5月号,金秊洙インタビュー(韓国語)——
質問者：先生が経営している京城紡織と内地人が経営する鐘紡やその他紡績会社との競争関係はいかがですか。
金秊洙：支那事変以前はあったと言えますが,事変後は原料不足でお互い困窮しているので市場争奪戦は無いに等しいです。そして,事変前も京城紡織と他の紡績とは資本や施設,規模などが違っており,大きな会社は大規模な設備で,小さな会社は小規模で運営しているので,両者が対立的に市場争奪戦を繰り広げることはありません。お互いに等しい力関係にあると争奪戦が起こりやすいが,まだそのような経験はありません。
質問：前回,先生は奉天省にある東光中学校に50万円を義援して復活させたことに関して,在満同胞はもちろん,在内(在朝鮮——引用者)同胞も感激しています。
金：お恥ずかしい限りです。私は他人を助けたのではなく,当然のことをしただけなのに,褒められて恐縮です。
質問：朝鮮色が漂う大学を創設する抱負と構想をもっていらっしゃるのでは。
金：大きな問題ですね。まだ,考えていませんが。
質問：先生が満洲国領事として,在内同胞は在満同胞のためにどのような援助をすればいいと思いますか。
金：満洲には朝鮮人に適した教育施設が不足しているので,在内同胞の資産家が巨額の寄付をして,教育機関を多く設立することを期待しています。
質問：先生が学生時代に抱いていた理想と,現在抱いている理想との相違を聞かせてください。
金：学生時代から抱いていた抱負と理想は,立派な実業家になることでした。今もやはりその理想をもって邁進していて,言い換えれば初志一貫しているのです。政治や教育は元来は眼中にありませんでした。しかし,今は考えもしなかった政治にも関係し,教育にも関係しています。
質問：人生はどのような道を歩むものと思いますか。
金：我々は自己主義から抜け出さねばなりません。そして,自らが社会というもの

> をみて，国家を見なければなりません。滅私奉公が我々進路の根本問題といえるでしょう。
> 質問：先生の金銭観を聞かせてください。
> 金：お金そのものが我々の目的ではなく，お金をどのように使うかが我々の目的になるべきです。

総力戦に突入した日本は数多くの韓国人たちに協力を求め，金秊洙も協調せざるを得なかった。金秊洙は朝鮮第一の事業家で，また名望高い金性洙の弟で，最優先的に協力する立場であった。彼は表6-5のように，日本が提案，あるいは強要した各種公職と団体の幹部職を引き受けて日本の戦時総動員に協力した。

金秊洙は1933年に京畿道道評議会官選議員に選ばれたのを皮切りに，朝鮮紡績工業連合会の会長として1938年時局対策調査会の委員に，1939年京城在住満洲国名誉総領事，1940年中樞府勅任参議に次々と任命された。また，朴興植，韓相龍などの企業家たちとともに国民精神総動員朝鮮連盟の理事と臨戦報国団の常務委員，国民総力朝鮮連盟の厚生部長にも選任された。1941年8月には朴興植，閔奎植，高元勳などと，日本のために何をすべきか日本軍と総督，政務総監に意向を尋ねた[24]。それで京城紡織は1938年10月〜1942年1月まで50万円の国防献金を求められた。そのほかにも演説者として学兵勧誘演説会に参加し，韓国人の戦争協力を促す新聞寄稿や放送講演などを行った。

金性洙も日本の戦時総動員に引き出され，いくつかの戦時総動員団体の幹部に選任され，『毎日申報』と『京城日報』などに学兵志願を勧誘する論説を書き，学兵出陣奨行会に参加した。

しかし，彼らが熱心に時局団体の役員職を引き受けて，学兵勧誘活動を行ったとは言い難い[25]。たとえば，金性洙の新聞寄稿を彼が青年学生たちを戦争に駆り立てた有力な証拠とされているが，彼は他の記者が書いた論説に自身の名前を連ねただけだと後日抗弁している。また，彼が普成専門学生の学兵出陣奨行会に参加したのも，学校の校長として当然のことで，彼が学生たちの「聖戦

表6-5 金氏兄弟の戦時協力

区 分		内 訳
金秊洙	公職	・京畿道道評議会官選議員（1933） ・満洲国名誉総領事（1939） ・中枢院勅任参議（1940）
	団体加入	・時局対策調査会委員（1938） ・国民精神総動員朝鮮連盟理事 ・国民総力朝鮮連盟理事（1940），同厚生部長（1942） ・朝鮮臨戦報国団常務委員（1941）
	国防献金，戦時債権買入，その他	・50万円 ＝（1938.10陸海軍10万円，1939.4青年訓練所建設基4万円，1941.8臨戦報国団10万円，1942.1飛行機献納10万円など） ・臨戦対策協議会債権賛売（1941.9）
	国策会社関与	・朝鮮飛行機株式会社株主（25万円）および理事 ・朝鮮航空工業株式会社株主（10万円）
	学兵および志願兵勧誘	・明治大学学兵勧誘遊説（1944.1）
	新聞雑誌寄稿，放送講演	・満洲開拓民の東亜新建設への参与（1942，ラジオ放送） ・一億一心（毎日新報1944.1.14） ・朝鮮の学徒は輝く明日に入隊せよ（京城日報1944.1.19）
金性洙	団体加入	・国民精神総動員朝鮮連盟理事（1938） ・国民総力朝鮮連盟理事（1940），同総務委員（1943） ・興亜報国団準備委員（1941）
	新聞雑誌への寄稿，放送講演	・文弱の気質を捨て，尚武の気風を助長せよ（毎日申報1943.8.5） ・大義に死ぬ時，皇民の責務は大きい（毎日申報1943.11.6） ・皇国臣民の練成に邁進すべし（京城日報1943.11.26） ・軍人援護事業に一層奮発せよ（毎日申報1944.1.22）

資料：反民族問題研究所『親日派99人』1～3，ドルベゲ，1993年（韓国語），『大陸の開拓と半島同胞』鮮満開拓株式会社，1942年，宋建鎬『韓国現代史論』韓国神学研究所，1979年（韓国語），金三雄『親日派100人100問』ドルベゲ，1995年（韓国語），「反民特委金秊洙被疑者審問書（1949.1.28）」国学刊行会［編］著『反民特委裁判記録2：金秊洙』タラクバン，1975年（韓国語）．

参加」を積極的に煽動したとは言い切れない。彼は度重なる協力要求に対して，病気だと称して京畿道全谷の農場に蟄居して学校に行かなかった[26]。親日派を「自ら進んで熱心に活動したもの」と「受身的に活動したもの」の二つのグループに分けた『親日派群像』（1948年刊行）にも，金性洙は後者の「迫害を免れ，身の安全・地位・事業などの維持のためにやむを得ず行ったもの」と分類されている。

金秊洙も自身の意志と関係なく総督府関係者に公職任命を通報されたもので，任期中は京畿道評議会に自ら一回も出席せず，中枢院会議と国民総力連盟幹部会議に2〜3回出席しただけで，発言などはしていないと述べている[27]。時局団体への加入や国防献金は実業界における彼の立場から拒否できないものであった。たとえば，朝鮮軍司令部の参謀長は彼と閔奎植に朝鮮飛行機株式会社の1万株の引受けを求め，必要資金25万円を殖産銀行から借りることまでしていたので，その出資は避けられなかった。

　もちろん金秊洙が満洲大陸に大規模投資を行ったのは強要によるものではなかった。それは自らの事業拡張欲求によるもので，企業家としての意思決定であった。

　満洲投資の前提は「大東亜戦争」で日本が勝利し，「大東亜共栄圏」を樹立することであった。彼は自らの財産，名誉，威信のすべてを日本の「大東亜戦争」にかけた。日本の勝利が続く間は，その報いは大きく，事業の一大帝国を建設し，朝鮮第一の事業家へと登り詰めることができた。しかし，掛金は大きくなる一方で，日本が負けると多くを失いかねないので，その賭けは続けざるを得なかった。彼を含む多くの人々が，その可能性や危険を感知するのは難しかった。韓国人は日清戦争以来，または満洲事変以来，日本が戦争で勝ち続けていたという事実をあまりにも生々しく経験しており，記憶に刻んでいたためである。

(2)　崩壊，その後日談

　しかし，誰もが予期せぬ間に，日本は降伏し，戦争に終止符が打たれ，韓国は植民地から解放された。日本の敗亡とともに金秊洙は大きな打撃を受けることになった。日本の敗北は帝国全域にわたる彼の事業の崩壊を意味したからである。日本軍の中国大陸撤収とともに，彼も巨大な紡績工場，6つの大農場，広い山林伐採地を満洲に残したまま撤収せざるを得なくなり，財産の半分以上を失った。

　また，韓国国内の経済環境の変化も大きな打撃を与えた。日本は地主小作制

を容認したが，独立した韓国政府は「耕者有田」に基づいて地主小作制を認めなかった。巨大地主経営を営んでいた三養社は，その事業基盤をなくし，無から始めなければならなかった。

　さらに金秊洙は各種公職就任，時局団体役員職，国防献金などの行跡によって日本の協力者，親日派という汚名を着せられた。左翼労働運動の拠点になった京城紡織の労組員に彼は排斥され，社長や理事を辞任せざるを得なかった。彼は，1948年12月に公布された「反民族行為者処罰特別法」によって，1949年1月21日に反民族行為者として逮捕拘束され，起訴された。

　それから5ヶ月後，無罪判決を受けたが，すでに財産や名誉，事業のほとんどを失っていた。そして，朝鮮戦争の勃発，終戦を経て再び企業活動ができるようになった時には，すでに長い歳月が経過し，精神的支柱であった兄金性洙は亡くなっており，自らも50代後半になっていた。解放後，韓民党の党首になった金性洙は，1951年李承晩政権の野党出身副大統領に当選したが，60歳になって病を得，1955年病気でその生涯を終えた。

　新たに出発しなければならなかった金秊洙は1950年代に三養社の新しい事業分野として食品業を選び，砂糖と小麦粉製造を始めた。また，1960年代に本格的な経済開発が始まると化学繊維産業にも進出した。植民地期に権力と手を結んで大きな失敗を経験した彼は，権力と距離をおいていたために，数多くの事業チャンスを逃しながら，若い企業者たちと厳しい競争をしなければならなかった。

　金秊洙の手から完全に離れた京城紡織は，彼の義弟である金容元が引き継いだ。金容元は，綿紡織工業の絶頂期である1950～1960年代に京紡（京城紡織が改名）を大きくし，韓国経済協会およびその後身である全国経済人聯合会の会長を歴任し，財界のトップとして韓国経済開発の一翼を担った。しかし，1960年代は財界10位に入る大企業であった京紡は，綿紡織業に拘り続けたため，その後の国内綿紡織業の斜陽化にともない社勢は傾いた。

　このように日本の支配下の金氏家の企業家活動は貶められて，解放後の企業家活動は衰退し，その企業家活動の歴史的意義は弱まった。しかし，戦時協力

はその企業家活動の歴史的意義を否定するのではなく，戦時協力問題の扱い方そのものが間違っている。

今日の韓国人は植民地末期を多くの韓国人が日本の侵略戦争に強制動員され，苦しめられた時期として「記憶」している。金季洙は植民地末期に日本の侵略戦争をチャンスにして事業を大きく拡張し，戦時総動員に協力したとして，「民族の受難期にどうして一人勝ち続けられたのか」と非難を受けている。

親日派問題を研究しているある団体は，金季洙を「親日派99人」に選定して，京城紡織を「殖産銀行王国の朝鮮人王子」で「戦争の息子」と呼び[28]，金氏兄弟を含めた親日派人名辞典の編纂作業を進めている。また，「民族精気をうちたてる国会議員の集まり」は2002年2月28日，金性洙を含めた親日派708人を公表し，2004年3月2日に国会を通過した「親日反民族行為真相究明特別法」や，さらに強化された2004年12月29日改正の「日帝強占下反民族行為真相究明特別法」で，金氏兄弟を主要調査対象の一つとした。

しかし，彼らはこのような日本の支配下の戦時協力が，ある個々人の変節，逸脱ではなく，当時韓国社会の体制的傾向，韓国人の一般的傾向であったことを看過している。我々は日本の植民地下で親日派は極めて少数で，多数の人々は抵抗あるいは非協調的であったことを知っている。しかし，「親日」と「抗日」のスペクトルには広範囲の中間地帯，グレー・ゾーンがあり，その中間地帯で「協力」は一般的に行われる行為であった[29]。

すでに知られているように当時の知識人はほとんど一人残らず，「変節」した。教育，宗教，文化，芸術，企業，社会運動などすべての領域において韓国人の指導層のほとんどは日本の協力者になった。

それは指導層のみに限られるものではなかった。10代の幼い少女も毎朝学校の「愛国朝会」に皇国臣民の誓いをして，軍歌行進曲に合わせて敵を突き刺す動作をしながら教室に入ると血が熱くなるのを感じ，自分を教えていた学校の先生が本当は韓国人であったことを解放後になってから知るほど，韓国人は日本人として振る舞っていた[30]。

戦時体制で多くの韓国人は事業チャンスをつかみ，就職先を得て，より高い

地位に上り，より多くの報酬を得た。また，そのために多くの韓国人が学校教育を受けるようになった。

1925～1932年の間に20％ほどに留まっていた初等学校の就学率は1933年から急上昇して1938年33％，1942年には48％に達した。そして1927～1933年の間は年間8,000人ほどに停滞していた中等学校の韓国人入学生数は，それ以降増加し続けて1943年にはその3倍に達した。日本が「忠良な皇国臣民」を養成しようと拡充していた学校に数多い韓国人学生が進学し，卒業生は満洲や中国華北までに就職先を求めていた[31]。

また，1938年に日本が朝鮮陸軍特別支援兵制度を実施すると，多くの韓国人青年は軍隊に志願し，1938年2,964人であった志願者数は1940年8万4,443人，1943年には30万人と急増した。「朝鮮人大衆は身分上昇のためなら日本軍隊に協調する行為などにもまったく構わなかった」のである[32]。

一方，神社参拝拒否を契機にキリスト教学校の廃校問題が発生すると，ほとんどの韓国人関係者（財団関係者，教育関係者，教師，学父母）は神社参拝をすれば済むことで，敢えて学校を廃校することはないと，欧米宣教会に学校の存続を求めた。神社参拝を拒否し教育から「引退した」のは，韓国人キリスト教信者ではなく欧米宣教師であった[33]。

このように日本の植民地末期は協力と体制内化が一般的な現象であった。これは，戦時総動員のために日本の圧力が増す一方，韓国人はうち続く日本の勝利報道によって「大東亜共栄圏」の成立を信じざるを得なかったためである。

日中戦争を起こした日本は華北，華中地方を占領して傀儡政権を立て，東南アジア諸国を侵略し，勝利を重ねていた。その戦勝を祝う集まりが朝鮮各地で開かれていたので，韓国人は日本の「大東亜共栄圏」の成立を信じるようになった。日本は「旭日昇天」し東洋で威勢を振って世界大国の仲間入りをしたようにみえた。今後，独立の「その日」は永遠に来ることもなく，日本の支配は何百年も続くようにみえたのである[34]。

積極的な日本の協力者であろうがなかろうが，多くの韓国人はそのような現実に巻き込まれていた。まるで今日，アメリカ主導の世界政治経済秩序を多く

の人々が当然のことと受け入れているように，植民地下の韓国人は日本の「大東亜共栄圏」成立を不敗の新秩序として受け入れていた。明白な親日と明白な抵抗という両極端の間にある大多数の韓国人は，協力者にならざるを得なかった。ただ協力行為をしたかどうかが問題なら，そこから自由になれる者はほとんどいなかった。

　したがって，最近の親日派清算論のように少数の人を選定して親日派という烙印を押し，残りの人々は親日派ではないと免罪符を与えるのは妥当ではない。植民地末期に金季洙は多様な方面から協力行為を行っていたが，後日韓国第一の企業人になった李秉喆は同じ時期に小規模貿易商と酒造場を経営しながら，彼の人生で「もっとも放蕩な時期」を過ごしていた[35]。金季洙と李秉喆を区別するのは朝鮮第一の大企業家か，名もない中小企業家かの違いであり，親日派か親日派ではないかではなかった。もし，協力行為を問題視するなら，戦時体制下で学校を卒業して総督府官吏，面の書記，金融組合の書記になったり，警察，憲兵，軍人，教師，銀行員，会社員になったり，中小企業家になった数えきれない韓国人，我々の父母と祖父母世代すべてを批判しなければならないだろう。

　親日派清算論をより困難にするのは，いわゆるその親日派が解放後反共親米近代化主義者になり，韓国経済社会の近代化を達成したという事実である。1948年に独立政府の政権を掌握したのは，一生を抗日独立運動に捧げた李承晩であったが，彼はいわゆる親日派を多く含む政府を構成し，親日派清算作業に従事していた反民特委を武力で解散させた。彼はアメリカを引き込んで大韓民国を共産化の危機から救った。それ以降，経済成長を通じて大韓民国を名実ともに自立国家としたのは，朴正煕を筆頭にした近代化主義者であった。

　このようになったのは，抗日闘争の不屈の精神と経験のみでは国家を経営することができなかったためである。ある進歩主義者は「鳥は左右の翼で飛ぶ」とし，韓国に独立運動家が必要であったように，教育と産業の担当者，実力養成の実践家も必要であったとした。近代国家経営には近代社会の知識が必要であり，それは学校教育と企業の経営者および従業員，管理者として切磋琢磨し

て得られるものであった。日本の植民地期に独立運動をした人々ではなく，個人の出世と発展のために学校に通い，事業を営み，教師になり，軍人や官吏になった人々が韓国経済成長の主役になった。

この点を認めない親日派清算論は，大韓民国の建設主体を見誤っている。親日派清算論者は日本の支配下で官吏，軍人，警察，企業家になった人々は民族独立という重大な課題を度外視し，邪魔した親日派であると呼び，民族史から彼らを排除する。しかし，解放後の大韓民国を建国して守った主流は彼らであった。多くの抗日運動家は大韓民国の建国に参加しないか（たとえば，金九，金奎植），崩壊させようとした（共産主義者，北朝鮮に行った人々）。今は誰が大韓民国を建国し発展させ，誰がそれを崩壊させようとしたのかを諮問してみる時である[36]。

さらに親日派を清算することが，すぐに民族精気の回復や高揚につながるのではない。抗日運動家が政権を握った朝鮮民主主義人民共和国は，数多くの人民が他国の領事館に逃げる飢餓の帝国になった反面，いわゆる親日派が政権を握った大韓民国は，世界第一の経済成長と模範的な民主化を成し遂げた国になった。民族精気というものが存在するのかはわからないが，もしあるのならそれは当然人民共和国ではなく大韓民国にあるだろう。その理由は大韓民国が世界第一の高度経済成長と民主化という偉業を達成したからである。

植民地下の代表的な企業家の家柄である金氏家の戦争参加，大陸進出，戦争協力は批判を受けて当然のことで，彼らを含む親日協力の真相は究明されるべきである。しかし，彼らが植民地末期に日本へ協力したとして，親日派あるいは反民族行為者だと規定するのは焦点がずれている。唯一の物差しで烙印を押すと同時に，彼らのほかの側面や業績が見えなくなるからである。親日派，反民族行為者という枠で彼らを片づけるのは適切ではない。また，「彼ら」のみではなく「彼らを含む私たち」の親日の真相，協力の真相を究明せねばならない。彼らを通して過去を反省して，そこから学ぶことで今日の私たちをさらに成熟させることができる。

韓国伝統社会の失敗とその克服に関する真剣かつ正確な省察がなければ，失

敗の歴史は繰り返されるだろう。私たちは100年前の失敗が与えてくれた教訓を学ばなければ，世界の笑い物になるだろう。マルクスは「すべての巨大な世界史的事件と人物は二度，すなわち一度目は悲劇に，二度目は喜劇として現れる」としていたではないか。

1) 大日本紡績連合会『大日本紡績連合会月報』589号，1941年11月，67～68頁。
2) 1949年6月15日の反民特委裁判における金尚衡（前南満紡績業務課長）の証言，国学刊行会［編］著『反民特委裁判記録2：金季洙』タラクパン，1975年，124頁（韓国語）。
3) 『日記帳』。
4) Eckert (1991), pp. 160-161（小谷まさ代訳『日本帝国の申し子』，211～212頁）。
5) 洪在善「財界回顧」『財界回顧3』，226-227頁（韓国語）。
6) 『朝鮮会社事業成績調』各年版。
7) 塩見常三郎「朝鮮に於ける紡績工業の現状（二）」『大日本紡績連合会月報』589号，1941年11月，67～68頁。
8) 京城紡織が1939年上期から1940年上期の毎期当り70万円の純利益を出す一方，商業界の代表企業である朴興植の和信は8万～18万円，金鉱業で大きく勃興した李鐘萬の大同鉱業は12万～17万円，金思演の麹製造会社朝鮮麴子は15万～22万円，六大銀行の一つである閔奎植の東一銀行は13万～17万円，漢城銀行8万～11万円，朝鮮商業銀行20万～26万円，湖南銀行12万～13万円，慶尚合同銀行7千～8千円，満州の韓国人系銀行東興銀行は1万～2万円，韓相龍の朝鮮生命保険は4万～5万円の純利益を出していたにすぎなかった。『三千里』1941年1月号（韓国語）。
9) 金容完『財界回顧3』，90頁（韓国語）。
10) 東一郎『満州に於ける金巾粗布及大尺布』満洲輸入組合連合会，1936年，179～195頁；大連商工会議所『満洲銀行会社年鑑（昭和11年版）』，1936年，日満棉花協会朝鮮支部『綿業統計』1937年版，168～169頁，『朝鮮紡織営業報告書』。
11) 金季洙『財界回顧1』，130頁（韓国語）。
12) 金季洙『財界回顧1』，93～94頁。
13) 金季洙『財界回顧1』，110頁。
14) 金季洙『財界回顧1』，111～112頁。
15) 金季洙『財界回顧1』，123頁。
16) 『借入金元帳』（1944年6月1日～1954年11月30日）。
17) 図6-8によると，借入金利が1940年上期に例外的に低く，1942年下期には高く

現れているが，それは借入金の平均残高を期首借入金と期末借入金の単純平均に計算したためである．実際は，期首に借入れが行われた場合の平均残高は大きいが，計算上借入金の平均残高はそれより小さく借入金利が高くなり，期末に借入れが行われる場合は実際の平均残高より計算上の平均残高が大きく，借入金利が低くなるのである．
18) これを「京城紡織に対する殖産銀行の特恵付与」と強調したエッカートの指摘は適切ではない．Eckert (1991), pp. 91-93（小谷まさ代訳『日本帝国の申し子』，126〜129頁）．
19) 金季洙『財界回顧1』，107-109頁．
20) 金季洙『財界回顧1』，138頁．
21) 金容完『財界回顧3』，88頁．
22) 金季洙「在満朝鮮人の将来」平山瑩澈編『半島史話と楽土満州』満鮮学海社，1943年，40頁（韓国語）．
23) 趙甲濟『朴正熙①』カチ，1992年，86頁（韓国語）．
24) 金相泰編『尹致昊日記』歴史批評社，2001年，485〜487頁（韓国語）．
25) エッカートも同じ見解である．Eckert (1991), pp. 247（小谷まさ代訳『日本帝国の申し子』，313〜314頁）．
26) 俞鎮午『養虎記──普尊高大三十五年の回顧──』高麗大学校出版部，1977年，114〜116頁（韓国語）．
27)「反民特委被疑者審問調書（1949年1月28日）」『反民特委裁判記録2：金季洙』，37〜45頁（韓国語）．
28) 反民族問題研究所『親日派99人』1〜3巻，ドルベゲ，1993年（韓国語）．
29) 尹海東『植民地のグレー・ゾーン』歴史批評社，2003年（韓国語），朴枝香『歪んだ近代』プルン歴史，2003年（韓国語）．
30) 朴婉緒『その多かったシンアはだれが食べたのか』熊津出版社，1992年（韓国語），柳宗鎬『私の解放前後』民音社，2004年（韓国語）．
31) 呉成哲『植民初等教育の形成』教育科学社，2000年，485〜487頁（韓国語），朱益鐘「1930年代中葉以後朝鮮人中等教育の拡充」『経済史学』24巻，1998年，102頁，137頁（韓国語）．
32) 尹海東『植民地のグレー・ゾーン』歴史批評社，2003年，47〜48頁（韓国語）．
33) 朱益鐘「植民地平壌朝鮮人企業家の経営理念」『経済史学』19巻，1995年（韓国語）．
34) 趙容萬『京城夜話』窓，1992年（韓国語），宋建鎬『韓国現代史論』韓国神学研究所，1978年，299頁（韓国語），徐廷柱「徐廷柱の回顧」『新東亜』1992年4月号（韓国語）．

35) 李秉喆「財界回顧」『財界回顧1』,296〜297頁(韓国語)。
36)「私たちの近代は自生的に発展してきたのではなく,基本的に外部から与えられたものである。近代化を推進するためには一時的に外国文物に熱中しなければならない。それゆえ近代化勢力は少なくとも親日的あるいは親米的であった。私たちの身を切り裂かずして親日・親米的要素をなくすことはできない。もし,それを実行すれば,韓国社会が解体されるだろう」安秉直「韓国現代史の進歩と保守」『月刊朝鮮』2002年5月号,134頁(韓国語)。

終　章

　　我々の近代史は外勢によって蹂躙された植民地の歴史
　　である。その苦難をどのように克服した民族であるかを
　　ありのままに記述しないと，今日私たちがどれほど立派
　　なものを成就し，これから成就していくかはわからない。
　　　　　　（安秉直，2002年5月『月刊朝鮮』とのインタビ
　　　　　　　ュー（韓国語））
　　半世紀が過ぎた今日の韓国ほど豊かで民主化された国
　　はほかにない……韓国人が自らの歴史にプライドをもた
　　ないと，いったい世界のどの国が自分たちの歴史にプラ
　　イドをもつだろう……韓国人は自らなぜ成功したのかを
　　もう一回考えてみる必要があるのではないか。
　　　　　　（木村幹『朝鮮日報』2005年9月23日（韓国語））

1．隷属資本・帝国の申し子を超えて

　京城紡織のような植民地下の韓国人企業を韓国の歴史研究者たちはあまり評価していない。企業家が日本に妥協的かつ協力的で，企業活動の多くを朝鮮総督府と日本人企業に依存していたとして，その資本は隷属資本，その企業家は親日資本家と呼ばれている。このような協力と依存関係を明らかにしたのはエッカートである。彼は，本のタイトル「帝国の申し子」が示唆するように，韓国人資本家階級の日本帝国主義への依存関係を明らかにしたので，その研究は隷属資本論者には心強い援軍になっている。
　しかし，韓国人企業，企業家の歴史的展望，それが韓国史にもつ意義に関して，隷属資本論者とエッカートは正反対の見解をもっている。エッカートは，

現代韓国の成功の起源を独立以降、つまり1960年代に求めず、開港から植民地期の間に徐々に世界資本主義に開放されたことに求めている。また、エッカートは現代韓国の政治経済の枠が植民地期に形成され、金性洙・秊洙のような植民地下の韓国人資本家層が現代韓国資本家階級の源流であるとしている。

反面、隷属資本論者は現代韓国の高度経済成長や資本主義の起源は植民地期にあるのではなく、植民地支配があったにもかかわらず成し遂げられたとしている。植民地支配は、経済成長や近代化の障害物、または邪魔物で、そこで成長した植民地期の韓国人大企業は、韓国の経済成長と近代化に寄与できない「日本帝国主義の永遠の子分」だとしている[1]。したがって、解放後の経済成長は植民地支配が残した廃墟の上において韓国人が新しく一から成し遂げたもので、それを主導した企業は植民地下の韓国人企業とは関係がないとしている。

はたして韓国人企業や企業家を、日本帝国主義に依存し成長した存在とみなすことは妥当なのか。そして、その認識に基づいた隷属資本論や、帝国の申し子論は、歴史的展望としては理にかなっているのであろうか。

まず、最初の問いから検討してみよう。

エッカートは、殖産銀行からの借入れや出資、日本の貿易商からの原料綿糸の供給、日本の紡織会社からの設備導入と技術提供、日本人綿布商を通した製品販売、総督府の干渉による労働争議の解決、日本の満洲進出に伴う満洲進出などを詳細に実証した。京城紡織の日本人企業および総督府との緊密な交流・協力関係を明かしたのは、エッカートの大きな功績である。

しかし、韓国人企業や企業家は日本帝国主義が養育した存在であるという彼の結論は、取引関係を支援、あるいは依存関係とみる一種の論理飛躍である。

殖産銀行のような植民地金融機関の資金提供は、韓国人企業の支援・育成を意図したものではなかったからである。韓国人企業が植民地金融から政策的に排除されなかったのは事実であるが、植民地金融機関が韓国人企業を支援・育成する方針を持っていなかったのも事実である。エッカートは植民地金融機関の資金提供を一種の特恵的支援とみなしているが、それは現代韓国の経済開発プロセスにおいて、金融がもつ特恵性をそのまま植民地期に投射したものにす

ぎない。1936〜1937年まで日本帝国主義は，現代韓国政府のような低金利政策を行っていなかった。したがって，資金需要が恒常的に供給を超えることはなく，総督府が産業部門別，企業別に資金を配分する必要もなかった。京城紡織のような韓国人企業は，その代価（市場利子率）を支払い，植民地金融機関から資金提供を受けていたので，京城紡織と殖産銀行の取引を京城紡織への日本の政策的支援と解釈するのは妥当ではない。

同じく日本人企業が京城紡織に設備を販売し，技術を提供し，原料を供給し，京城紡織から製品を購入したのも，日本人企業が京城紡織の成長を支援したことにはならない。豊田織機のような織機製作会社が京城紡織のような紡織会社に織機を売るのは当然のことで，製品販売に伴う技術者派遣や京城紡織の技術者招聘などを通した関連技術の提供は付加サービスとして当然のことであった。また，伊藤忠のような日本人商社が京城紡織に原料綿糸と綿花を販売し，京城紡織の製品を引き受けたのも日本人商社の企業活動の一部で，京城紡織を支援するための特恵的なことではなかった。

つまり，京城紡織と植民地金融機関，日本人企業の関係は，基本的に前者に対する後者の支援，協力の関係というよりは，一般的な取引関係，すなわちgive-and-take の相互利益関係であった。

総督府の補助金支給も，特別に韓国人企業として京城紡織を支援したものではなかった。京城紡織と朝鮮紡織の両社が1930年代前半まで補助金を受けたにもかかわらず，京城紡織の補助金受領だけをもって総督府が韓国人企業を支援，育成したと強調するのは一面的である。補助金は後発工業化の難関に処した新興企業への政策的支援だと解釈すべきである。韓国に初めて移植された近代工業が定着することは容易なことではなく，企業は実行学習（learning by doing）しており，補助金はそのプロセスを支援するものであった。

また，京城紡織は設立初期の三品事件で大きな欠損を計上した1923年以降，わずかではあるが純益を出し続けていたので，補助金無しでも生き残れた。むろん，補助金をもって早くも1926年初めに累積欠損を清算したが，補助金は京城紡織を赤字から救ったのではなく，わずかな純利益を補充して安定的な配当

を可能にする役割を果たしたにすぎなかった。

　一方，京城紡織の南満紡績設立も日本の大陸進出に伴ったところが大きいが，日本が京城紡織に事業基盤を与えたのではなく，京城紡織が日本帝国の拡大の副産物として生じた新しい事業チャンスを積極的に掴んだものである。

　したがって，日本人企業，日本帝国主義が京城紡織を支援したという解釈は，一般的交換関係や取引関係を恣意的に解釈したものである。単純に韓国人企業と日本人企業の取引や，持続的な取引がある得意先に対するいくつかの便宜をもって，両社の関係を施恵・依存の関係とみなすのは，論理の飛躍がある解釈である。

　日本人企業や日本帝国が京城紡織のような韓国人企業を抑圧しなかったという従来の見解に異論はなく，両社の間に多様かつ広範囲な交流や取引があったことを明らかにしたエッカートの研究は大きな意義をもつ。しかし，彼は相互協力関係である交流と取引を「支援」という側面から強調しており，そこに議論の余地を残している。

　しかし隷属資本論者は，京城紡織を植民権力・日本人企業と持続的な取引・交流を行った日本帝国主義の「子分」とみなしている。彼らの観点からすると，植民地期の意味ある活動は独立運動のみで，直接あるいは間接的に寄与しない活動は歴史的な意義をもたない。したがって，日本帝国主義の協力に基づいて成長した京城紡織は代表的な隷属資本にすぎず，その妥協性や反民族性は批判されるべきものである。

　しかし，韓国の近代化は，日本およびアメリカとの国際関係を抜きにしては考えられない[2]。なぜなら，資本主義市場経済に開放された19世紀末以来，韓国は経済社会の全面的な改編を経ながら経済成長を経験した。それが可能であったのは，韓国人が資本主義市場経済に適応しながら自己改造・開発を行ってきたためである。隷属資本論は，このような韓国人の適応や自己改造・開発を無視した限界をもつが故に，京城紡織のような企業活動を日本帝国主義に従属する隷属的活動にすぎないものとみなしている。

　隷属資本論からすると，高度経済成長の社会的能力は植民地期に形成される

ことはありえない。彼らの主張からすると, その能力は解放後, 空から降ってきたか, あるいは植民地期を飛び越えて朝鮮王朝時代から解放後に伝わったものになる[3]。

しかし, これは答えにならない。高度経済成長の扉はこれまでごく少数の国だけに開いた, 合格率がとても低い難問であった。その難関を括り抜けるためには, 実に難しい試験を受けなければならなかった。植民地期に韓国が完全に疲弊したのなら, どのようにして短期間でしかも優秀な成績でその試験に合格したのだろうか。また, 韓国伝統社会の優れた社会・文化的力量が日本帝国主義の抑制と収奪にもかかわらず, 生き残って（あるいは復活して）解放後の経済発展を成し遂げたのなら, なぜ韓国は最初から植民地を経験しないで早くから自力で近代化を成し遂げることができなかったのだろうか。なぜ, 苛酷な植民地支配を経なければならなかったのか。これらの問いに隷属資本論者は答えていない。独立運動のみが重要だという独立運動至上主義, 抗日運動への寄与の如何とその程度を問う褒貶の歴史学は, 植民地期の歴史的蓄積を見逃しているので, 韓国の高度経済成長は説明できない。

それを正す出発点は, 植民地期に独立運動のほかにも韓国人の重要な活動があったことを認めることである。すなわち, 韓国人が資本主義市場経済に適応して自らを改造し, 開発し, それが経済社会の近代化に大きな意義をもつことを認めることである。この側面では植民地期の韓国人企業は当代韓国人が成就した業績であり, これこそが第一次的な歴史研究の対象といえる。「歴史は人々が行ったことの記録であって, 行い損ねたことの記録ではなりません。その限りでは, 歴史は否応なしに成功の物語になるのです。トーニー教授の申しますには, 歴史家は『勝利を占めた諸力を前面に押し出し, これに敗れた諸力を背後に押し退けることによって』, 現存の秩序に『不可避性という外観』を与えるものである, というのです。しかし, これがある意味で歴史家の仕事の本質ではないでしょうか。……歴史家は, 勝者にしろ, 何かを成し遂げた人々を問題にします」というカーの言葉は[4], 歴史とは基本的に成就の記録ということを裏付けている。

エッカートの「帝国の申し子」論は，京城紡織が日本資本主義体制下において学びながら成長したことを明らかにした。まず，京城紡織が日本人企業から設備と原材料を導入し，生産技術や経営ノウハウを学び，総督府の政策的恩恵を受けながら成長発展したことを明らかにした。そして，韓国近代化のパワーは開港と植民地化を契機として外部，つまり先進資本主義あるいは植民地の本国から，近代的制度，慣行，技術，施設ももたらされたものであり，日本の植民地支配が開発指向的であったことと，植民地期の政治経済の枠が解放後の韓国の政治経済体制の基本骨格になったことを明らかにした。これらは後発工業化の必然的な手順であるので，エッカートの理論は基本的に正しかった。

後発国の工業化は先進国の制度，資本，技術を導入し，先進国市場に依存することが核心である。日本は明治維新以降，西欧の法，政治，経済，教育制度，技術を導入して工業化を成し遂げた。日本を代表する紡織工業，製鉄工業，造船工業等は，すべて西欧の技術や設備によって建設されたものである。ただ，日本は独創的な制度，慣行などを加えて活用することによって，先進知識や技術を他の国よりうまく導入・吸収したのである[5]。

韓国では過去に日本が導入した私有財産制度，市場交換体制，自由賃労働制などの市場経済体制を解放以降も基本的に維持しながら，1950年代以降も外部の技術，設備，知識を導入し，工業化を進めた。1950年代のアメリカの援助は輸入の74％，GNPの7.7％に達し，韓国経済を支える一方，アメリカは1950年代末以降の経済開発計画の樹立と実行に深く関与した[6]。

エッカートによると，解放以降資本主義市場経済体制が韓国に導入され定着していくプロセスに沿った韓国の近現代史は，一貫した「長期従属の歴史」として把握できる。そのなかで，日本やアメリカとの国際関係がもつ重要性を把握することができる。

しかし，韓国資本主義の植民地期起源を究明するには，「帝国の申し子」というタイトルでは十分ではない。後発国の立場では先進制度，技術，資本の導入のみではなく，それを正しく習得し活用することも重要であるが，「帝国の申し子」は前者のみに注目しているからである。いいかえると，先進制度と技

術を導入した後発国は多いが，韓国を含む少数の国のみが工業化と経済成長に成功した要因は何かということが重要で，後発国が先進国の知識と技術を導入したか否かは問題ではない。

「帝国の申し子」論は世界資本主義が提供する後発性の利益のみを強調し，後発国の吸収能力，社会的能力を軽視する一方的な外因論になる可能性がある。エッカートは，現代韓国の政治・経済の枠の形成における「帝国」の役割，外部の影響を決定的な要因とみなしている。エッカートによると，植民地工業化の遺産である「経済における国家の圧倒的支配，少数財閥への経済力集中，輸出の強調，経済成長の刺激剤としての戦争の脅威」などが，1960年代以降の工業化で再現されたとしている。

もっと明確な一方的外因論の立場をもっている研究者も多い。韓国戦争研究で名を知られている Cumings は，韓国の経済発展から世界体制論（もっと厳密には地域体制論）的脈絡を強調して，アメリカ―日本―韓国の三国間の地域分業体制の形成を韓国工業化の主な要因とみている。彼はアメリカの韓国輸出指向工業化計画に基づいて韓国の工業製品の輸出市場が提供されたので，韓国の工業化を「招待による発展」と呼んだ。Woo は「社会階級から超越している『強盛国家 (strong state)』が金融を掌握し援助を配分して韓国の工業化を進めたが，その起源は第二次世界大戦前の日本や植民地韓国にある」と主張した。そして Kohli は，韓国工業化の主な要素である「発展国家 (developmental state)」とは，日本帝国の総督府体制を継承したもので，1960年代以降それが「作動」しただけだとし，「韓国発展の日本系血統」を主張しながら，「開発途上国の成敗の可否は植民地遺産の違いによってかなりの部分が説明される」とした[7]。

彼らの論理によると，多くの国が低開発や貧困から抜け出せない理由は，アメリカが「招待しなかった」とか，日本のような「発展国家」が残した遺産，つまり帝国主義の支配をうけなかったためということになる。

反論する価値もないこのような結論は，彼らが後発国の社会的能力を考慮せずに，経済成長の要因を外部のみに求めていたために導かれた。この立場から

韓国経済成長の歴史的背景を究明しようとすると，日本帝国主義体制と第二次世界大戦後のアメリカ主導の世界資本主義体制を同一視せざるを得なくなり，後発国の社会的能力という主体的要因は軽視されてしまうのである。

エッカートの研究の解釈を間違えると，「韓国近現代史はまるで日本とアメリカによって寄生的に展開された他律と従属の歴史である」という誤解を招きかねない。「帝国の申し子」論は後発国の発展における対外開放と国際交流の重要性を明示したが，それだけでは十分ではない理由はここにある。外部要素が社会発展に大きく影響していても，内部主体の役割を正しく評価する必要がある[8]。

つまり，植民地支配のために考案・構築・運営された植民地開発体制は，意図せざる結果として韓国人の社会的能力の鍛錬場になったことを認める必要がある。もちろん，日本帝国主義が意図的に韓国人を近代経済社会の担当者として育成するために訓練を行ったことはない。しかし，日本は植民地支配のために韓国に市場経済を本格的に導入し，韓国人は市場経済における生活方法，行動要領，行動規範を学習した。すなわち，経済人の生活様式を体得したのである。

それとともに，韓国人は国を失った民族のうっ憤と貧困の悲惨さを切実なまでに経験した。韓国人であったために日本人から受けた蔑視と侮辱，暴行はほぼすべての韓国人に民族独立の切実な願いを抱かせた。また，近代文明の圧倒的生産力，それがもたらす物質的な豊かさは，韓国人に植民地朝鮮の貧困を思い知らせ，そこから抜け出そうとする強い意志を抱かせた。直接的な抗日闘争はその頂点にあったが，その他の広範囲にわたって教育と啓蒙，企業活動が展開された。

植民地の開発体制で韓国人の社会的能力は向上した。寄生地主のような単純な有産者の一部が近代的企業家としてよみがえった。その企業家は独自の理念や企業感覚をもって事業チャンスをつかみ，企業を組織，経営し，成長させた。

2. 優れた学習者：大軍の斥候

　世界資本主義の影響を受けて全面的に改編されていた韓国で，一部の韓国人は新しい事業チャンスをとらえて近代化プロジェクトに着手した。金性洙・秊洙は，その典型であった。

　韓国の農業は日本へ食料を供給する役割を担うことになり，米穀の輸出が増え，米穀の商品化を通じて巨大な富を蓄積する可能性が生まれた。韓国人のなかにはそれを利用し，巨大地主へと成長したものも多数現れた。彼らの経営方式も日本人地主の経営方式に従って改編され，生産を農民に任せる単純な寄生地主から，生産へ積極的に介入し，小作規模や管理方式を変更し，開墾や干拓事業を行い，収入の極大化をはかった。旧来の地主経営を収入の極大化という目標に合わせて合理的に再編した動態的地主化，企業家的地主化は，日本人地主から学習したものであった。金氏一家の地主経営の変貌，三養社の設立と成長はその典型である。

　それとともに近代的工業製品が押し寄せた朝鮮の工業は，全面的に再編された。多くの機械製工業製品が在来手工業製品を駆逐し，市場を独占したので，在来手工業は衰退した。しかし，在来工産品は農家の副業として営まれたので，在来手工業の衰退は土着工業生産者の没落よりは，小農の労働時間配分の変化，輸出用農産物生産の専業化を引き起こした。

　新しい工業製品の需要が広範囲に生じたために，韓国では必然的に新しい近代的工業が「移植」され始めた。それは主に植民地の本国資本によって担われたが，韓国人資本もその一翼を担った。資本，技術，販路などで韓国人資本が進出する余地がある部門，つまりメリヤス工業，ゴム工業，製糸業，綿紡織工業などに韓国人資本は例外なく進出した。

　亡国という政治的状況も，韓国人資本の近代工業進出に大きく影響した。韓国人は民族独立の手段として教育と産業の発達志向，つまり実力養成主義志向をもつようになったからである。日本に追い付くために多くの韓国人は，日本

の高等教育を受け，韓国に企業を設立し，言論活動を行い，教育事業に邁進した。韓国人工業はこのような志向と深く関連しており，京城紡織はその典型であった。旧韓末，彼らの父親たちが関与していた啓蒙運動の延長線上で，金性洙，金季洙，李康賢は日本へ留学した。彼らは日本留学を終え，当時最高のエリートとして「朝鮮経済独立の急務」を果たすために，輸入代替の移植工業化が始まっていた韓国において，教育と産業に身を投じたのである。

　第一次世界大戦末，朝鮮に日本人による最初の近代的紡織企業として朝鮮紡織が設立された。その後を追うようにして，金性洙が京城紡織の設立を推進する途中，挙族的独立運動である三・一運動が起き，ダイナミックな社会の流れにおいて京城紡織は生まれた。

　金性洙は京城紡織をもっと広い基盤の上で設立するために，留学生および啓蒙運動家ネットワークをフルに活用して全国各地の有力者から株主を募集した。京城紡織の経営陣は，金性洙のように日本の高等教育を受けた20代後半〜30代前半の若い青年によって構成された。京城紡織のみではなく，生まれたての新文学も，新文化も，言論も，学校も金性洙と同世代のエリート青年たちによってつくられた。

　初期の京城紡織は未熟な経験と欲深によって，莫大な損失を受けて消滅の危機に直面した。金性洙は家産を担保に殖産銀行から資金を借り入れ，金氏家がその株式を引き受けて増資をし，会社の財務的安定をはかった。こうして初期の不安定かつ非効率的な企業支配構造は，金氏家を中心とした安定な支配構造へと変わり，それに基づいて工場建設や設備構築，技術者派遣，技術教育の実施などの一連の工場稼働に必要な作業が進められた。

　朝鮮紡織に対する朝鮮総督府の支援を知った京城紡織は，同じ支援を求め，補助金を得る一方，生産開始から民族的感情に訴え，韓国人商人と販売利益の共有，廉価製品の供給など多様な販売戦略を駆使して市場を開拓し，販売基盤を構築した。販売の順調な伸びに伴い，設備の増設が続けられた。とくに生産開始の2〜3年間は，市況好調によって販路を構築しただけではなく，大きな純益を得て，その間の累積欠損を清算することができた。それ以降1920年代末

まで損失はなかったが，収益性も大きくなかった。生産開始の2～3年間の市況好調は，京城紡織の生存と早期安定化に大きく貢献した。また，総督府の補助金は京城紡織の株主に魅力的な誘因として作用した。

このように初期の京城紡織は市況好調という幸運的な要素，補助金支給と綿織物移入税の残存という総督府の政策などの恩恵を得ていたが，資本の調達，技術の学習，市場の開拓などの重要な課題は京城紡織の経営陣が自ら主導的に遂行した。京城紡織の生存と成長に決定的であったのは，前者ではなく後者であった。京城紡織の経営陣は重要な経営課題を主導的に解決しながら市場を拡張し，経営を安定させたのである。

1930年代は日本の産業統制で綿紡織業を中心にいくつかの工業会社が韓国に進出し，1930年代後半には綿紡織業の輸入代替が完了した。京城紡織は設備を増設し，生産を増やしたが，収益は依然として低く，織布のみを拡張するのでは限界があった。京城紡織は金季洙の主導で紡績工場の建設を計画した。この事業は京城紡織の第二期を開き，京城紡織は朝鮮四大紡の一つとして日本人先発企業に追いつくことが可能になった。

京城紡織が紡績紡織兼営企業として本格稼働した時期は，日本が日中戦争の長期化によって戦時経済体制に突入した時期でもあった。原料，設備，製造，販売など企業経営全般に強力な統制が敷かれ，国内事業のみではそれ以上の発展や成長が望めなくなった。

京城紡織をはじめとする紡績企業は，原料および製品の公定価格が制定されたために，朝鮮では高収益が保証されるようになった。しかし，新しい拡張機会を模索していた企業家精神の持ち主である金季洙は，京城紡織の姉妹会社である三養社の満洲の農場建設と並行して，永登浦工場を凌駕する大規模の紡績工場を南満洲蘇家屯に建設した。戦争の勃発によって設備をはじめ鉄材，セメントなど建設資材の確保が困難に陥ったが，総督府や豊田織機と交渉して，これらの問題を解決した。

金季洙はそれとともに南満洲一帯で開墾事業を行い三養社の朝鮮内所有地をはるかに上回る規模の6つの農場を建設した。阿勒錦ではビール会社を引き受

け，山林伐採事業まで手を広げたが，終戦とともにすべての海外事業は終わりを告げた。

このような京城紡織の設立および成長プロセスをみると，三つの大きな決定的な転換局面があり，金氏家の人々はその転換を主導したことがわかる。

第一に，開港以後の米輸出拡大という経済的好機に応じて巨大地主として成長した金氏家は，実力養成主義を取り入れたことである。金氏家は開港によってもたらされた新しい経済的機会を小作料収入の再投資，高利貸し，官職を利用した富の蓄積，価格騰落を活用した土地投資などあらゆる手段を講じて短期間に中小地主から巨大地主として成長した。これを主導した金祺中，金曎中は啓蒙運動に参加し，息子たちに新教育を受けさせた。彼らは日本留学を通じて確固たる実力養成主義者となった。当時，実力養成を訴える憂国の士は多かったが，実際に教育と産業に投資して事業を起こした人は少なかった。しかし金氏家は，巨大地主家として実力養成活動の資金的基礎をなし，日本留学を通じてそれを確固たるものにした。留学から戻った金性洙は，すぐ教育事業と実業活動に取り掛かった。

第二に，京城紡織が設立直後の無謀な投機取引によって存亡の岐路に立たされた時，金性洙がそれを蘇えらせたことである。金性洙はそれまで経験のない若いエリート青年にすぎなかったが，リスクの大きいその事業に家産を担保に借入れを行い，弟の秊洙に追加出資を拒む株主の株式を引き受けるようにして，総督府との交渉を通じて補助金を獲得した。金性洙の決断と父の金曎中の資金力によって回生した京城紡織の支配構造は，より効率的になり，当時の実務責任者である李康賢は粉骨砕身の精神で仕事に取り掛かるようになった。これで京城紡織の最悪の危機は，最大の好機へと劇的に反転した。

第三に，1930年代中葉以降，国内の事業拡張が限界を迎えると，金秊洙は大陸へ進出した。京城紡織はそれまで絶えず成長し続けてきたが，朝鮮綿紡織業の輸入代替工場化は収斂に向かっており，紡織業の朝鮮国内拡張は限界に達していた。日本の大陸侵略の本格化に伴って，金秊洙はその後を追いながら事業を拡大した。

このようにいくつかの決定的局面における金氏家の決断は，京城紡織を成功に導き，痕跡さえなくなってしまったその他の韓国人会社とは異なる道に進ませることができた。京城紡織は事業規模と技術水準，事業展開能力などで匹敵する韓国人企業はないほど，韓国人企業の中でも抜きん出ており，鶏群の一鶴であった。その経営者である金秊洙は，国内外において多様な事業を営む韓国第一の有能な企業家になった。

　金氏家の近代化プロジェクトの成功は，次の諸般の要素が結合された結果である。金氏家は，大地主として十分な資金力と綿密な地主経営を通じて鍛錬された企業経営能力をもっていたうえに，実力養成主義志向をもっていた。そのために，彼らは事業の収益展望が不透明で，財務的な危機に直面していた時にも事業を維持することができた。

　また，事業に必要な人的ネットワークの組織力を備えていた。創業者である金性洙は日本留学時に構築した当時最高のエリートたちのネットワークがあり，中心パートナーと助力者がいた。中央学校，東亜日報社と京城紡織には金性洙の日本留学時の親友が布陣していた。とくに東亜日報の宋鎮禹と京城紡織の李康賢は，それぞれ中心パートナーになり，事業を引っ張っていた。また，金秊洙も新しく形成された財界の中心人物とも相互協力するネットワークを構築していた。1930年代は新しく勃興した銀行業，商業，鉱山業を営む者が財界を形成していて，金秊洙はその中心人物と交友を深めながら相互協力のネットワークを構築し，それを事業に生かしていた。

　金性洙と金秊洙は，日本人企業家および総督府，満洲国の官僚とのネットワークも構築して，彼らから最大の協力を引き出した。彼らは日本人企業・総督府との交流・協力こそが後発工業会社である京城紡織の生き残る唯一の道と熟知していた。会社令下の紡織会社の設立認可，補助金獲得，金融取引，設備導入と技術学習，南満紡績の設立許可，その資材および設備確保はこのような協力ネットワークがあったために可能であった。

　そして彼らは何よりも事業機会を捕捉する感覚と組織の力量，実践力をもっていた。金性洙は近代工業製品の市場支配および近代工場の移植可能性を認識

し，第一次世界大戦末期の企業設立ブームにのって京城紡織を設立したうえに，新聞・雑誌という近代的情報伝達手段の普及を展望し，三・一独立運動以降の文化政治の流れに沿って韓国人新聞社を設立した。金秊洙は日本の食糧供給基地として韓国の農業が開発されると，大規模開墾事業の可能性を見つけ，海を埋め荒れ地を開墾し大農場を建設した。金性洙・秊洙の事業チャンスのつかみ方，組織力量，および実践力は他の韓国人大地主には見られないものであった。

それらがなければ，金氏家の莫大な富も当時の多くの韓国人地主たちと同じく，土地に拘束され，消尽されただろう。しかし，その力量と意志があったために金氏家の富は土地から離れ，近代工業，教育，および言論事業で拡大・再生され，近代化プロセスの重要な役割を果たした。

金秊洙は日本の大陸侵略の後を追って事業を拡張し，名誉職とは言え，満洲国の公職，中枢院勅任参議，各種戦時総動員団体の幹部職，戦争遂行の国防献金，学兵支援，愛国債権募集などの活動に参与した汚点ももつ。まるで回っている歯車に指が挟まれると次は体全体が巻き込まれるように，彼は企業の成長に連れて体制に深く取り込まれていった。それゆえ彼は植民地崩壊とともに事業も崩壊するリスクを抱えるようになり，日本帝国主義の敗亡とともに，拡張した事業は収縮せざるを得なかった。

しかし，大陸進出および戦時協力は企業家個人の過ちというより，植民地企業の生まれつきの限界であり，悲劇的な運命でもあった。利潤の蓄積と成長を推進力とする企業は，新しい起業機会を逃すわけにはいかず，企業と企業家は体制内の存在であった。成功した企業として京城紡織は，大陸進出と戦時協力を拒むことができなかったのである。

したがって，ここでは企業家活動の内容とその成果に評価の焦点を当てるべきである。企業家が抗日活動を行ったのか否か，総動員政策に抵抗したかまたは中立を守ったかが，企業および企業家に対する評価の焦点になってはならない。抗日闘争家に正規学校を卒業しなかったと，または企業を設立しなかったと非難するものはいない。それと同じく，日本植民地下の企業家に抗日運動をしなかった，あるいは総動員体制に対して中立を守らなかったと，非難するこ

とはできない。現実の大企業の経営者が「総動員」を免れることはなかった。企業家であろうが何であろうが，時代精神と課題によってその一翼を担ったなら，それで十分である。それぞれの役割をもって評価されるべきである。

　要するに金氏家の企業経営は，韓国人の手による韓国経済の近代化の元型として評価されるべきである。開港と植民地化以降，鉄道，道路，電信，電話など近代的インフラが構築され，近代的私有財産制度が確立され，近代的学校が設立され，水利施設を中心に農業開発が進められ，工業化が進み，貿易と商業が拡大され，都市化が進むようになった。このような変化のほとんどは，日本人，日本政府によって進められたが，韓国人も少ない比重であるが，教育と言論，工業，農業の変化に参加し，金氏家の事業はその先頭に立っていた。金氏家の事業は，韓国社会に潜在していた優れた適応力，活動力が発揮された結果である。

　彼らの事業は崩壊したけれども，その破片は韓国経済発展の重要な遺産になった。まず，京城紡織と南満紡織に勤めた多くの人々は，日本が残した綿紡織工場の管理者になり，その後の発達に重要な役割を果たした。1949年永登浦，仁川，安養にあった豊田紡績工場の理事や工場長など51人（全職員296人）と，永登浦，光州，全州の鐘淵紡績工場の技術課長や工場長，常務など幹部は京城紡織や南満紡織の出身であった。京城紡織の初期技術者である崔士烈は，いくつかの紡織工場で経て，解放後アメリカ軍政の初代紡績課長と朝鮮紡織社長を歴任した。また，1930年代中葉京城紡織の紡績工場設立を主導した金奎善は，新政府の商工部繊維課長に就いた[9]。

　また，金氏家の企業活動の理念，その経営方針は解放後，とくに1960年代以降の韓国経済の指導理念，運営方式の原型になった。1960年代以降の韓国の工業化，経済成長は国家社会的次元では「民族の中興」，「祖国近代化」の理念によって，そして国民個々人の次元では「より良い暮らし」の欲求によって進められた。成長のために外国技術，経営技法の導入，学習が行われた。「民族中興」の念願と「より良い暮らし」の欲求が，急速な学習を通じた高度成長に韓国人を奮い立たせた。植民地時代の実力養成の理念は，「民族中興」の理念に

引き継がれ，日本から学ぶという実力養成の方式はアメリカ，日本，ヨーロッパなどの先進国から学ぶことへと引き継がれた。

優れた学習者で，成功的な後発者であった日本植民地下の京城紡織は，李光洙が表現したように「後ろに迫る大軍の斥候」であったのである。

1) 池秀傑「1930年代前半期ブルジョア民族主義者の『民族経済建設戦略』」『国史館論叢』51号，1994年（韓国語）。
2) 「安秉直のインタビュー記事」『中央日報』2006年4月26日（韓国語）。
3) 李泰鎭『医術と人口，そして農業技術』太学社，2003年，第4章（韓国語）。
4) E. H. カー著・清水幾太郎訳『歴史とは何か』岩波書店，1962年，187〜188頁。
5) 南亮進『日本の経済発展』東洋経済新報社，1991年。
6) 李大根『解放後1950年代の経済』三星経済研究所，2002年，349頁（韓国語），Haggard, Kim and Moon, "The Transition to Export-led Growth in South Korea: 1954〜1966", *Journal of Asian Studies* 50 (4), 1991, Satterwhite, *"The Politics of Economic Development: Coup, State and The Republic of Korea's First Economic Development Plan"*, Ph. D. dissertation, University of Washington, 1994, 朴泰均『1956〜1964年韓国経済開発計画の成立過程：経済開発論の拡散とアメリカの対韓政策変化を中心に』ソウル大学博士学位論文，2000年（韓国語）。
7) Cumings, "The Origins and Development of Northeast Asian Political Economy", *International Organization* 38 (1), 1984, Cumings, "Legacy of Japanese Colonialism in Kores", in Myers and Peattie, eds., *The Japanese Colonial Empire*, Woo, J., *Race to the Swift: State and Finance in Korean Industrialization*, Kohli, A, "Where Do High Growth Political Economies Come From? The Japanese Lineage of Korea's 'Developmental State'", *World Development* 22 (9), 1994.
8) 朴ノジャ・許東賢著『列強の渦巻きで生き残る』プルン歴史，2005年，248頁（韓国語）。
9) 株式会社京紡『社報京紡』240号，1992年12月，11頁（韓国語），国学刊行会〔編〕著『反民特委裁判記録2：金秊洙』，318〜319頁，335頁（韓国語）。

付表1　決算期別会計資料目録

期	期間	営業報告書	総計定元帳	総計定元帳残高帳	経費内訳帳	製品元帳	借入金元帳	日記帳
第1期	(1919.10.1~1920.3.31)							○
第2期	(1920.4.1~1921.3.31)							○
第3期	(1921.4.1~1922.3.31)							○
第4期	(1922.4.1~1923.3.31)							○
第5期	(1923.3.1~1924.2.28)							○
第6期	(1924.3.1~1925.2.28)							○
第7期	(1925.3.1~1926.2.28)					○		
第8期	(1926.3.1~1927.2.28)							○
第16期	(1934.3.1~1935.2.28)				○			
第17期	(1935.3.1~1935.11.30)							
第18期	(1935.12.1~1936.5.30)							
第19期	(1936.6.1~1936.12.1)							
第20期	(1936.12.1~1937.5.31)				○			
第21期	(1937.6.1~1937.11.30)							
第22期	(1937.12.1~1938.5.31)							
第23期	(1938.6.1~1938.11.30)			○				
第24期	(1938.12.1~1939.5.31)		○	○	○			
第25期	(1939.6.1~1939.11.30)	○*	○	○	○		○	
第26期	(1939.12.1~1940.5.31)		○	○	○	○		○
第27期	(1940.6.1~1940.11.30)		○	○	○	○		
第28期	(1940.12.1~1941.5.31)		○	○	○			
第29期	(1941.6.1~1941.11.30)		○	○	○			○
第30期	(1941.12.1~1942.5.31)	○	○	○				
第31期	(1942.6.1~1942.11.30)		○	○	○		○	○
第32期	(1942.12.1~1943.5.31)		○	○	○	○		
第33期	(1942.6.1~1943.11.30)		○	○	○			
第34期	(1943.12.1~1944.5.30)	○	○	○	○			
第35期	(1944.6.1~1944.11.30)	○	○	○	○		○	
第36期	(1944.12.1~1945.5.31)	○	○	○			○	
第37期	(1945.6.1~1945.11.30)		○	○			○	

注：① （株）京紡の龍仁工場倉庫にはその他工場費内訳帳などの帳簿が数多く残っている。
　　②営業報告書の*は京紡60年社史掲載数字である。

付表2　金祺中・暻中一家所有地規模

(単位：町歩)

		1918年			1924年			1926年			1930年		
		田んぼ	畑	垈地	田んぼ	畑	垈地	田んぼ	畑	その他	田んぼ	畑	その他
金祺中家	金祺中	164	23	1	159	18	1	—	—	—	—	—	—
	金性洙	356	10	1	370	10	1	806	6	12	242	11	81
	金在洙	177	13	3	284	22	3	87	10	13	94	5	17
	計	697	46	5	813	50	5	893	16	25	336	16	98

		1926年			1930年		
		田んぼ	畑	その他	田んぼ	畑	その他
金暻中家	金暻中	800	11	26	958	60	193
	金秊洙	1,117	14	1	690	14	27
	計	1,916	25	27	1,648	74	220

資料：1918，1924年は金容燮「韓末日帝下地主制研究事例4」，194頁，1926年は「全羅北道地主所有地調」(1926年8月末現在)，1930年は「全羅北道・全羅南道地主調」(1930年末現在)。

付表3　三養社の地域別農地所有規模（植民地期末）

郡	面	所有地規模	郡	面	所有地規模
長城郡水田約760町歩，畑約41町歩	長城面	水田　29町歩	扶安郡水田約128町歩，畑 約45町歩	保安面	水田　54町歩
		垈　4,981坪			畑　41町歩
	西三面	水田　81町歩		山内面	
		畑　　7町歩		茁浦面	水田　74町歩
	黄龍面	水田　77町歩			畑　43町歩
	北一面	水田　87町歩	高敞郡水田約680町歩	富安面	水田　70町歩
		畑　　3町歩			畑　　7町歩
	北二面	水田　85町歩		高敞面	
		畑　15町歩		新林面	水田　51町歩
	北上面	水田　46町歩		大山面	水田　53町歩
		畑　　7町歩		海里面	水田　47町歩
	北下面	水田　19町歩			干拓歩　320町歩
	森渓面	水田　142町歩		心元面	
	東化面	水田　15町歩		興徳面	水田　69町歩
				孔音面	水田　70町歩
					その他
				上下面	
	森西面	水田　135町歩	霊光郡水田約500町歩	霊光面	水田　38町歩
	南　面	水田　43町歩			畑　　5町歩
		畑　　3町歩			その他
				大馬面	水田　38町歩
井邑郡水田約 40町歩	所聲面	水田　40町歩		畝良面	水田　134町歩
				仏甲面	水田　31町歩
				郡西面	水田　99町歩
潭陽郡水田約 48町歩	各　面	水田　48町歩			その他
				郡南面	水田　84町歩
					畑 7町歩　その他
咸平郡 水田473町歩	月也面	水田　13町歩		法聖面	水田　75町歩
	孫仏面	水田　54町歩			畑　18町歩
		干拓畓　390町歩			
	新光面	水田　15町歩			
	大洞面	水田　　1町歩			
総　計			水田 2,503町歩		

注：「三養社不動産売買契約書」（1945年10月15日）の売買土地は解放前の三養社の所有地であるが，同書類と三養社設立時の1930年代半ばの土地売り渡し証書を比べてみると，後者のみに記載されている土地も三養社の所有地とみなした。
資料：「三養社不動産売買契約書」，「売渡し証書」。

付表4　京城織紐財務諸表

(単位：千円)

	第4期	第6期	第8期	第9期	第10期	第11期	第12期
	(1912.10-1913.3)	(1913.4-1914.3)	(1915.4-1916.3)	(1916.4-1917.3)	(1917.4-1918.3)	(1918.4-1919.3)	(1919.4-1920.3)
流動資産	76.3	72.0	86.0	78.6	123.3	126.5	149.0
(売出債権)	17.3	44.3	40.9	35.1	35.4	39.6	23.7
(在庫資産)	43.6	21.0	34.0	31.4	76.0	70.5	99.0
固定資産	18.4	18.7	19.0	18.9	33.0	33.5	73.3
(不動産)	9.2	9.2	10.0	10.0	17.8	18.4	49.1
(機械器具)	0.6	0.9	0.9	1.3	14.3	13.9	19.1
負債	14.1	10.4	26.8	20.2	60.5	48.9	110.6
(割引手形)	0.0	0.0	0.0	0.0	42.9	26.0	23.8
(借入金)	13.0	10.0	18.6	17.7	11.9	21.7	60.0
自己資本	94.7	90.7	105.0	77.3	95.8	111.1	111.7
(資本金)	75.0	75.0	75.0	75.0	96.6	100.0	100.0
当期総収入			34.8	44.6	40.1	66.2	
当期総費用			27.3	45.5	43.2	54.3	
当期純利益	4.5	1.7	7.5	-0.9	-3.1	11.9	0.6
配当金	3.8	1.9					

資料：第6期までは『朝鮮経済年鑑』1917年版。第8期からは『毎日申報』1916年5月4日，1917年5月4日，1918年5月5日，1919年4月22日，『東亜日報』1920年5月13日から。

付表5　創立当時京城紡織の主要株主および役員

名前	保有株式	役員	年齢	地域	主要経歴
朴泳孝	200	社長	58	京城	甲申政変の主役，宮内府大臣，侯爵
金祺中	650		60	富安	金性洙の養父
金曉中	2,000		56	富安	金性洙の生父
朴容喜	1,020	専務理事	34	坡州	東京帝国大学卒業，法学専修学校教諭
曺偰鉉	1,000	監事		霊光	大地主，霊光倉庫金融㈱代表
安鍾国	1,000			京城	龍山勧業㈱常務，仁川ゴム代表
金璨永	500		31	京城	韓末法官養成所卒業，弁護士
高廈柱	500			昌平	金性洙の妻の親族，大地主，湖南銀行株主
魯昌璧	500			霊光	地主，霊光倉庫金融，法聖浦物産理事
尹相殷		理事	32	東萊	亀浦の大地主，亀浦銀行の設立者，慶南銀行長
季一雨		理事		大邱	大地主，大韓自強会および大韓協会会員，大邱銀行株主
張春梓	350	監事			商人，布木商会社東洋物産㈱の大株主
金性洙	200	理事	28	富安	早稲田大学政経学科卒業，中央学校，京城織紐譲受・経営
季康賢		支配人	31	京城	蔵前高等工業学校紡織科卒業，中央学校教師
張斗鉉		監事	45	京城	鍾路の布木商，東洋物産㈱の大株主
季承駿		監事		海州	大韓自強会などの会員，中央信託㈱社長，京城金融㈱監事
鮮于全		理事	30	京城	早稲田大学商科卒業，朝鮮銀行書記，京城織紐専務

注：株式の額面価は50円で，第一次払込金は12円50銭であった。

付表6　初期月別現物商品売買現況

(単位：円)

	商品買入額 (A)	商品売出額 (B)	売買損益 (C)	評価損益 (D)	商品減少額 (A-B+C+D)	商品残額
1919年12月	28,860	8,850	193		8,657	20,203
1920年1月	83,358	4,600	0		4,600	98,961
2月	35,837	22,503	-53		22,556	112,242
3月	44,949	28,083	930	-2,833	29,986	127,205
第1期合計	193,004	64,036	1,070	-2,833	65,799	127,205
1920年4月	21,834	1,717	-374		2,091	146,948
5月	0	3,774	-750		4,524	142,423
6月	0	12,231	-2,991		15,222	127,201
7月	0	348	-31		379	126,822
8月	0	16,929	-2,604		19,533	107,289
9月	0	49,880	-20,044	-16,240	86,164	21,125
10月	1,286	5,198	309		4,889	17,523
11月	1,038	5,184	187		4,997	13,564
12月	0	883	-55		938	12,626
1921年1月	0	44	-9		53	12,573
2月	1,350	0	0		0	13,923
3月	114	5,429	-294		5,723	8,314
第2期合計	25,622	101,616	-26,657	-16,240	144,513	8,314

注：商品残額＝前期繰越額＋商品買入額−（商品売出額−売買利益−評価償却）。
資料：『日記帳』。

付表7　先物商品取引内訳

日付	商品名	数量	買入価額	取引先	清算価額	差益	備考
1920.3.12	鐘紡 14番手 20年 4,5,6物	100俵	28,200	荒川合名	29,250	1,050	
1920.3.12	金魚 20番手 20年 7,8,9物	225俵	68,250	荒川合名	72,563	4,313	
1920.3.12	三馬 20番手 20年 7,8,9物	225俵	68,250	荒川合名	72,563	4,313	
1920.3.12	金魚 20番手 20年 7,8,9物	300俵	91,500	八木商店		5,700	
1920.3.12	三馬 20番手 20年 7,8,9物	300俵	91,500	八木商店		5,700	
1920.7.31	金馬 20番手 20年 7,8,9物	600個	194,400	八木商店	183,000	-11,400	3.12の売買契約解除分
1920.7.31	金馬 20番手 20年 7,8,9物	900個	339,500	八木商店	289,500	-50,000	売買契約解除分

注：日付は『日記帳』に計上されたもの。
資料：『日記帳』。

付表8　京城紡織財務諸表

1） 貸借対照表　　　　　　　　　　　　　　　　　　　　　　　　　　　　　　　　（単位：千円，％）

項　目	第1期 (1919.11-20.3)		第2期 (1920.4-21.3)		第3期 (1921.4-22.3)		第4期 (1922.4-23.3)		第5期 (1923.4-24.2)	
	金額	構成比	金額	構成比	金額	構成比	金額	構成比	金額	構成比
流動資産	785	95.7	275	64.2	68	30.8	36	11.3	111	27.4
当座資産	533	65.0	236	55.0	38	17.3	20	6.2	22	5.5
現金預金	147		6		22		4			
売出債権	18		3		0		13			
未収金	369		224		13					
有価証券	0		3		3		3			
在庫資産	129	15.7	7	1.5	0	0.0	14	4.4	76	18.9
その他資産	123	14.9	33	7.7	30	13.5	2	0.7	12	3.0
固定資産	35	4.3	154	35.8	153	69.2	284	88.7	293	72.6
不動産	33	4.0	136	31.8	136	61.4	148	46.2		
機械付属品	0	0.0	13	3.0	13	5.8	102	31.9		
各種装置器具	2		4		3		33			
繰越資産	1	0.1	1		1		1			
資産総計	820	100.0	429	100.0	222	100.0	320	100.0	404	100.0
流動負債	557	67.9		0.0		0.0		0.0		
割引手形	194		7		0		10			
支払手形	15		0	0.0	0		1			
掛買い金	0		0		0		1			
未払い金	348		211	49.2	0		0			
仮受金	0		0	0.0	37		2			
固定負債		0.0		0.0		0.0		0.0		
借入金		0.0	82	19.1	67	30.2	140	43.7		
負債総計	557	67.9	299	69.8	104	46.8	153	47.8	233	57.6
資本金	250	30.5	250	58.3	250	112.7	321	100.1	323	80.0
剰余金	13	1.6	-121	-28.1	-132	-59.6	-153	-47.9	-152	-37.6
法廷積立金			1	0.2						
前期繰越金			11	2.6						
当期純利益	13		-133	-30.9	-12					
資本総計	263	32.1	129	30.2	118	53.2	167	52.2	171	42.4
負債と資本総計	820	100.0	429	100.0	222	100.0	320	100.0	404	100.0

項　目	第11期 (1930.2)		第12期 (1931.2)		第13期 (1932.2)		第14期 (1933.2)		第15期 (1934.2)	
	金額	構成比	金額	構成比	金額	構成比	金額	構成比	金額	構成比
流動資産	280	42.0	468	56.5	803	69.9	755	70.0	1,637	84.3
当座資産	113	16.9	159	19.2	56	4.8	249	23.1	218	11.2
在庫資産	157	23.6	143	17.3	335	29.2	307	28.5	1,074	55.3
その他資産	10	1.5	165	19.9	412	35.9	199	18.5	346	17.8
固定資産	387	58.0	361	43.5	346	30.1	324	30.0	305	15.7
資産総計	666	100.0	828	100.0	1,148	100.0	1,078	100.0	1,943	100.0
負債	153	22.9	60	7.2	369	32.1	271	25.2	890	45.8
借入金	—		—		—		0	0.0	—	
資本	514	77.1	769	92.8	779	67.9	807	74.8	1,053	54.2
資本金	500	75.0	750	90.5	750	65.3	750	69.6	1,000	51.5
剰余金	14	2.1	19	2.3	29	2.6	57	5.3	53	2.7

付　表

項　目	第16期 (1935.2)		第19期 (1936.11)		第21期 (1937.11)		第23期 (1938.11)		第25期 (1939.11)	
	金額	構成比	金額	構成比	金額	構成比	金額	構成比	金額	構成比
流動資産	1,386	65.5	4,161	85.9	2,021	46.6	2,687	43.2	3,843	35.5
当座資産	240	11.3	640	13.2	730	16.8	1,272	20.4	1,382	12.8
在庫資産	1,043	49.3	1,766	36.5	1,178	27.1	1,270	20.4	1,825	16.9
その他資産	103	4.9	1,755	36.2	113	2.6	146	2.3	636	5.9
固定資産	728	34.5	682	14.1	2,319	53.4	3,539	56.8	6,982	64.5
不動産	—	—	—	—	—	—	1,253	20.1	1,241	11.5
機械器具	—	—	—	—	—	—	1,285	20.6	1,161	10.8
投資資産	—	—	—	—	—	—	988	15.7	4,558	42.1
資産総計	2,114	100.0	4,843	100.0	4,340	100.0	6,226	100.0	10,825	100.0
負債	1052	49.8	2,752	56.8	2,240	51.6	2,577	41.4	6,357	58.7
流動負債	—	—	—	—	740	17.0	1,056	17.0	2,607	24.1
未払い金					—		898		2,266	
固定負債	—	—	—	—	1,500	34.6	1,520	24.4	3,750	34.6
借入金	855	—	—	—	1,500		1,500		3,600	
資本	1,062	50.2	2,090	43.2	2,100	48.4	3,650	58.6	4,468	41.3
資本金	1,000	47.3	2,000	41.3	2,000	46.1	2,800	45.0	2,800	25.9
剰余金	62	2.9	90	1.9	100	2.3	850	13.6	1,668	15.4

項　目	第27期 (1940.11)		第29期 (1941.11)		第31期 (1942.11)		第33期 (1943.11)		第35期 (1944.11)	
	金額	構成比	金額	構成比	金額	構成比	金額	構成比	金額	構成比
流動資産	7,279	48.6	8,416	51.5	10,203	40.2	15,337	50.7	22,657	59.3
当座資産	2,683	17.9	2,710	16.6	2,265	8.9	1,679	5.6	1,968	5.2
在庫資産	2,198	14.7	1,841	11.3	3,445	13.6	3,552	11.7	10,752	28.1
その他資産	2,399	16.0	3,866	23.7	4,492	17.7	10,106	33.4	9,937	26.0
固定資産	7,696	51.4	7,918	48.5	15,158	59.8	14,906	49.3	15,560	40.7
不動産	1,367	4.0	1,507	9.2	1,482	5.8	1,463	4.8	2,585	6.8
機械器具	1,121	7.5	1,048	6.4	1,195	4.7	1,077	3.6	2,389	6.2
投資資産	5,196	34.7	5,352	32.8	12,470	49.2	12,349	40.8	10,492	27.5
資産総計	14,975	100.0	16,335	100.0	25,361	100.0	30,243	100.0	38,217	100.0
負債	7,368	49.2	8,044	49.2	14,112	55.6	18,716	61.9	23,018	60.2
流動負債	4,160	27.8	1,832	11.2	2,561	10.1	2,901	9.6	2,325	6.1
未払い金	1,380		1,697		1,366		1,837			
固定負債	3,208	21.4	6,212	38.0	11,551	45.5	15,815	52.3	20,693	54.1
借入金	2,918		5,432		10,221		15,365		19,780	
資本	7,607	50.8	8,290	50.8	11,249	44.4	11,527	38.1	15,199	39.8
資本金	5,000	33.4	5,000	30.6	7,500	29.6	7,500	24.8	10,500	27.5
剰余金	2,607	17.4	3,290	20.1	3,749	14.8	4,027	13.3	4,699	12.3

注：固定資産項目の什器は金額が小さいので，表記しない。
資料：『京紡六十年』，『総計定元帳』第24～25，28～30，32～35，37期。

2） 損益計算書

(単位：千円，%)

項　目	第1期 (1919)		第2期 (1920)		第3期 (1921)		第4期 (1922)		第5期 (1923)	
	金額	構成比	金額	構成比	金額	構成比	金額	構成比	金額	構成比
売出額	—		—		—		—		—	
売出原価	—		—		—		—		—	
売出総利益	22.3	—	4.3	—	1.4	—	0	—	101.7	—
販管費	9	—	33	—	4.4	—	12.5	—	76.7	—
営業利益	13.2	—	-28.7	—	-2.9	—	-12.5	—	25	—
営業外収益	4.6	—	9.4	—	1.9	—	2.5	—	6.5	—
営業外費用	4.8	—	113.3	—	10.6	—	11.2	—	30	—
経常利益	13	—	-132.6	—	-11.6	—	-21.3	—	1.5	—
補助金	0	—	0	—	0	—	0	—	16	—
当期純利益	13	—	-132.6	—	-11.6	—	-21.3	—	17.5	—

項　目	第6期 (1924)		第7期 (1925)		第8期 (1926)		第9期 (1927)		第10期 (1927)	
	金額	構成比	金額	構成比	金額	構成比	金額	構成比	金額	構成比
売出額	—		—		—		—		—	
売出原価	—		—		—		—		—	
売出総利益	103	—	169	—	100	—	83	—	91	—
販管費	37	—	60	—	64	—	73	—	78	—
営業利益	66	—	109	—	36	—	9	—	14	—
営業外収益	6	—	6	—	6	—	8	—	6	—
営業外費用	46	—	51	—	41	—	15	—	12	—
経常利益	25	—	64	—	0	—	3	—	8	—
補助金	19	—	28	—	27	—	30	—	29	—
当期純利益	45	—	92	—	27	—	32	—	37	—

項　目	第11期 (1929)		第12期 (1930)		第13期 (1931)		第14期 (1932)		第15期 (1933)	
	金額	構成比	金額	構成比	金額	構成比	金額	構成比	金額	構成比
売出額	1,956	100	1,404	100	1,412	100	2,811	100	3,748	100
売出原価	1,821	93.1	1,247	88.9	1,273	90.2	2,594	92.3	3,539	94.4
売出総利益	134	6.7	157	11.1	139	9.8	217	7.7	209	5.6
販管費	107	5.4	133	9.5	102	7.2	135	4.8	145	3.9
営業利益	28	1.4	23	1.6	37	2.6	82	2.9	64	1.7
営業外収益	7	0.4	6	0.4	9	0.6	10	0.4	3	0
営業外費用	22	1.1	12	0.8	18	1.3	39	1.4	26	0.7
経常利益	13	0.7	18	1.3	27	1.9	52	1.9	41	1.1
補助金	28	1.4	25	1.8	22	1.5	0		17	0.5
当期純利益	41	2.1	43	3	47	3.4	52	1.9	58	1.6

項　目	第16期 (1934)		第17期 (1935)		第18, 19期 (1936)		第20期 (1937上)		第21期 (1937下)		第22期 (1938上)	
	金額	構成比	金額	構成比	金額	構成比	金額	構成比	金額	構成比	金額	構成比
売出額	4,493	100	3,158	100	4,874	100	—		—		—	
売出原価	4,199	93.5	2,921	92.5	4,537	93.1	—		—		—	
売出総利益	293	6.5	237	7.5	338	6.9	286	—	237	—	613	—
販管費	194	5.4	155	4.9	216	4.4	199	—	183	—	432	—
営業利益	99	1.4	82	2.6	122	2.5	87	—	54	—	181	—
営業外収益	24	0.5	15	0.5	73	1.5	95	—	75	—	88	—
(利子収益)	12		—		—		3		—		—	
営業外費用	76	1.7	25	0.8	69	1.4	117	—	63	—	49	—

付　表　227

(利子費用)	73				—		109			
経常利益	47	1.1	72	2.3	126	2.6	64	—	66	—	220	—
補助金	16		0		0		0		0		0	
当期純利益	63	1.4	72	2.3	126	2.6	64	—	66	—	220	—

項　目	第23期 (1938下)		第24期 (1939上)		第25期 (1939下)		第26期 (1940上)	
	金額	構成比	金額	構成比	金額	構成比	金額	構成比
売出額	4,568	100	4,544	100	3,273	100	4,311	100
売出原価	3,092	67.7	3,259	71.7	1,864	56.9	2,358	54.7
工場費	303		207		403		275	
工賃			146		195		226	
売出総利益	1,476	32.3	1,284	28.3	1,409	43.1	1,953	45.3
販売費と管理費	991	21.7	753	16.6	899	27.5	1,350	31.3
給料および手当	60		78		132		114	
諸税公課	11		358		307		785	
減価償却	79		106		76		76	
各種費用	67		56		42		68	
雑費	775		154		343		306	
営業利益	485	10.6	532	11.7	510	15.6	603	14
営業外収益	187		151	3.3	180	4	142	3.1
利子収益	18				27		30	
雑収入	170	3.7	130	2.9	153	4.7	112	2.6
営業外費用	87	1.9	53	1.2	53	1.6	109	2.5
利子費用	44	1	42	0.9	52	1.6	53	1.2
雑損	43	0.9	11	0.2	1	0	55	
当期純利益	586	12.8	629	13.9	637	19.5	637	14.8

項　目	第27期 (1940下)		第28期 (1941上)		第29期 (1941下)		第30期 (1942上)		第31期 (1942下)	
	金額	構成比	金額	構成比	金額	構成比	金額	構成比	金額	構成比
売出額	3,967	100	5,626	100	4,793	100	3,113	100	4,129	100
売出原価	2,442	61.6	4,133	73.5	3,338	69.6	1,968	63.2	3,091	74.9
工場費	227		250		257		185		268	
工賃	264		263		249		242		237	
売出総利益	1,525	38.4	1,493	26.5	1,456	30.4	1,145	36.8	1,038	25.1
販売費と管理費	832	21	604	10.7	759	15.8	442	14.2	298	7.2
給料および手当	132		126		150		145		135	
諸税公課	363		179		308		17		10	
減価償却	76		76		81		84		88	
各種費用	108		98		57		59		0	
雑費	154		125		162		135		23	
営業利益	693	17.5	889	15.8	697	14.5	703	22.6	740	17.9
営業外収益	118	3	123	2.2	324	6.8	252	8.1	391	9.5
利子収益	14		10		60		55		223	
雑収入	104		113		264		197		168	
営業外費用	79	2	204	3.6	213	4.5	148	4.8	324	7.9
利子費用	78	2	102	1.8	112	2.3	144	4.6	294	7.1
雑損	1		101	1.8	102	2.1	4		31	
当期純利益	732	18.5	808	14.4	808	16.9	807	25.9	807	19.5

項　目	第32期 (1943上)		第33期 (1943下)		第34期 (1944上)		第35期 (1944下)		第36期 (1945上)	
	金額	構成比	金額	構成比	金額	構成比	金額	構成比	金額	構成比
売出額	4,630	100.0	5,960	100.0	5,291	100.0	7,480	100.0	21,450	100.0
売出原価	3,159	68.2	4,431	74.4	4,187	79.1	6,624	88.6	20,003	93.3
原料材料費							4,396			
工場費			92		526		1,055			
工賃			54		390		567			
営業費			663		481		606			
売出総利益	1,472	31.8	1,529	25.6	1,104	20.9	856	11.4	1,446	6.7
販売費と管理費	466	10.1	488	8.2	304	5.7	276	3.7	344	1.6
給料および手当	125		131		152		93			
諸税公課	148		157		129					
減価償却	113		113		107					
各種費用										
雑費	33		38		75		61		229	
営業利益	1,006	21.7	1,040	17.5	800	15.1	581	7.8	1,103	5.1
営業外収益	227	4.9	271	4.6	470	8.9	614	8.2	253	1.2
利子収益	42		87		291		60		62	
雑収入	185		184		178		554		191	
営業外費用	427	9.2	507	8.5	468	8.8	390	5.2	554	2.6
利子費用	315	6.8	363	6.1	415	7.8	390	5.2	538	2.5
雑損	113		144	2.4	53	1.0			16	
当期純利益	806	17.4	805	13.5	801	15.1	804	10.8	801	3.7

注：第16, 20期を除く営業外収益は雑利益，営業外費用は純利益費用＋雑損である。
資料：『京紡六十年』，『経費内訳帳』。

付　表　229

付表9　京城紡織の株主構成

保有時点 (年.月)	払込資本金／ 公称資本金 (万円)	株式数	株主数	金氏家 持分率	大株主
1921.3	25/100	2万株	191人	0.143	金暁中2,000，朴容喜1,020，曺偰鉉・安鍾万1,000，金祺中650，金燦永・高廈柱・魯昌霙各々500，張春梓350，朴永孝・金性洙各々200
1923.8	40/100	2万株	194人	0.133	金暁中1,500，朴容喜800，金祺中650，安鍾万・金燦永・高廈柱・魯昌霙・金季洙・日野芳治各々500。
1925.8	40/100	2万株	89人	0.665	金季洙9,270，金暁中1,500，金性洙1,050，曺偰鉉・朴容喜・金在洙各々500。
1927.6	40/100	2万株	89人		金季洙9,275，金暁中1,500，金性洙1,050，曺偰鉉1,000，朴容喜800，高廈柱・金在洙各々500，季康賢400，高光日320。
1931.3	75/100	2万株	79人		金季洙3,990，朴夏淑2,620，高姫柱1,990，金相范1,975，季康賢1,766，金性洙1,050，中央学園855。
1933.2	100/100	2万株	72人	0.738	金季洙5,724，朴夏淑2,820，高姫柱1,990，金相范1,975，金性洙1,050，中央学園855。
1934.2	100/100	2万株	66人	0.738	金季洙5,724，朴夏淑2,820，高姫柱1,990，金相敦1,975，金性洙1,050，中央学園855。
1935.2	100/100	2万株	66人		金鳳英5,109，金相敦2,300，朴用安1,900，金容駿1,975，金榮宙1,300，金性洙1,050。
1937.11	200/300	6万株	191人		金鳳英7,460，朱炳杓5,102，金容完5,050，金榮宙4,475，金容駿4,000，金季洙2,648，金相敦2,300，金性洙2,000，玄俊鎬3,500，高光表1,830，文尚宇1,040，高元錫1,000，金在洙1,000，金相珪1,000，金武式1,000，関丙壽1,000，朴興植1,000
1939.5	280/500	10万株	232人		金鳳英19,231，金相敦14,300，金容完5,154，金性洙3,000，金季洙2,848，金在洙1,500
1944.5	1000/1000	20万株	357人		金鳳英12,731，金容完3,540，金季洙2,096，金英武2,000，金相万1,800，金性洙1,350，金相敏1,330。

注：朴夏淑は金季洙の妻，金鳳英は金季洙の側室，金容駿は金容完の弟である。
資料：1931年まで『要録』各年版，その後は『京城紡織株主名簿』。

付表10　京城紡織とその他朝鮮内紡織企業の設備推移

時期	京城紡織	朝鮮紡織	東洋紡績 仁川工場 (1933)	東洋紡績 京城工場 (1937)	鐘淵紡績 全南工場 (1935)	鐘淵紡績 京城工場 (1936)	松高實業場	朝鮮棉花
1922	織機 100台	紡機15,000錘 織機　　500台					―	
1925	織機 120台	―					―	
1928	織機 224台	―					―	
1929	織機 224台	紡機23,600錘 織機　　612台					―	織機 158台
1930	織機 224台	紡機32,000錘 織機 1,054台					―	―
1931	織機 448台							
1934	織機 672台	紡機33,200錘 織機 1,142台	紡機31,488錘 織機 1,280台				―	―
1936	紡機21,600錘 織機　　896台	紡機39,776錘 織機 1,214台	紡機31,488錘 織機 1,292台		紡機30,080錘 織機 1,008台		―	織機 158台
1937	紡機25,600錘 織機　　896台	紡機39,776錘 織機 1,213台	紡機31,488錘 織機 1,280台	紡機40,264錘 織機 1,180台	紡機31,840錘 織機 1,008台		―	―
1938	紡機25,600錘 織機　　896台	紡機39,376錘 織機 1,213台	紡機31,488錘 織機 1,280台	紡機45,328錘 織機 1,440台	紡機31,840錘 織機 1,008台	紡機30,240錘 織機 1,600台	―	―
1939	紡機25,600錘 織機　　900台	紡機40,720錘 織機 1,213台	紡機31,488錘 織機 1,280台	紡機45,328錘 織機 1,440台	紡機31,840錘 織機 1,440台	紡機39,520錘 織機 1,525台	―	織機 100台
1940	紡機25,600錘 織機　　900台	紡機40,720錘 織機 1,213台	紡機31,488錘 織機 1,280台	紡機45,328錘 織機 1,440台	紡機31,840錘 織機 1,440台	紡機39,520錘 織機 1,525台	織機 130台	織機 80台
1941	紡機25,600錘 織機　　896台	紡機40,000錘 織機 1,213台	紡機35,088錘 織機 1,292台	紡機45,328錘 織機 1,440台	紡機31,840錘 織機 1,440台	紡機48,320錘 織機 1,524台	織機 130台	織機 80台
1943		紡機30,200錘 織機1,120台						

注：工場名（　）の数値は工場設立年度。
資料：1929，30年は『朝鮮の機業』，1934年は『新東亜』1935.6，1936～40年は『大日本紡績連合会月報』589，1941年11月号，64～66頁，1941年は『殖産銀行調査月報』45（1942.12）。

付表11 朝鮮紡織（株）の設備推移

時期	紡績	紡織	その他	新増設内訳
1922. 7	精紡機 15,200錘	織機 608台		最初機械設置
1923. 7	同上	同上	梳綿機 7台	製綿施設
1926. 7	同上	織機 610台	繰綿機 40台 梳綿機 同上	繰綿施設
1929. 1	精紡機 24,000錘	織機 610台	繰綿機 88台 梳綿機 7台	紡錘増設，繰綿工場買収
1930. 7	精紡機 32,000錘	織機 1,054台	同上	紡錘および織機増設
1932. 7	精紡機 33,600錘	同上	同上	紡錘増設
1934. 5	同上	織機 1,134台	繰綿機166台 梳綿機 同上 精練期 2機	織機80台増設，鎮南浦西鮮繰綿工場買収，漂白施設設置
1934.11	精紡機 39,376錘	同上	繰綿機218台 その他 同上	紡錘および繰綿機増設
1935. 5	精紡機 39,776錘， 撚糸機 3,584錘	織機 1,214台 人絹織機319台	繰綿機223台 その他 同上	撚糸機，人絹織機増設
1936. 5	精紡機 40,000錘 撚糸機 同上	同上	繰綿機310台 その他 同上	紡錘および繰綿機増設
1937.11	同上	同上	繰綿機400台 その他 同上	安東繰綿工場建設
1938. 5	同上	同上	繰綿機465台 その他 同上	
1938.11	同上	同上	繰綿機518台 その他 同上	南原，金泉，信川繰綿工場建設
1939.11	精紡機 40,920錘 撚糸機 6,236錘	同上	起毛機 8台 繰綿機558台 その他 同上	紡錘および繰綿工場増設
1940.11	精紡機 同上 撚糸機 6,760錘	織機 1,227台 人絹織機同上	繰綿機630台 その他 同上	撚糸紡錘，織機，繰綿工場増設

資料：『朝鮮紡織営業報告書』。

付表12　綿織物の生産，輸入，輸出，消費

(単位：万平方ヤード，万円，%)

時期	生　産		輸　入		輸　出		消　費		自給率	
	数量	金額	数量	金額	数量	金額	数量	金額	数量	價額
1910			6,488	930						
1911	1,350	224	8,147	1,175			9,497	1,273	14.2	17.6
1912	1,535	247	9,553	1,493			11,088	1,294	13.8	16.0
1913	1,764	273	7,972	1,372			9,736	1,645	18.1	16.6
1914	1,927	276	6,945	1,140			8,872	1,416	21.7	19.5
1915	2,068	303	8,438	1,186			10,506	1,489	19.7	20.4
1916	2,200	363	8,982	1,583			11,182	1,946	19.7	18.6
1917	2,132	580	8,300	2,192			10,432	2,772	20.4	20.9
1918	1,760	1,023	8,565	3,118			10,325	4,141	17.0	24.7
1919	1,939	1,662	14,104	6,944			16,043	8,606	12.1	19.3
1920	1,875	997	6,190	3,318		35	8,065	4,280	23.2	23.3
1921	2,511	1,032	13,883	4,486	511	156	13,883	4,331	15.3	19.3
1922	2,931	1,077	13,248	3,511	508	150	13,248	3,361	18.1	24.3
1923	3,293	1,335	14,745	3,529	480	159	17,558	3,370	18.8	28.4
1924	2,330	1,132	14,602	4,487	320	111	16,612	4,376	14.0	20.6
1925	4,958	1,398	13,428	4,683	289	132	16,096	5,950	18.4	23.5
1926	4,253	1,857	15,397	4,375	510	245	19,140	5,987	22.2	31.0
1927	3,495	1,503	15,803	3,846	667	306	15,136	5,042	18.8	29.8
1928	4,950	2,132	17,418	4,458	569	247	21,800	6,343	22.7	33.6
1929	5,467	1,702	14,759	3,743	858	290	13,900	5,155	28.2	33.0
1930	6,467	1,312	16,861	3,215	1,083	265	22,244	4,262	29.1	30.8
1931	7,874	942	16,387	2,379	1,263	252	22,999	3,069	34.2	30.7
1932	8,816	1,428	19,643	3,011	3,720	651	24,739	3,789	35.6	37.7
1933	8,849	1,586	21,533	4,380	2,540	621	27,842	5,346	31.8	29.7
1934	9,480	2,078	20,797	4,417	2,681	650	27,597	5,845	34.4	35.6
1935	12,298	2,705	17,459	3,633	1,958	472	27,799	5,866	44.2	46.1
1936	15,477	3,202	16,355	3,215	3,567	754	28,265	5,663	54.8	56.5
1937	26,186	5,097	13,514	3,240	10,257	2,310	29,443	6,027	88.9	84.6
1938	22,747	6,070	9,298	2,563	10,481	3,219	21,564	5,415	105.5	112.1
1939	19,021	6,070	1,806	1,014	4,127	1,158	16,700	5,927	113.9	102.4
1940	14,781	6,384	456	308	2,264	821	12,973	5,871	113.9	108.7

注：①朝鮮産，小幅綿布1反＝4.5平方ヤード，輸入白木綿1反＝4.2平方ヤード，広幅綿布1反＝40.2平方ヤードとして換算。
　　②自給率は朝鮮内生産額を消費額で割って求めた。
資料：『朝鮮総督府統計年報』，『朝鮮貿易年表』，『朝鮮の物産』1927年，朝鮮銀行『朝鮮に於ける工産品の需給と其の将来』1937年，『殖銀調査輯録』7（1936.8），森谷克己（1941：50），『殖銀調査月報』45（1942.2）。

付表13 綿織糸の生産, 輸入, 輸出, 消費

(単位：トン, 万円)

時期	生産		輸入		輸出		消費	
	数量	価額	数量	価額	数量	価額	数量	価額
1910			3,020	180			0	
1911	3,552		3,552	212			5,683	
1912	3,564		3,553	235			5,701	
1913	2,478		2,468	187			3,964	
1914	3,330		3,330	207			5,328	
1915	4,608		4,547	245			7,372	
1916	4,464		4,461	305			7,141	
1917	4,620		4,650	470			7,391	
1918	1,980		1,982	315			3,169	
1919	2,070		2,472	515			3,314	
1920	1,662		1,663	325			2,661	
1921	3,378		3,384	387			5,408	
1922	2,358	138	2,355	300			3,771	438
1923	2,532	271	2,531	367			4,050	638
1924	3,780		4,379	651			6,048	
1925	5,562		4,624	849			8,300	
1926	4,680		5,565	845			8,019	
1927		184	4,679	650				834
1928		187	4,786	717				904
1929		151	4,551	672				813
1930		452	5,016	523				975
1931	4,161	361	4,795	429			8,958	790
1932	7,650	508	7,628	609	1,373	124	13,905	993
1933	8,122	615	6,631	680	715	97	14,038	1,197
1934	9,389	897	9,793	1,033	944	133	18,239	1,797
1935	14,793	1,502	7,358	992	399	65	21,751	2,429
1936	22,562	2,275	4,448	603	522	66	26,487	2,812
1937	27,021	3,766	2,447	387	1,102	143	28,366	4,010
1938		3,926	1,157	183	442	67		4,042
1939		4,420	15	31	0	0		4,450

付表14　京城紡織の売出額と生産量の推移

	売出額(千円)	増加率(%)	生産量(千疋)	織機一台当り生産量(疋)	生産額(千円)	生産額増加率(%)	一疋当り価格(円)	3A 一反当り価格(円)
第4期 (1922.3〜1923.2)	n.a.	—	0.6	5.5	7.0		12.75	12.60
第5期 (1923.3〜1924.2)	n.a.	—	38.7	386.5	475.6	6,694.0	12.30	12.65
第6期 (1924.3〜1925.2)	n.a.	—	61.7	617.0	888.5	86.8	14.40	14.50
第7期 (1925.3〜1926.2)	n.a.	—	77.6	646.7	1,091.5	22.9	14.06	15.10
第8期 (1926.3〜1927.2)	n.a.	—	89.9	749.5	932.0	-14.6	10.36	12.15
第9期 (1927.3〜1928.2)	n.a.	—	96.4	803.7	908.7	-2.5	9.42	10.20
第10期 (1928.3〜1929.2)	n.a.	—	123.1	549.5	1,217.3	34.0	9.89	10.55
第11期 (1929.3〜1930.2)	1,955.6	—	198.4	885.5	1,735.7	42.6	8.75	10.75
第12期 (1930.3〜1931.2)	1,403.8	-28.2	n.a.	—	n.a.	—	—	7.50
第13期 (1931.3〜1932.2)	1,412.0	0.6	n.a.	—	n.a.	—	—	5.65
第14期 (1932.3〜1933.2)	2,810.7	99.1	n.a.	—	n.a.	—	—	6.95
第15期 (1933.3〜1934.2)	3,748.0	33.3	n.a.	—	n.a.	—	—	8.65
第16期 (1934.3〜1935.2)	4,492.5	19.9	n.a.	—	n.a.	—	—	9.05
第17期 (1935.3〜1911)	3,158.3	—	n.a.	—	n.a.	—	—	8.85
第18, 19期(1935.12〜1936.11)	4,874.2	8.5	n.a.	—	n.a.	—	—	8.15
第20, 21期(1936.12〜1937.11)	n.a.	—	n.a.	—	n.a.	—	—	9.50
第22, 23期(1937.12〜1938.11)	n.a.	—	n.a.	—	n.a.	—	—	
第24, 25期(1938.12〜1939.11)	7,816.6	—	n.a.	—	n.a.	—	—	
第26, 27期(1939.12〜1940.11)	8,278.1	5.9	n.a.	—	n.a.	—	—	
第28, 29期(1940.12〜1941.11)	10,419.2	25.9	n.a.	—	n.a.	—	—	
第30, 31期(1941.12〜1942.11)	7,242.1	-30.5	n.a.	—	n.a.	—	—	
第32, 33期(1942.12〜1943.11)	10,590.4	46.2	n.a.	—	n.a.	—	—	

注：①1930年以降，京城紡織の生産量および生産額統計はわからない。
　　②1938年以降，3Aはスフ混紡品で時系列が異なるので，価格は表記しなかった。
資料：『京城紡織六十年』，『朝鮮金融事項参考書』1940年版。

付　表　235

付表15　1920年代の京城紡織製品別売出額

	製品名	三星	三角山	タク	等外品					合計
第5期	数量（疋）	11,662	18,536	2,715	104					33,017
	一疋当り原綿料	1.41	1.3	1.1	1.22					1.31
	価額（円）	149,465	218,613	32,736	1,258					402,071
	（構成比 %）	-37.2	-54.4	-8.1	-0.3					-100.0
	販売単価（円）	12.82	11.79	12.06	12.09					12.18
	販賣率（%）	91.6	80.7	88.9	—					84.0

	製品名	三星	三角山	木鐸	不老草	龍王	時計	タク	広木その他	合計
第6期	数量（疋）	18,576	16,562	11,320	2,428	2,312	9,413	31	1,267	61,924
	一疋当り原綿料	1.42	1.43	1.27	1.37	1.26	1.33			1.34
	価額（円）	277,004	221,488	158,827	38,817	32,649	131,149	365	19,958	881,257
	（構成比 %）	-31.4	-25.2	-18.0	-4.4	-3.7	-14.9	0	-2.3	-100.0
	販売単価（円）	14.99	13.35	14.15	15.99	14.12	13.93	11.77	15.75	14.23
	販賣率（%）	98.1	153.3	78.6	59.5	82.6	97.8	—		101.4

	製品名	三星	三角山	木鐸	不老草	山蔘	時計	天桃	三神山	太極星	等外品	合計
第7期	数量（疋）	17,927	1,130	18,361	7,489	615	7,074	9,124	12,784	1,576	1,429	77,509
	価額（円）	287,026	12,425	265,318	106,918	7,616	98,698	105,155	158,854	23,766	15,453	1,081,229
	（構成比 %）	-26.5	-1.1	-24.5	-9.9	-0.7	-9.1	-9.9	-14.7	-2.2	-1.4	-100.0
	販売単価（円）	16.01	11.00	14.45	14.28	12.38	13.95	11.53	12.43	15.08	10.00	13.95
	販売率											

	製品名	三星	三角山		不老草	山蔘		天桃	三神山	太極星	その他	合計
第8期	数量（疋）	830	1,660		17,481	24,401		3,130	11,644	23,511	912	83,569
	一疋当り原綿料	1.36			1.29	1.26		1.05	1.14	1.48		1.31
	価額（円）	9,988	20,439		185,816	244,149		27,158	102,560	293,268	11,648	895,025
	（構成比 %）	-1.1	-2.3		-21.2	-27.9		-3.1	-11.7	-33.5	-1.3	-100.0
	販売単価（円）	12.03	12.31		10.23	9.71		7.71	8.81	12.47	12.77	10.71
	販賣率（%）	173.3			84.9	93.2		99.5	98.4	93.1	—	94.7

注：販売率は同期間の生産量に対する販売量の比率（%）である。
資料：『日記帳』,『製品元帳』,『東亜日報』1930年1月17日。

付表16　1920年代前半の消費粗布製品

	輸入量（梱）		輸入品	朝鮮紡織 製品	京城紡織 製品
	1921年	1925年			
重目粗布 (17〜18パウンド級)	30,500	21,600	3A（東洋紡績）	鶏龍（17パウンド）	太極星（17パウンド）
			九龍（鐘淵紡績）		
			大Aダイア（大日本紡績）		
重目粗布 (14〜16パウンド級)	57,000	40,000	金剛山, 三印, 煙管（東洋紡績）	長鼓（16パウンド）	三星, 三角山, 木鐸, 不老草（16パウンド）, 山蔘（15パウンド）
			金閣, 3S, 大砲（天主織物）	葉錢（15パウンド）	
				福壽（12パウンド）	
軽目粗布 (10〜13パウンド級)	4,500	3,900		二葉錢, 三葉錢	天桃

注：輸入量は1921年度分である（1梱=20反）。
資料：『重要商品調査：綿布の部』京城府，1924年，22〜26頁，『朝鮮経済雑誌』151，1928年7月。

付表17　初期の京城紡織の主要取引販売先

(単位：円，％)

販売先	地域	コード	第5期 売出額	第5期 比重	第6期 売出額	第6期 比重	第8期 売出額	第8期 比重
販売先総数			153		101		304	
			402,071	100	881,257	100	648,210	100
廣昌商会	京城	1	10,571	2.6	9,791	1.1	16,051	2.5
廣澤商会	京城	1	454	0.1	7,172	0.8	15,860	2.4
東洋物産	京城	1	78,619	19.6	18,068	2.1	2,048	0.3
朴恂遠	京城	1	2,554	0.6	8,508	1.0	4,020	0.6
崔仁成	京城	1	5,171	1.3	14,886	1.7	22,549	3.5
太應善	京城	1	12,265	3.1	16,287	1.8	10,862	1.7
河野商店	京城	1	110,602	27.5	2,420	0.3	0	0.0
中田商店	開城	2	15,581	3.9	37,017	4.2	25,463	3.9
季敬儀	水原	2	2,780	0.7	22,512	2.6	9,751	1.5
安城商社	安城	2	28,504	7.1	53,822	6.1	32,269	5.0
鄭慶浩	堤川	3	7,516	1.9	0	0	2,852	0.4
季駿喜	全州	3	2,082	0.5	12,157	1.4	0	0.0
忠南商業	禮山	3	8,502	2.1	52,284	5.9	10,121	1.6
共林商会	平壤	4	19,276	4.8	9,709	1.1	2,527	0.4
崔龍勳	平壤	4	16,705	4.2	6,986	0.8	713	0.1
仁川布商組	仁川	2			34,677	3.9	133,358	20.6
鄭順澤	仁川	2			9,467	1.1	0	0.0
尹秉柱	鐵原	4			21,940	2.5	0	0.0
安井玄兵衛	博川	4			26,430	3.0	0	0.0
興業社	元山	4			87,409	9.9	0	0.0
韓国敬	清津	4			10,815	1.2	0	0.0
金桂春		5			19,340	2.2	4,815	0.7
金仕進		5			109,054	12.4	0	0.0
金鍾運		5			29,797	3.4	0	0.0
金喆煥		5			18,858	2.1	273	0.0
鄭壽元		5			9,697	1.1	1,325	0.2
咸在薰	平壤	4					5,165	0.8
久田茂壽	安州	4					24,161	3.7
崔秀嶽	元山	4					32,672	5.0
孫国珍		5					23,393	3.6
宋相漸		5					22,865	3.5
黄世德		5					14,162	2.2
1％以上の合計				77.9		71.8		61.6

注：①売出額比重が1％を超えた販売先を収録。
　　②第8期の売出額は1926.5.21～1927.2.28のもの。
　　③コード1～5はそれぞれ京城，京畿，南部，北部，未詳である。
資料：『日記帳』，『東亜日報』1925年5月9日，『朝鮮人会社大商店辞典』，『平
　　　壤商工人名録』平壤商議，1919，『西鮮三道商工人名録』平壤商議，1933，
　　　『京城商工名録』京城商議，1923年。

付表18 1920年代，朝鮮の主要綿布商

地 域	商店名
京 城	加藤商店，井手商店，西村商店，梶原商店，山田商店，高瀨商店，安盛商店，宮林商店，共益社，東洋棉花出張所，日本棉花出張員，齋藤合名綿布部，大昌貿易株式会社，金潤冕，華商裕豊徳，徳順福
仁 川	河野商店，三友商会，平野商店，裕豊徳，徳順福
開 城	中田商店
水 原	竹下商店
釜 山	高瀨合名会社，谷直出張所，村上商店，松田出張所，青見洋行，裕豊徳
大 邱	松田商店，内山商店，茂木商店
金 泉	松田出張所
馬 山	吉田益次郎，谷直商店，佐藤子商店
群 山	高瀨支店，檜垣商店，横山商店，裕豊徳
木 浦	梶出張所，楠井商店，樋口商店
大 田	南部商店
鳥致院	井手商店
平 壤	高瀨支店，鬼頭支店，森商支店
鎮南浦	鬼頭支店，鈴木種一商店
宣 川	衫中商店，廣田支店
元 山	小林商店，木本商店，中久商店，伊藤商店，岡野商店，亀谷商店
咸 興	林商店，寺本商店
清 津	藤井友一商店，後藤商店，藤本義兼商店，藤本秀助商店
成 津	北川商店，森野商店，亀谷支店
雄 基	衫浦商店
博 川	安井商店
安 州	久田商店，藤村商店
海 州	萬代商店

資料：『重要商品調査：綿布の部』京城府，1923年，「朝鮮に於ける綿布需給概況」『朝鮮経済雑誌』151，1928.7。

付表19　各社の粗布製品別価格

(単位：円)

		京城紡織		朝鮮紡織		東洋紡績	
1926年7月	17パウンド級	太極星	13	鶏龍	11.75	3A	13.5
	16パウンド級	不老草	11.25	長鼓	10.75	金剛山	11.75
	15パウンド級	山蔘	10.75	葉錢	10.25		
	14パウンド級	三神山	10				
		天桃	9				
1929年	17パウンド級	太極星	11.9	鶏龍	11.45	3A	11.9
	16パウンド級	不老草	10	長鼓	9.9	金剛山	9.9
	15パウンド級						
	14パウンド級	三神山	9	葉錢	9.35	煙管	9.25
		天桃	7.85				

資料：朝鮮綿糸布商連合会『朝鮮綿業史』，1929年，227頁。

付表20　補助金支給決算期における両社の利益剰余金の処理状況

(単位：円)

	内訳	京城紡織		朝鮮紡織	
未処分利益剰余金	当期純利益計	247,340		-275,482	
	補助金計	254,788		1,738,344	
	前期移越	-153,385		1,297	
	小計	348,743	100.0	1,464,159	100.0
社外流出	株主配当金計	383,200		1,429,042	
	役員剰余金計	0		75,000	
	小計	383,200	109.9	1,504,042	102.7
社内留保	積立金計	10,929		62,533	
	後期移越	-45,386		-102,415	
	小計	-34,457		-39,882	

注：京城紡織は第5～16期（第14期除外），朝鮮紡織は第4～10回，第14～25回である。

付表21　綿織物に対する移入税の保護効果

	移入税がなかった場合	1923年まで（綿糸5％，綿布7.5％の移入税付加）	1923年以降，綿布のみに移入税付加	
			7.5％移入税	5％移入税
製品価格	93.0	100.0	100.0	97.7
売出原価	85.0	88.7	85.0	85.0
（原料代）	73.0	76.7	73.0	73.0
売出総利益	8.0	11.3	15.0	12.7

注：税率は従価基準。売出原価率および原料比率は『京城紡織日記帳』および『製品元帳』から計算。

付表22　満洲国への綿製品輸出

(単位：千斤，千方ヤード，千円)

	綿糸		綿織物		朝鮮産品	
	総輸出		総輸出			
	数量	価格	数量	価格	数量	価格
1931	589	332	7,154	1,203	—	—
1932	2,287	1,243	36,011	5,901	—	—
1933	1,191	974	24,017	5,470	—	—
1934	1,573	1,331	24,374	5,584	—	—
1935	665	649	15,989	3,531	9,721	2,096
1936	850	758	29,777	6,057	23,160	4,617
1937	—	1,641	—	18,182	—	—

資料：宮林泰司『朝鮮の織物に就て』1935年，13頁，朝鮮銀行『朝鮮に於ける工産品の需給と其の将来』1937年，15頁，朝鮮銀行『朝鮮対満州貿易の推移と其の将来』1937年，13頁，『朝鮮貿易年表』。

付表23　紡績工場設備の内訳

設備内訳	設置時期			金額（円）	内　訳
紡機	1937. 5	豊田式	54台	201,258	リング精紡機，21,600錘
	1937.11	OM式	10台	62,467	4,000錘
	1942. 3	豊田式	10台	78,200	リング精紡機，4,000錘
紡機附属機				374,314	
整理機				3,388	
撚絲機起毛機				96,130	
紡機準備機				429,517	梳綿機，電動機など
その他				2,840	
計				1,248,114	

資料：『所有物台帳』。

付表24　1930～1937年京城紡織，朝鮮紡織の利益剰余金処分状況

（単位：円，％）

		京城紡織		朝鮮紡織	
未処分利益剰余金	当期純利益計	512,391		7,551,800	
	補助金	77,965		0	
	前期移越	0		-153,653	
	小　計	590,356	100.0	7,398,147	100.0
社外流出	株主配当金計	551,600		2,982,500	
	役員賞与金計	0		375,000	
	従業員慰労	0		312,000	
	小　計	551,600	93.4	3,669,500	49.6
社内留保	積立金計	34,315		2,847,467	
	後期移越	4,442		881,180	
	小　計	38,757	6.6	3,728,647	50.4

注：朝鮮紡織は第26回～第40回（1930年8月～1937年11月），京城紡織は第12～21期（1930年3月～1937年11月）。

付表25 戦時期綿織物の需給状況

(単位:百万平方ヤード,%)

	生産量	輸入量	輸出量	国内消費量	自給率
1937	262	135	104	293	89.2
1938	227	93	105	216	105.5
1939	190	18	41	167	113.9
1940	148	5	23	130	113.9
1941	86	3	3	86	99.8
1942	85	5	1	88	95.8

資料:『朝鮮経済統計要覧』,96頁。

付表26 戦時期京城紡織の綿布製品別販売

(単位:万疋,円,万円)

		数量	単価	金額	数量	単価	金額	数量	単価	金額
		1941年 上期			1941年 下期			1942年 上期		
生地綿布	5種	132	12.6	1,668	85	12.17	1,040	60	12.73	761
加工綿布	7種	158	16.66	2,628	196	15.1	2,956	87	17.74	1,540
		1942年 下期			1943年 上期			1943年 下期		
生地綿布	5種	67	12.03	807	49	15.25	744	100	15.71	1,563
加工綿布	7種	119	20.3	2,407	113	25.42	2,882	117	26.73	3,129

資料:『製品売上日記帳』,『製品元帳』。

付表27　販売先別販売額（1942.3.1～1943.5.5）

	販売額（万円）	比重（％）
三養商社	248.1	27.7
大同織物	98.7	11.0
紡績工業組合	134.8	15.1
軍用納品	68.3	7.6
八木商店	49.2	5.5
東洋棉花	48.4	5.4
三興	47.5	5.3
加藤物産	30.0	3.4
江商	28.7	3.2
又一	26.1	2.9
日本棉花	22.5	2.5
松高実業場	20.5	2.3
高瀬合名	15.6	1.7
丸宮商社	12.8	1.4
その他	13.0	1.5
ゴム工連	11.8	1.3
日本帆布	10.1	1.1
足袋工業会	5.6	0.6
朝鮮電線	3.2	0.4
計	895.2	100.0

資料：『製品売上日記帳』（1942.3.1～1943.5.5）。

解　説

堀　和　生

　本書は，朱益鍾氏の『大軍の斥候』（韓国プルンヨクサ社，2008年）を圧縮翻訳したものである。日本語版の読者のために，本書の背景となる朝鮮近代史をめぐる研究の状況について説明しよう。

　戦後の朝鮮近代史研究は，戦前期の朝鮮史に関する一般的な認識であった停滞社会論の批判から出発した。朝鮮も西欧や日本と同じように19世紀には内在的な発展によって近代に向かっていたのであり，それを破壊したのは日本帝国主義による朝鮮併合と植民地政策であったとした。これらは資本主義萌芽論とよばれ，1950・60年代には日本や韓国で主流的な学説であった。その時代においては，近代日本は資本蓄積の弱さを地理的便宜と軍事的支配で補っている後発資本主義・リリパット（小人）帝国主義という捉え方が一般的で，朝鮮史の資本主義萌芽論と対をなしていた。

　1970年頃から朝鮮近代史について実証研究が進んでくると，従来から重視されていた米の対日本輸出以外に，朝鮮において工業が大規模に勃興していることが明らかになってきた。この事実に対しては主に2つの側面から評価された。一つは，それらの工業発展は，もっぱら日本資本によるものであり，朝鮮において日本が掌握した経済領域と朝鮮人の経済領域が断絶的であったとするものであった。それらの見解は，さらに飛地論，二重構造論，民族経済論等の相違があるが，その時代の工業化の波及効果に否定的な点は共通していた[1]。いま一つは，この時期に勃興してきた朝鮮人資本家を，政治的態度によって分類して評価しようとする見解である[2]。つまり，日本の支配権力（朝鮮総督府）に対して協力的なものを隷属資本，敵対的あるいは非協力的なものを民族資本だ

と分ける。そして，隷属資本は日本帝国主義と結びついているので価値がなく，民族資本は日本によって政治的経済的に抑圧されたので零細な規模に止まざるをえなかったと理解している。このように，この時期の研究は立論の枠組みは異なっていても，1930年代の朝鮮工業化の進展が朝鮮社会に積極的な意義を持ったことをほぼ否定していた。

　1980年代に入り現実世界の急変が，歴史研究にも大きな転換を促すようになった。それまでは後れた後進国だと理解されていた韓国が工業製品輸出国に変貌してきたことで，台湾，香港などとともに新興工業国群（NICs）として世界的な注目を集めることになった。このように韓国のめざましい工業発展の実態が明らかになったことから，1980年代半ばからその歴史的条件を解明しようという発想の研究が生まれてくる。その先駆的な研究の一つが，本書が強く意識しているカーター・J・エッカートの研究（Cater J. Eckert, *Offspring of Empire*, 1991, 小谷まさ代訳『日本帝国の申し子——高敞の金一族と韓国資本主義の植民地起源 1876-1945』草思社，2004年）である。

　その対象こそ，本書で詳述されている朝鮮全羅北道高敞郡の金氏一家であり，同家は1870年代から土地集積を始め，1920年代には朝鮮最大級の地主になっていた。そして，金性洙は植民地時代朝鮮人による最大の工業企業である京城紡織株式会社を設立し，朝鮮語新聞である東亜日報を創刊，民族教育機関として中央学校や普成専門学校（のちの高麗大学校）を引き受け運営した。解放後には，韓国民主党の創立に関わり，党首を務めるなど政治面でも活動した。つまり，近代朝鮮・韓国における最も著名で代表的な事業家，教育者，政治家であった。弟の金秊洙は，社会言論方面で活躍した兄と分業して，京城紡織の経営を引き継ぎ大きく発展させたほか，農場（三養農場）の拡大と経営近代化に取り組むなど，もっぱら事業家に徹していた。

　この高敞金氏一家と金性洙，秊洙兄弟の事蹟は従前もよく知られていたが，先述のように隷属資本として否定的に捉えられていた。それらの通説的理解に正面から異論を唱えたのが，エッカートの研究であった。彼は，1970年代韓国が工業国としてめざましく変貌を遂げていた現実に直面して，その発展の起源

を探るという関心から歴史研究を始めた。彼は外国人でありながら，その金氏一家と兄弟に関する詳細な資料収集を行い，とりわけ京城紡織については一次資料を発掘して新たな知見をひろげた。彼の著作の主張は次の2点である。第1は，戦後（韓国では解放後）韓国の経済発展の起源は，植民地期の企業家の誕生にあったとして，その代表として金兄弟の京城紡織を位置づけた。第2に，それら朝鮮企業家の発生は，日本による系統的な育成政策によるものであるとして，朝鮮総督府の政策と京城紡織の経営活動を結びつけて分析した。著書名に端的に表現されているエッカートのこのような見解は，当時の韓国において大きな反響を引き起こした。争点になったのは，植民地期に解放後の経済発展の社会的土台，資本主義成長の方式が形成されたというエッカートの第1の主張に関してであり，それは「植民地近代化論」と呼ばれ植民地の美化になるとして大きな論難が引き起こされた(3)。

　エッカートの歴史認識は孤立したものではなく，ほぼ同時期に日本，韓国，米国において植民地期朝鮮の工業発展に注目し，その歴史的な意義を重視する研究が相次いで現れてきた(4)。その研究動向は現在まで続いており，今日では1930年代の朝鮮の工業発展自体を否定する見解はほとんどなくなったといえる(5)。しかし，エッカートの京城紡織に関する研究については，広範な資料に基づいた実証研究であったために，公刊当時から事実の再検討を含めた内在的な批判検討は行われていなかった。

　そのような状況の中で登場したのが，朱益鍾による研究，本書である。彼は，エッカートの著作を十分に検討しおり，このエッカートの著作を韓国語に翻訳刊行したのも朱益鍾である(6)。彼は，同書について京城紡織に関する包括的な研究成果であったこと，また朝鮮における近代制度，慣行，技術，施設等が外部からもたらされたこと，日本の植民地支配が開発指向的であったこと，植民地期の政治経済の枠組みが解放後韓国の体制の基本的骨格になったこと，等を明らかにしたとして，その研究史上の意義を高く評価した（本書終章，203〜207頁）。しかし，同時にのちに述べるように厳しい批判を行っている。

　朱益鍾の研究はエッカートの著作に比して，2つの優位点をもっている。そ

の第1は，朱益鍾の研究がエッカートの著書刊行後17年後のものであることである。先述のように，その後朝鮮近代経済史に関する実証研究は急速に進み，1930年代の工業化に関しては多くの資料が発掘され，優れた研究も生まれていた。当然に，朱益鍾はその間の研究成果や新資料を利用できた。第2は，朱益鍾が企業業績を分析評価する職務についていることで，その能力を研究においても遺憾なく発揮している。本書の本文や付表で明らかなように，朱益鍾は京城紡織の詳細な財務分析を行っており，同社の経営実態を深く把握することに成功している。

その優位点を駆使しての批判は，エッカートの主張の第2についてであった。そのポイントは，エッカートが植民地期の経済発展や企業の成長を決定的に日本や朝鮮総督府の政策によるものとし，京城紡織に代表される朝鮮人企業家はすべてそれらに依存，隷属する性格だと捉えていることである。それに対して，朱益鍾は金性洙，金季洙らによる京城紡織をはじめとする一連の事業を近代化プロジェクトとして，それらは朝鮮人企業家の主体的な決断と選択の成果であると捉え直すことを提起した。すなわち，朝鮮社会の資本主義的再編成が日本帝国主義によって主導されたものであったとしても，朝鮮人はそれに適応し自己を改造開発したので，その動きは社会の近代化の原型であったとした。そして，このような植民地期朝鮮人の主体性の強調こそ本書を貫くメインテーマであり，彼らを解放後韓国の経済発展を担なう近代的企業家達の先駆者であると断じたのである。エッカートの著書『日本帝国の申し子（後裔）』に対置して，本書を『大軍の斥候』としたことの意味は，まさにその歴史認識の相違を鮮明にするためであったからだと思われる。本書は，体系的な構想と実証の密度の両面において，朝鮮近代史に関する画期的な労作であることは疑いがない。

ただし，後発の研究であるが故に，先行の研究成果をすべての面で凌駕していると即断することはできない。たとえば，京城紡織に対する総督府の補助金は同社の経営に必ずしも不可欠のものではなかったとか，総督府政策との連携について，「日本帝国主義の支援」によったのではなく，「帝国主義者の支援を引き出した」（本書第6章，178頁）のだという朱益鍾の主張については，また

異なった意見もあり得よう。金季洙の見解では日本帝国の膨張をビジネス・チャンスと捉え「帝国主義を利用した」ということであっても，帝国主義を侵略の機構だとすると，それでは終わらない問題があるはずである。満洲の子会社南満紡績の工場や三養社の満洲農場は，何故日本帝国主義の敗北解体とともに放棄されざるを得なかったのであろうか。帝国主義とは，個人の主観とは別のあくまでも客観的な政治経済的機構であろう。これらの論争を深めるためには，資本主義の取引関係，政府の産業政策，帝国主義の支配政策等の諸概念を整理して，論者間で共通の土台をつくる必要があるのではなかろうか。ただし，両者の見解に対するこれ以上のコメントは，解説者としては過ぎたものとなるであろう。

　エッカートの先の著作と朱益鍾の本書とは，ともに京城紡織を素材にした近代朝鮮経済史の優れた研究であり，歴史認識に対してそれぞれ独自の構想に基づく重要な問題提起を行っている。本書読者の皆さんには，本書とともにエッカートの著作にも目を通していただきたい。

　本書は，韓国版は全431頁であるが，日本版では出版事情のためにやむをえず全体の分量を減らさざるを得なかった。そのやり方は章の構成には変更を加えずに，図表を削除し派生的な解説を省くことによって約3分の2に圧縮することにした。

　最後に，朱益鍾氏について簡単に紹介しよう。彼はソウル大学経済学科及び同大学院を卒業しており，植民地期朝鮮経済史に関する多くの学術論文を発表している。彼の履歴のユニークなところは，大学や研究機関に籍を置くのではなく，ソウル信用評価情報株式会社で信用評価担当の取締役理事職にあることである。日々の激務をこなしながら，長期間このテーマに取り組み，本書をまとめ上げた努力には心より敬服せざるを得ない。本書の翻訳は一橋大学研究員金承美さんの手によるもので，きわめて丁寧な作業を行って下さった。原文と日本語との照合とチェックには，京都大学大学院の竹内祐介氏の助力を得た。ともに深く感謝する次第である。

　朱益鍾氏と筆者との20年来の友情の証として，本書日本版の翻訳刊行に携わ

れたことは大いなる喜びである。

注
(1) 金哲『韓国の人口と経済』岩波書店，1965年，第8章。Sang-Chul Suh（徐相喆），*Growth and Stractural Changes in the Korean Economy 1910-1940*, Cambridge: Harvard University Press, 1978. 新納豊「植民地下の「民族経済」をめぐって──直接耕作農民を中心に──」（『朝鮮史研究会論文集』20集，1983年3月）。
(2) 梶村秀樹『朝鮮における資本主義の形成と展開』龍渓書舎，1977年，第2・3章，趙璣濬著／徐龍達訳『近代韓国経済史』高麗書林，1981年，第3篇。
(3) この事情については，エッカート自身の日本語版への序文と，同書に収録されている木村光彦「解説」に詳しい。その後の論争については，金洛年「『植民地近代化』再論」（今西一編『世界システムと東アジア』日本経済評論社，2008年）参照。
(4) 中村哲ほか編『近代朝鮮の歴史像』日本評論社，1988年，中村哲ほか編『朝鮮近代の歴史構造』日本評論社，1990年（韓国語版『近代朝鮮の経済構造』比峰出版社，1989年）。McNamara, Dennis L, *Colonial Origins of Korean Enterprise, 1910-1945*, Cambridge: Cambridge University Press, 1990.
(5) 堀和生『朝鮮工業化の史的分析──日本資本主義と植民地経済──』有斐閣，1995年，金洛年著『日本帝国主義下の朝鮮経済』東京大学出版会，2002年。
(6) 朱益鍾訳『帝国の後裔』プルンヨクサ社，2008年刊行。

訳　注

[訳注1]　還穀とは，凶年や春窮期に穀物を貧民に貸出し，収穫期に返してもらう賑血制度の一つで，朝鮮時代に制度として確立された。しかし，国家財政が悪化するにつれ，本来の機能であった備荒と窮民救済の目的から，官庁の財政確保へと本質が変わってしまった。朝鮮後期になると，売官・移穀などを利用して穀物を確保し，その利息をもって国費を充当したため，朝鮮社会の混乱をもたらす大きな要因の一つにもなった。

[訳注2]　胥吏は，朝鮮の中央と地方の官庁に属していた下級官吏のことである。朝鮮は官吏の本現地への任官を防ぐ「相避制度」をとっていたため，その地方の実情をよく知らなかった中央派遣官吏の代わりに，社会的身分は低いが地方実務に詳しい彼らが行政事務一切を担当した。とくに，文禄の役（1597年）以降，官僚たちの俸禄が減り，胥吏の給料が廃止されたため，官僚層と結託して私腹を増やし，朝鮮末期の各種民乱の原因の一つにもなっていた。

[訳注3]　斗落とは，田畑の面積を測る朝鮮の旧単位の一つ。稲や麦などの種子一斗を播種しうる土地の面積をいう。主に田の面積につかうので，平地・山地または土地に肥沃度によってその面積は異なる。だいたい水田は200坪，畑は300坪を1斗落という。

[訳注4]　契とは，契員の相互扶助・親睦・統合・共同利益等を目的として，一定の規約を作り，それによって運営される朝鮮在来の団体のこと。一例をあげれば，水利契は共同で利用する水利施設を作り管理するために，契員が資金と労働力を提供して組織したものである。

[訳注5]　広木とは，広幅の綿布ことである。朝鮮の在来の木綿の幅は28〜29cmであったが，紡績機械で織った綿布は，それより広かったので広い綿布の意味で使われていた。韓国では服や生活雑貨などあらゆるところで広く一般的に使われた綿布である。

[訳注6]　ホミは，草取りなどに使われる柄の短いクワみたいな農具のこと。

[訳注7]　ゼビは，ツバメのこと。

[訳注8]　朝鮮半島の北西部，現在の平安道，平壌，咸鏡道などを含む地方を関西地方

と呼び，その地域の人々を西北人という。高麗建国後，太祖は『訓要十条』で車嶺以南の人々は重用しないようにしていたが，朝鮮時代に入っても西北人を忌避した理由は文献からは確認できない。しかし，実際には西北人の重用は暗黙のうちに，了解されていた。

　これらの地域は他の地域に比べて平地が狭小で山地が多い地域である。したがって，朝鮮政府への租税が少なく，公然と差別を受けていた。しかし，朝鮮中期以降，商工業が発達すると，商業活動が活発になり，清国との交易の中心であったこの地域に商業資本が多く集まり，豊かになったにもかかわらず，朝鮮政府の持続的な差別は続いていたため，朝鮮後期最大の民乱である「洪景来の乱」が起きる原因にもなった。

［訳注9］　勢道家とは，政治上の権勢を握っている人，あるいはその家門のことで，朝鮮時代に特定人物や集団が国王の信任を得て権力を独占した人や家門のことを言う。王妃の一族に権力が集中したことにちなんで閔氏家とか金氏家などを呼ぶことも多い。

［訳注10］　満洲鉄道会社調査部の正式な名称は，「南満洲鉄道株式会社調査部」である。また，蒋介石軍や八路軍は1930年代に満洲になかったので，原文の間違いと思われるが，原文のままにしておいた。

【監訳者略歴】
堀 和生（ほりかずお）
　　1951年大分県生まれ
　　京都大学大学院文学研究科博士課程退学
　　現在，京都大学大学院経済学研究科教授　経済学博士
　　専攻，東アジア経済史
　〈主要編著書〉
　　共編著『近代朝鮮の歴史像』日本評論社，1988年
　　単著『朝鮮工業化の史的分析』有斐閣，1995（韓国語版，伝統と現代，
　　　2003年）
　　共編著『東アジア経済の軌跡』青木書店，2001年
　　共編著『日本資本主義と朝鮮・台湾』京都大学学術出版会，2004年（韓国
　　　語版，伝統と現代，2006年，中国語版，博揚文化事業，2010年）
　　編著『東アジア資本主義史論』第2巻，ミネルヴァ書房，2008年
　　単著『東アジア資本主義史論』第1巻，ミネルヴァ書房，2009年

【訳者略歴】
金 承美 キム スン ミ（Seungmi Kim）
　　一橋大学商学部と同大学院卒業，現在一橋大学経済研究所G-COE研究員。
　　専攻は日本企業の経営史，企業史。とくに，日本企業の海外進出および韓
　　国進出を研究している。
　　訳書に，『植民地期朝鮮の国民経済計算：1910～1945』（共訳）東京大学出
　　　版会，2008年，がある。

【著者略歴】
朱益鍾 チュイクチョン (Ikjong Joo)
　1960年生まれ，ソウル大学経済学科および同大学院卒業，現在ソウル信用評価情報株式会社信用評価担当取締役理事．経済学博士，専攻は韓国近代経済史，韓国近代産業発達史，企業史．
　著書に，『解放前後史の再認識』（共著）チェクセサン，2006年，『6.25戦争の再認識』（共著）キパラン，2010年，などと翻訳本に，『帝国の後裔』プルンヨクサ，2008年，がある．

大軍の斥候──韓国経済発展の起源──

2011年3月18日	第1刷発行	定価（本体6500円＋税）

著　者　　朱　　益　　鍾
監訳者　　堀　　和　　生
発行者　　栗　原　哲　也

発行所　株式会社　日本経済評論社
〒101-0051　東京都千代田区神田神保町3-2
電話　03-3230-1661　FAX　03-3265-2993
info@nikkeihyo.co.jp
URL：http://www.nikkeihyo.co.jp/

装幀＊渡辺美知子　　印刷＊藤原印刷・製本＊高地製本所

乱丁落丁本はお取替えいたします．　　Printed in Japan
Ⓒ Hori Kazuo 2011　　　　　　　ISBN978-4-8188-2146-0

・本書の複製権・翻訳権・上映権・譲渡権・公衆送信権（送信可能化権を含む）は，㈳日本経済評論社が保有します．
・**JCOPY** 〈㈳出版者著作権管理機構　委託出版物〉
本書の無断複写は著作権法上での例外を除き禁じられています．複写される場合は，そのつど事前に，㈳出版者著作権管理機構（電話 03-3513-6969，FAX 03-3513-6979，e-mail: info@jcopy.or.jp）の許諾を得てください．

禹宗杬著
韓国の経営と労働
六三〇〇円

韓国では企業システムの「アメリカ化」が急速に進んだといわれるが、内実はむしろ日本に類似してきた点が多い。労働にウェイトを置き、今後の「韓国モデル」を模索する。

後藤守彦著
只、意志あらば
――植民地朝鮮と連帯した日本人――
二〇〇〇円

三宅鹿之助（京城帝国大学教授）、布施辰治（弁護士）、金子文子（アナキスト）はなぜ独立運動・革命運動に立ち上がった植民地朝鮮の民衆と連帯したのか、その真実に迫る。

西川正雄著／伊集院・小沢・日暮編
歴史学の醍醐味
二八〇〇円

自前の歴史学を合言葉に、フランス革命、帝国主義の時代、現代史の読み方、教科書問題など様々なテーマをめぐり歴史学の醍醐味を展開する。

齋藤叫編
世界金融危機の歴史的位相
三五〇〇円

一九二〇年恐慌との比較など長期的視点、一九八〇年代以降「新自由主義」政策からの転換など中期的視点、国際金融システムをも視野に入れ、世界史に位置づける。

原朗編著
高度成長始動期の日本経済
六四〇〇円

高度成長期を統計的に概観した上で、一九五〇年代を主な対象に、市場環境・経営戦略・業界の協調行動・産業政策・制度設計を検討し、成長の始動要因を描く。

（価格は税抜）　日本経済評論社